英語

ライティングルールブック

改訂新版

正しく
伝えるための
英文
語法
句読法

デイビッド・セイン
David Thayne

Essential Rules for Writing Standard English

The Rulebook: English Grammar, Word Usage and Punctuation

Gakken

英語を書くこと自体は簡単です。たったの 26 文字しかありませんからね。しかし，良い英語を書くことは簡単ではありません。このことは，日本人だけでなく，英語のネイティブにも当てはまります。そのため，リーディング，リスニング，スピーキングが得意な人がたくさんいる一方，ライティングが得意だという人はそれほど多くないのも当然のことなのです。

友達にメールや手紙を書くときには，それほど不安に思うことはないでしょう。しかし，ビジネスなどの分野では，良い英語を書くことは役に立つだけでなく，不可欠であるとも言えます。ライティングは，あなた個人の「ブランド」でもあります。雑な文章を書く人は，仕事も雑だと思われてしまうのです。

もうひとつの問題は，会話とは異なり，書いたものは永遠に残ることです。会話では，話している相手の反応を見て，その場ですぐに誤解を正すことができます。しかし，書かれたものの場合，相手の反応を確かめるのに時間がかかるため，不安になってしまいます。

とはいえライティングには長所もあります。修正したり，書きなおしたりできるのです。また，ライティングは知識の整理や蓄積に役立ちますし，綿密に練ったメッセージを相手に伝えるのにも役立てることができます。ライティングは確かに難しいですが，重要である上に，長所もあるわけです。まさにそのために，私たちはこの本を書いたのです。

本書では，みなさんのライティング力向上のため，重要な分野に関する説明を例文とともに示しています。まずは，文法です。良い文章を書くには，まずきちんとした文法の知識が必要です。語法に関する章では，文法ではカバーしきれない細かい内容を説明しています。ニュアンスの違い，裏の意味，文法的には正しいものの実際には用いられない表現などについても扱っています。句読法の章では，簡潔で分かりやすい文章を書くための基礎を示しています。この本は，みなさんにとって，英語の文を書くためのあらゆるニーズを満たしてくれることでしょう。

最後になりますが，この本が間違った文章を避けるための一助となれば幸いですが，間違いに対する恐怖心を抱いてほしいとは思っていません。ライティング力を向上させるには，多くの文章を書き，そして多くの間違いを犯すことです。間違えながら，もっといい書き方があるかもしれないと模索し続けてください。

デイビッド・セイン

Writing English is easythere are only 26 lettersbut writing English well is not so easy. This is true for Japanese and native speakers. So while many people are good at reading, listening and speaking English, not so many are good at writing English.

When writing to friends, perhaps you're not so worried. However, in business and other fields, good writing is not only helpfulit's essential. Writing is also your personal brand. If your writing is sloppy, then people will think your work will be sloppy.

Another problem is that, unlike conversations, writing is permanent. In a conversation, you can see the other person's response and correct misunderstandings immediately. But the response of a written document takes longer to verify, leaving you with uncertainty.

But writing has advantages too. You can revise and rewrite. Writing can help you organize and store your thoughts, and you can use it to deliver carefully planned messages. While writing is difficult, it is important and has advantagesthat's why we wrote this book.

We provide explanations with examples in key areas necessary for better writing. First, grammar. Good writing starts with good grammar. The part on usage refers to details not covered by grammar. Differences in nuance, hidden meanings, and expressions that are correct but not used are also included. And the section on punctuation presents the basics for clear and concise sentences. We hope you'll find this book useful for all your writing needs.

Finally, we want to help you avoid mistakes, but we don't want to make you afraid of making mistakes. The way to improve your writing is to write a lot and make a lot of mistakeswhile always thinking there might be a better way.

David A. Thayne
April, 2024

Chapter 2 　　　　　　　　　　　　　　語法編

Chapter 3　　　　　　　　　　　　　　　　　句読法編

Chapter 4　　　　　　　　　アメリカ英語とイギリス英語

Chapter 5　　　　　　　　　　IT を活用したライティング術

Appendix　　　　　　　　　　　　　　　資料

本書で用いられている記号について

☆ …… 最も適切な用例

○ …… 正しい用例

△ …… 間違いではないものの，推奨されない用例

✕ …… 間違い，あるいは普通は使われない用例

🇺🇸 … アメリカ英語の用例

🇬🇧 … イギリス英語の用例

Introduction

序章

良い英文を書くために
良い英文を書くためにはどうしたらいいのか,
そもそも良い英文とはどのような文章のことを
いうのだろうか。まずこの序章で,そうした問
題について考えてみたい。

文法を正確に

良い英文を書くためには，正しい文法を用いなくてはならないことは言うまでもない。話し言葉では，あまり文法を意識しないこともあるだろう。特に相手が目の前にいて話しているときなどは，身振り手振りを交えることで何とかなることもあるが，ライティングではこのような「ごまかし」が効かない。ビジネスコミュニケーションとしてのライティングであれば，なおさらのことだ。

注意すべき文法事項の詳細については Chapter 1「文法編」で取り上げるが，最低限チェックしておきたい文法事項をあげてみよう。英文を書いたあとにこれらの項目についてチェックするだけでずいぶん文法の誤りが修正できるはずだ。

■ 文法クイックチェックリスト

□ **冠詞**
必要な箇所に冠詞を付け忘れていないか。

□ **名詞の単数形・複数形**
単数形・複数形を正しく使い分けているか。複数形は -s / -es を付ける他，phenomenon → phenomena などの特殊な形にも注意する。

□ **先行詞と代名詞の一致**
複数形を使っているなら they，単数形なら it，女性なら she になっているか。

□ **代名詞の格（case）**
主語なら主格（I / they / he . . .），目的語なら目的格（me / them / him . . .）になっているか。

□ **動詞の活用変化**
主語の人称，単複，また時制に合った活用形になっているか。特に不規則動詞については辞書を活用してチェックする。

□ **二重否定を用いない**
I don't have no のような分かりにくい二重否定を使っていないか。

□ **受動態**

不必要な受動態を使っていないか（P.69 参照）。

□ **時制の一致**

主節と従属節の時制は正しく一致されているか（P.104 ～ 106 参照）。

句読法の重要性

英文法に精通している人でも，意外に不得手としているのが句読法である。句読点の入れ方などに関して日本語は比較的曖昧であり，書き手によってばらつきがある。しかし英語にはかなり厳密な句読法が存在するので，基本的なルールは押さえておかなければならない。最低限のルールを知らなければ，教養がない大雑把な人間であると思われてしまう。

句読法の誤りは多くの場合形式上の問題だが，カンマの入れ方ひとつで文意がガラリと変わってしまうこともある。句読法に注意を払うことによって，より論理的な文章が書けるようになることを知っておきたい。Chapter 3「句読法編」では，ピリオドやカンマをはじめ，あらゆる句読記号の詳しい用法や使い分けを網羅した。

以下のチェックリストには，日本人が特に間違いやすい句読法のポイントを盛り込んだ。苦手と思うポイントは使い方をしっかり確認しておこう。

■ **句読法チェックリスト**

□ **文末の句読記号**

英語の文は，必ずピリオド・疑問符・感嘆符で終わらせる必要がある。通常はピリオドを用いるが，疑問文の場合は疑問符，感嘆文の場合は感嘆符を用いること。

□ **カンマを使いすぎない**

カンマを使いすぎている英文は，ネイティブにとって，かなり「読みにくい」文章である。文法的な組み立てを工夫するなどして，なるべくカンマの数を減らすべきである（P.194 ～ 208 参照）。

□ **コロンとセミコロンの混用に注意**

日本人の書いた英文では，コロンとセミコロンの誤用をよく見かける。適切に使い分けよう（P.223 〜 228 参照）。

□ **カンマとセミコロンの混用に注意**

どちらも要素の列挙に用いるが，その使い分けには厳密なルールがある（P.223 〜 224 参照）。特に，セミコロンを使うべきところをカンマにしてしまっているケースが多い。

□ **括弧類を正しく用いる**

英語には丸括弧と角括弧があるが，厳密な使い分けのルールが存在する（P.236 〜 243 参照）。必ずこれらのルールを遵守するようにしよう。

□ **引用符**

ダブル・クォーテーションとシングル・クォーテーションの正しい使い分けができているか（P.229 〜 235 参照）。また，日本語の「」と同じ感覚で，引用符を乱用してしまうのもよくない。カンマと同様，引用符が多すぎる文は悪文と判定されてしまいかねない。

□ **日本語独自の記号**

英文を書く際に，日本語の句読記号を用いてはならない（P.273 〜 275 参照）。また，「全角スペース」を含め，全角の文字や数字も用いてはならない。

適切な表現を選んで書く

文法や句読法はルールである。しかし，ルールだけではうまくいかない部分というのはどうしても存在する。例えば，文法上は正しい構造でもネイティブが実際には使わないような文になってしまったり，日本語的発想をそのまま英語に当てはめようとした結果，意図したものとは異なる意味になってしまったりすることがある。

英語の語彙を増強する上で注意しておきたいことは，単語を覚える際にその単語がどのように使用されるのかを一緒に覚えなければ意味がないということである。自然な英語を大量にインプットした上でその語のイメージをつかまなければ，語法は自己流の間違ったものになってしまいかねない。Chapter 2「語法編」で

は，日本人が間違えやすい語の用法やニュアンスの違いについて様々な観点から解説している。

アメリカ英語とイギリス英語について

句読法などの表記の統一と同様に，スペリングやボキャブラリーについてアメリカ英語を用いるかイギリス英語を用いるかもきちんと統一しておきたい。本書のChapter 4「アメリカ英語とイギリス英語」(P.279 〜 304) を参照し，アメリカ英語とイギリス英語の違いを頭に入れておくといいだろう。

なお，本書では，「アメリカ英語とイギリス英語」の章や特に注意書きのある部分以外は，基本的にアメリカ英語を正用法として扱っている。

良い文章とは

まず，自分の書いた文章を読むのがどういう人たちなのか考えてみよう。内容はもちろんのこと，文章の書き方も読み手や目的に合わせたものにしなければならない。カジュアルな E メールの場合，ビジネスレターの場合，また論文の場合など，それぞれ適切な表現を選んで状況にふさわしい文体で書くことが重要である。また，多少なりとも専門的な文章を書くなら，読み手にそのような予備知識があるかどうかを考えなければならない。もし予備知識がなければ，補足的な注釈が必要になるだろう。表や図を用いたり，あるいは要約を付けたりする必要があるかもしれない。

良い文章とは，読み手が必要な情報を探しやすい文章である。読み手の視点に立ち，重要な情報へのアクセスがしやすいかどうかを検討しなければならない。自分では分かりやすいつもりでも，他人には非常に分かりにくいことがよくあるのだ。まず，論理の筋道をしっかりと立て，それに沿って分かりやすい表現を用いて書いていくようにする。最も重要なのは，新聞記事と同じような構成，つまり重要なことを先に述べるという構図だ。E メールや手紙を書く場合もこれをきちんと意識し，最初の段落で伝えなければならないことをすべて書いてしまうのがいいだろう。

この「重要なことを先に」の考え方が端的に表れている例がEメールの件名だ。1日に何通もやり取りのあるEメールでは，件名が一番重要である。人によっては何十通ものEメールが送られてくる中で，件名がAre you free for lunch on Friday? などとなっていたら，真っ先に読まなければという気にはならないだろう。特に重要な内容のメールであれば，件名にそのことを書いておく必要がある。どうしても返事が必要ならば，Reply Required「要返信」などと書くようにするといい。なお，本書のChapter 5では，メールの件名の付け方について解説してあるので，ぜひ参考にしてもらいたい。

また，1通のEメールに複数の内容を書くのも避けた方がいい。Eメールで一番大切なのは件名であり，件名が示す内容以外のことは読み飛ばされてしまう可能性が非常に高いのだ。どうしても1通にまとめたいのなら，件名を工夫してみよう。件名がThree issues「3点あります」やFour questions for you「質問が4つあります」などとすれば，複数の内容があることが伝わる。

良い英文を書くために大切な6つのポイントをまとめたので，ときどき振り返って自分の文章を見直してみてほしい。

■ 良い英文を書くためのチェックリスト

□ **適切なフォーマット（書式）を用いる**

ビジネスレター，企画書，論文，メモなど，文書のタイプによって適切なフォーマットを選ぼう。レターヘッドの有無や，インデントの入れ方など，フォーマットに必ず従うこと。

特にビジネス文書はクリエイティブな要素があまり必要でない分，形式的な正確さ，つまりは「フォーマットに沿う」ことがより重要とされる。

□ **書式や表現などに一貫性を持たせる**

アメリカ英語とイギリス英語の違い（P.277 ～ 303 参照）はもちろんのこと，英語には様々なバリエーションがあるが，大切なのは，書式や表現などに一貫性を持たせることである。例えば，つづりや句読記号を，英米式混在にしてしまわないように注意しよう。特に指定がない限り，まずは本書

のスタイルで統一することを目指してほしい。

☐ 具体的な説明を心掛ける

英語は日本語よりも「ローコンテクスト文化 (low-context culture)」(当たり前のことでも，明示的に説明する文化) であるため，具体的に説明することを心掛けよう。例えば，I need your answer soon.「早くあなたの答えを聞きたい」のような漠然とした言い方では，「いつまで」なのかがわからないため，相手にストレスを与えかねない。I need your answer by Friday.「金曜までに答えを聞きたい」のように，具体的な期日を示した方がいいだろう。

☐ 同じ単語や表現の繰り返しは避ける

英語の場合，同じ単語や表現ばかりを繰り返し使った文章は，稚拙であると判断されてしまう。強調のためなどを除いて，同じ単語・表現を繰り返さず，類義表現を用いて積極的に言い換えるようにしよう。

☐ 文章を推敲する

会話とは違い，ライティングでは一度書いたものを書き直すことができる。文章を書くときは常に「別の言い方はできないか」を考えて，より適切な方を選ぶようにしよう。この「複数のパターンを考え出して，比較する」という行為を繰り返すことで，良い文章を書く力が磨かれていく。

☐ ビジネス E メールはフォーマルになりすぎないようにする

ビジネスでも，メールは「フレンドリー」や「セミフォーマル」くらいでちょうどいい。あまり堅すぎると，冷ややかでよそよそしい印象を与え，場合によっては無関心にも受け取られることがある。

自然な英語を目指して

文法重視の教育を受けてきた日本人にとって，文法的に正しい英語を書くということは実はそれほど難しいことではないのかもしれない。しかし，自然な文章を書くのは決して容易ではない。文法の基礎を学ぶことはもちろん大切である。しかし，たとえ文法を完璧に理解していたとしても，不自然で分かりにくい文章を書いてしまっては元も子もない。

英文法についてある程度の知識が固まったら，次は自然な英語をたくさんインプットするよう心がけたい。ビジネスレターを書きたいのなら，ネイティブが書いたビジネスレターをたくさん読み，マニュアルを英語で書けるようになりたいのなら，英文で書かれた実際のマニュアルをできるだけたくさん読む。そうした積み重ねが，自然な英語を書く力へとつながっていくのである。

もし可能ならば，書いた英語をネイティブにチェックしてもらうのが理想的だ。しかし，実際にはなかなかそのような機会はないだろう。その代わりに，こんな方法がある。手紙や書類を書いていて言い回しや論理展開で迷ったら，とりあえずその部分は2パターンを作っておいて，何時間かたったあと，あるいは翌日にそれらの文章を冷静に眺めてみるのである。自分で読み返してみて，より分かりやすいと思った方の文章が正解だ。このような手法を用いれば，自然な英語の感覚を鍛えることができるだろう。

また，より自然な英語を身に付けるには，単語単位でなくフレーズ単位で表現を覚えていく方がいい。単語をひとつひとつ覚えていくというのは，あまり効率のいいことではない。例えば動詞の get を「得る」という意味で覚えたとしよう。それだけではすぐに限界が訪れる。get sick「病気になる」/ get burned「やけどする，ひどい目に遭う」/ get off「降りる」などのフレーズには，"get =「得る」"という付け焼き刃の知識は何ら通用しない。このことは，基本的にはすべての英単語について言えることである。report という語を「レポート」「報告する」という意味だけで覚えてしまっていては，I report to John Smith.「ジョン・スミスが私の上司です」という英文を理解できないであろう。

インターネットを活用しよう

自分がアウトプットしようとする英語が正しいかどうかの判断は，AI などの最新テクノロジーを積極的に活用しよう。これらのツールを使うことに罪悪感を覚える人もいるが，もはやそのような時代ではない。今後の情報化社会においては，「いかに大量の情報を，正しくスピーディに処理できるか」が鍵となる。そのためには、日々進化するテクノロジーをうまく活用してもらいたい。

AIをうまく使えば、他人の手を煩わせることなく、正しい英語をアウトプットできるようになる。英作文や校正、翻訳、要約はもちろん、音声のテキスト化やテキストの音声化なども瞬時に可能だ。精度と処理速度は日々向上し、英語周りで「できないこと」はもはやないのではなかろうか。翻訳に関して言えば、簡単な短い文章であれば、ほぼ正しい自然な英文を作ることができる。いかにも日本語らしい表現や複雑な文章の英訳には課題が残るが、これも日を追うごとに改善されるはずだ。

すべてをAIに任せることも可能だが、できればAIを利用して「より良いもの」を作り上げてもらいたい。AIを自分の手足として使い、これまでより高品質なものをより早く生み出すのが今後の課題となるであろう。

良い文章を書くには，混乱を招かぬよう明白かつ明快に，既知の情報を提示してから未知の情報へ移るという基本パターンを確立することだ。人々が一般的に理解できる単語の中で，最も表現力に満ちた単語を用いる。1語で十分表現できるのに，わざわざ2語用いてはならない。つまり同じようなことを繰り返すのは極力避けて分かりやすい文章にし，全体の分量もなるべく少なくするということである。単語は，声に出して読んだときに耳に心地良い順番で配置すること。要するに，文章は滑らかで明確で，短いものがいい。そうでなければ読み手を不快にさせてしまうだろう。

Chapter 1

文法編

本章では，英文ライティングの際に気を付けたい文法のポイントを紹介する。特に日本人が誤りがちな文法事項を中心に解説していく。なお，アメリカ英語とイギリス英語の文法的違いについて Chapter 4（P.279 ～ 304）で触れているのでそちらも参照してほしい。

01 前置詞 | preposition

前置詞は〈前置詞＋名詞（句）〉という固まり（＝前置詞句）で，形容詞的，あるいは副詞的な役割を果たすためのものである。前置詞は，もともと位置関係や場所を表す用法が基本で，そこから時などを表す用法へと派生したと考えられている。ここでは，代表的な前置詞の用法を見ていこう。

at の用法

場所や時などにおける，ある1点を指すときに用いるのが at の基本的な用法である。

❶ 位置

比較的狭い場所を「点」「目標」として捉えて用いられる。注意を要する in との使い分けについては P.34 ～ 35 参照。

- ○ We arrived at the station in the morning.
  （午前中に駅に到着した）
- ○ Our factory is located at the top of a hill.
  （当社の工場は山の上にあります）

❷ 時

時の中の「点」として捉えられる「時刻」を表すときに at が用いられる。同じく時を表す前置詞 on（P.40）および in（P.35 ～ 36）との用法の違いにも注意してほしい。

- ○ The earliest flight departs at 8:00 a.m.
  （一番早い便は午前 8 時発だ）

また，at は「…歳のとき」と年齢で時点を表すことができる。

○ In some countries, children begin to work <u>at</u> nine years old.
（9 歳で子供が働き始める国もある）

❸ 状態

気分や進行中の活動など，人や物の状態を表す。

○ I just don't feel <u>at</u> ease in this room.
（この部屋はどうも落ち着かない）

○ He was still <u>at</u> work when I called him.
（電話をしたら，彼はまだ仕事中だった）

❹ 感情の原因

感情を表す動詞・形容詞などとともに，be surprised at . . .「…に驚く」や be amazed at . . .「…にびっくりする」などのコロケーションで用いられる。

○ I was surprised <u>at</u> his sudden visit.
（彼の突然の来訪に驚いた）

○ I was quite amazed <u>at</u> what I saw.
（その光景を目の当たりにして，たいそう驚いた）

❺ 割合

価格・速度・距離などを表す。

○ We decided to set the price <u>at</u> $10 each.
（単価を 10 ドルに設定することにした）

○ This train travels <u>at</u> 320 kilometers per hour.
（この電車は時速 320 キロで走る）

○ Put a mark on the paper <u>at</u> every two centimeters.
（紙に 2 センチごとに印を付けてください）

❻ 方向

「…に向かって」と，方向・目標を表す。

- I looked at the clock just before I left my office.
  （会社を出る直前に時計を見た）

- We're aiming at $50,000 in sales next month.
  （来月は 5 万ドルの売り上げを目指している）

by の用法

位置関係を表す「…のそばに」という意味からその他の用法が派生している。しかし，位置関係を表す用法よりも，その他の用法の方が頻繁に用いられる。

❶ 位置

「すぐそばで」という意味で，near よりも接近した地点を指して使う。

- I lived by the sea for a few years.
  （私は数年間海辺に住んでいた）

- I walked by Mike, but he didn't say anything.
  （マイクのそばを通りかかったが，彼は何も言わなかった）

ただし，地名については by は使えないので near を用いる。

❷ 時

「…までに」という意味で，期限を表す。

- I really need to finish the report by Monday.
  （月曜までにレポートを終わらせなければならない）

「…までずっと」を表す till / until と混同しやすいので注意が必要だ。till / until は，継続して何かが起こっているという場合に用いる。以下の例を見ておこう。

- We will be here till [until] six.
  （6 時までずっとここにいるつもりだ）

- We will be here by six.
  （6 時までにここに来るつもりだ）

❸ 差

「…の差で」という意味で用いられる。

- ○ He won the election <u>by</u> a great majority.
  （彼は大差で選挙に勝った）

- ○ I arrived at the factory before him <u>by</u> a few minutes.
  （数分の差で彼より先に工場に着いた）

❹ 手段・方法

「…によって」を表す，by の最も一般的な用法である。受動態で動作主を表すときにも用いられる。

- ○ We can solve the problem <u>by</u> doing this.
  （これを行うことによって問題を解決できる）

- ○ Please send it <u>by</u> fax.
  （ファックスで送ってください）

- ○ What do you mean <u>by</u> that?
  （それによって何を意味しようとしているのですか → それはどういう意味ですか）

❺ 基準

判断の基準や単位を示す用法。

- ○ A tree is known <u>by</u> its fruits.
  （木の種類は実を見れば分かる）

- ○ Meat is sold <u>by</u> the pound at that store.
  （あそこの店では肉はポンド単位で売られている）

for の用法

方向を表すという本来の用法から派生し，**目的・理由**などの意味を表す。

❶ 方向

「…に向かって」と方向や対象を表すときに使う。to が**到着点**を表すのに対し，for

は単に方向を表すという違いがある。

- This train is bound for Tokyo.
  （この列車は東京行きだ）

- I went to Tokyo several years ago.
  （数年前に東京に行った）

❷ 賛成・支持

「…に向かって」から拡張して，次のように「賛成して」という意味も表せる。なお，この反意語は against である。

- Are you for or against his proposal?
  （彼の提案に賛成ですか，反対ですか）

❸ 目的

同様に「方向」から派生し，「…のために」を表す。

- This chair is designed for babies.
  （この椅子は赤ちゃんのためにデザインされている）

また，何かを「得るために」のニュアンスから，「…を求めて」を意味する。

- I'd like to ask for your help.
  （あなたに助けを求めたいのです）

- We need to win the struggle for survival.
  （生存競争に勝ち残らなくてはならない）

❹ 理由

「…の理由で」という意味を表す。

- Eric was fined for a parking violation.
  （エリックは駐車違反で罰金を科せられた）

❺ 代用・交換

「…の代わりに」「…と交換に」という意味を表す。

○ I'll give you my computer <u>for</u> your desk.
（君のデスクをくれたら僕のコンピュータをあげるよ）

○ I think you paid too much <u>for</u> that printer.
（君はそのプリンタにお金を払いすぎたと思う）

❻ 範囲

期間・距離について，「…の間（ずっと）」という意味を表す。

○ Why don't we take a rest and talk <u>for</u> a while?
（ちょっと休憩してしばらく話でもしようよ）

○ He has been out of work <u>for</u> these three months.
（彼はここ 3 カ月，失業の身である）

○ A beautiful country scenery stretched <u>for</u> miles.
（何マイルも美しい田園風景が広がっていた）

from の用法

「起点」を表すのが根源的用法である。

❶ 起点

場所・時間について，「…から」と起点を表す。到達点を表す to とともに使われる場合も多い。

○ How far is your office <u>from</u> here?
（あなたのオフィスはここからどのくらいの距離ですか）

○ It took me 20 minutes to walk <u>from</u> my house <u>to</u> the office.
（自宅から会社まで歩くと 20 分かかった）

○ The new policy will take effect <u>from</u> the first day of next month.
（新しい政策は来月の初日から適用される）

❷ 区別・差異

物事の差異を示す用法。

○ He is different <u>from</u> what he used to be.
（彼は以前の彼とは違う）

❸ 由来・観点・原因

「起点」の意味から発展して，物事の由来や観点，根拠，原因など，「…から」の意味を表す。

○ You need to learn <u>from</u> mistakes.
（過ちから学ぶべきだ）

○ Judging <u>from</u> the look of the sky, I'm sure it will start to rain soon.
（空の様子からすると，きっともうすぐ雨が降り出すはずだ）

in の用法

「…の中に」というのが基本的な意味であり，ほとんどの用法がそこから派生して成り立っている。

❶ 位置

in the tiny box「小さい箱の中」から in the whole world「全世界に」まで，広さに関係なく用いることができる。

○ Show me what you have <u>in</u> your <u>hand</u>.
（手の中に持っているものを見せなさい）

○ I have never played <u>in</u> such a huge hall as this.
（これほど大きなホールで演奏したことは今までにない）

場所を表す場合，in は at に比べ**比較的広い場所**に用いる。

○ There is only one large printer in this prefecture.
（この県には大きい印刷会社は 1 社しかない）

○ We have two factories in Europe.
（我が社はヨーロッパに 2 つ工場がある）

また，狭い場所でも「…の中で」という意味合いなら in を用いる。

○ I'll be in the library for the next two hours.
（あと 2 時間，図書館の中にいます）

❷ 時

at がある一時点を示すのに対し，in はある程度の幅のある期間を示すのに使う。例えば，at は時刻を示すのに使うが，午前・午後・夕方の区分を表す場合には in を用いる（「夜に」については，例外的に at night となる）。

○ Mike said he would visit us in the morning.
（マイクは午前中に来ると言っていた）

○ It's not good to eat late at night.
（夜遅くに食事をするのは良くない）

また，**月・季節・年**を示すときにも in を用いる。

○ It is usually the hottest here in August.
（ここでは例年，8 月が一番暑い）

○ We often go skiing in winter.
（冬によくスキーに行きます）

○ The war broke out in 2011.
（その戦争は 2011 年に勃発した）

上の，時や時期を表す用法とは別に，「今から…のあとに」「…がたって」という意味を表すのにも使われる。in が表すのは「**…以内に**」という意味ではないので注意したい。その意味では within を使うのが正しい。

○ The chicken will be ready to eat <u>in</u> five minutes.
（あと5分でチキンが焼き上がります）

○ He will come back to Japan <u>in</u> a month.
（あと1カ月すれば彼は日本に帰ってきます）

○ I told him that I'd finish the job <u>within</u> a few hours.
（彼に数時間以内に仕事を終えると伝えた）

また，過去のことについて話す場合など，現在以外の一時点を基準にして「…（時間・期間）のあとに」と言うときは after を使うことに注意しよう。

○ <u>After</u> a year of working there, I decided to quit.
（そこで1年働いたあとで，辞めることにした）

❸ 状態
「…という状態で」という意味。「…の中に」からの派生である。下の例は，それぞれ「恋している状態」「良い健康状態」を表している。

○ I fell <u>in</u> love with Kathy.
（キャシーに恋してしまった）

○ I always try to keep <u>in</u> good health.
（いつも良い健康状態を保つように心がけている）

❹ 方法・範囲
「…で」「…において」などの意味を表す。

○ This model is made of plastic. <u>In</u> that sense, it is inferior to the previous model.
（この機種はプラスチック製だ。その意味では，これまでの機種より劣っている）

○ You can contact us <u>in</u> two ways: Call us or send us an e-mail.
（当方との連絡手段は2通りあります。電話かメールです）

❺ 形状

「…という形で」「…をなして」という用法。

- ○ There were many people waiting <u>in</u> line.
  （たくさんの人々が列になって待っていた）
- ○ All the participants were asked to stand <u>in</u> a circle.
  （参加者は全員，円になって立つよう言われた）

❻ 着用・包装

衣服や包装の種類や色などを示して，**外見**を表す用法。

- ○ The girl over there <u>in</u> a red sweater is Mary.
  （向こうにいる赤いセーターを着た女の子がメアリーです）

of の用法

off と語源を同じくし，「**分離**」のイメージを持つ。そこから派生している多用な用法を見てみよう。

❶ 分離・剥奪

「…から（離れて）」「…を（離して）」という意味を表す。ひとつ目の例では，you から favor「好意」が分離されるというイメージである。

- ○ May I ask a favor <u>of</u> you?
  （あなたにお願いしてもいいでしょうか）
- ○ They robbed her <u>of</u> her purse.
  （彼らは彼女から財布を奪った）

❷ 部分・所属

A of B で「**全体（B）とそこから分離した部分（A）**」という関係を表す。

- ○ That's just the tip <u>of</u> the iceberg.
  （それは氷山の一角にすぎない）

○ The upper part <u>of</u> the statue was smashed into pieces with a hammer.
（彫像の上半身がハンマーで粉々にされた）

ここから転じた，所属を表す用法が次の例である。「全体と部分」の対比が「グループとメンバー」の関係に拡張されている。

○ I am a member <u>of</u> the tennis club.
（私はテニス部のメンバーです）

❸ 材料

be made of . . . で「…（材料）でできた」を表す。ここで注意したいのは，原料がその形をとどめていない場合に「起点」を示す from を使うのに対し，形をとどめている場合に「分離」を示す of を使う点である。

○ Those glasses are all made <u>of</u> crystal.
（あれらのグラスはみなクリスタルガラス製だ）

○ This paper isn't made <u>from</u> trees.
（この紙は木からできていない）

❹ 関連

「…について」という意味を表す。think / know / hear などの動詞とともに用いられることが多い。

○ What do you think <u>of</u> the new plan?
（新しい計画についてどう思いますか）

○ She reminds me <u>of</u> her mother.
（彼女を見ると彼女の母親のことが思い出される）

❺ その他（A of B）

A of Bという構造は「…の〜」に当たり，いろいろな関係を表す。まず，性質・形状・年齢などを表す語とともに用いる，以下のような修飾関係があげられる。

- a story of love「ラブストーリー (恋愛の話)」
- a picture of Kate「ケイトの写真」
- a girl of ten「10 歳の女の子」

他にも所有関係 (the songs of the Beatles「ビートルズの曲」)，主格関係 (the love of God「神の (神による) 愛」← God loves us.)，目的格関係 (the love of nature「自然への愛」← We love nature.)，同格関係 (the island of Honshu「本州という島」) などの用法がある。

on の用法

on の基本的イメージは「接触」である。そこから拡張された，以下のような用法がある。

❶ 位置

基本の意味は「…の上に」だが，接触していなければならない。接触を伴わずに上にある，という場合には over または above が用いられることになる。

- I sat on a chair to take a rest.
  (椅子に座って休んだ)
- There are several pens on your desk.
  (あなたの机の上にはペンが何本かある)

垂直方向の「上」でなく，側面や下であっても，接触していれば on を用いることができる。

- The graph on the wall shows our sales record.
  (壁に貼られたグラフは売上成績だ)
- There was a bug on the ceiling.
  (天井に虫がいた)

❷ 時

日にち・曜日について「…に」を表す。また，特定された日の午前・午後・夜など
についても on が使われる。同様に「…に」と時を表す at（P.28 〜 29）や in（P.35
〜 36）も参照。

- The symposium will begin on July 15.
  （シンポジウムは 7 月 15 日に開始される）
- The only free time I have on Wednesday is at 3:00.
  （水曜日に時間があるのは 3 時だけだ）
- Do you have any appointments on Monday morning?
  （月曜の朝は予定が入っていますか）

❸ 支点・依存

「接触」のイメージから，「…で支えて」「…に依存して（支えられて）」という意味を
表す。

- Lie on your belly.
  （うつぶせになりなさい）
- He is still dependent on his parents.
  （彼はまだ親に頼っている）

❹ 状態

人や物事の状態，進行中の状況や活動を表す。

- The building was on fire.
  （ビルが燃えていた）
- The unemployment rate is on the increase in Japan.
  （日本では失業率が上昇している）
- He is on duty from 10 a.m. until 6 p.m.
  （彼の勤務時間は午前 10 時から午後 6 時までだ）

❺ 動作・行為の対象

「…に向かって」「…に対して」と方向や対象を表す。これも，「接触」から派生して

いると考えられる。

- ○ Someone was tapping on the door.
  (誰かがドアをたたいていた)

- ○ Don't spend too much money on horseracing.
  (競馬にあまりたくさんお金を使うな)

to の用法

「…へ」「…に向かって」と方向を表すのが基本的な意味である。

❶ 到達点・範囲

「…の方へ」「…まで」という意味を表す。「起点」を表す from とともに用いる場合も多い。

- ○ Is this the way to the station?
  (これは駅まで行く道ですか)

- ○ I work from Monday to Friday.
  (月曜から金曜まで仕事をしている)

❷ 対象

「…にとって」「…に対して」という意味を表す。

- ○ We should try to be kind to others.
  (人に対して親切にするように努めるべきである)

- ○ Money means everything to Paul.
  (ポールにとって，お金がすべてだ)

❸ 結合・一致

「…にくっついて」「…に合わせて」などの意味を表す。

- ○ Please attach the file to your e-mail.
  (メールにそのファイルを添付してください)

- She was moving her body <u>to</u> the beat.
  （彼女はビートに合わせて体を動かしていた）

❹ 比較

「…と比べて」という意味を表す。

- I cannot but feel inferior <u>to</u> others in my class.
  （自分はクラスのみんなより劣っている気がしてならない）
- Compared <u>to</u> the previous year, we have achieved a lot so far this year.
  （去年に比べれば，今年はこれまでのところかなりの業績を上げてきている）

with の用法

「何かが加えられる」というイメージの前置詞である。

❶ 同伴・所有・携帯

〈with ＋人〉で，「…と一緒に」を表す。

- Will you please dance <u>with</u> me?
  （一緒に踊ってくださいませんか）

また，〈with ＋物〉で「…を持っている」という所有の意味を，〈with ＋人〉で「…を身につけて」という携帯の意味を表す。

- There was a girl <u>with</u> beautiful red hair on the bench.
  （美しい赤毛の女の子がベンチに座っていた）
- I have almost no money <u>with</u> me now.
  （今はほとんどお金を持ち合わせていません）

❷ 付帯状況

「…と一緒に」「…を持っている」という意味から広がった，「…という状態で」という用法。

○ Don't talk with your mouth full.
（口をいっぱいにしたまましゃべるな）

○ Jimmy sat smiling with his legs crossed.
（ジミーは足を組んで笑いながら座っていた）

❸ 道具・原因・理由

「…を用いて」「…で」と道具や手段を表す。

○ I opened the letter with a knife.
（ナイフで手紙を開封した）

○ He was stirring the coffee with a spoon.
（彼はスプーンでコーヒーをかき混ぜていた）

ここから派生して「…が原因で」「…という理由で」という意味も表す。

○ His eyes were glaring with excitement.
（彼の目は興奮で輝いていた）

前置詞と目的語

前置詞は「前に置く」というその名称からも分かるように，**あとに必ず名詞表現が置かれる**。前置詞のあとにくる名詞表現を「**前置詞の目的語**」と呼ぶ。文末などに前置詞が単独で置かれ，目的語がなさそうに見える場合でも，必ず目的語は存在している点に注意したい。下の例では疑問詞が目的語となって文頭に繰り上げられている。

○ What are you looking for?
（何を探しているのですか）

○ Who were you with then?
（そのとき，誰と一緒にいたのですか）

＊前置詞の目的語である以上，目的格の whom を用いて Whom were you with then? とするのが理論的には正しいが，現代の英語では主格の who を用いるのが普通である。

〈自動詞＋前置詞＋目的語〉を受動態にしたときにも，目的語が主語の位置に上がってくるため「宙ぶらりん」な前置詞ができる。下の文では，look after the patients が元の形である。

○ The patients are all well looked <u>after</u>.
（患者はみな，とても良い看護を受けている）

関係代名詞の先行詞が目的語のときも，同様の現象が起こる。下の例では，stay at the hotel が元になっている。大事なのは，このような前置詞を省いてしまわないということである。

○ This is the hotel (which) George is staying <u>at</u>.
（これが，ジョージが滞在しているホテルです）
× This is the hotel (which) George is staying.

形容詞的用法の to 不定詞が用いられる場合にも，同じく注意が必要である。下の例では，keep our papers in a larger box が元にあるのだから，最後の in を省略してはならない。

○ We need a larger box to keep our papers <u>in</u>.
（書類を入れておくのにもっと大きな箱が必要です）
× We need a larger box to keep our papers.

✎ ライティングのポイント

前置詞と副詞

　on や in など，多くの前置詞には，副詞としての用法もあるので注意が必要だ。例えば，We were playing in the park then. (そのときは公園の中で遊んでいた) の in は前置詞の目的語として the park が用いられているのに対し，May I come in? (中に入ってもいいですか) の in には目的語が見当たらない。これは，May I come in? の in が「中へ」という意味の副詞だからである。

　前置詞と副詞の区別が重要なのは，句動詞を作る場合である。他動詞として機能する句動詞の目的語が代名詞になる場合，以下のように，代名詞を義務的に「挟む」必要がある。

「彼はその話をでっちあげた」
- ○ He <u>made up</u> the story.
- ○ He <u>made</u> it <u>up</u>.〈目的語が代名詞〉

　前置詞の場合は，目的語が代名詞でも「挟む」ことは許されない。

「彼はメアリーに話しかけた」
- ○ He <u>spoke to</u> Mary.
- ○ He <u>spoke to</u> her.
- × He <u>spoke</u> her <u>to</u>.

　前置詞では，to Mary / to her というグループ，つまり「前置詞句」が意識されるため，この「固まり」の中の順番を変えることはできないのである。

不定詞と動名詞 | infinitives and verbs

不定詞 (infinitive) と動名詞 (gerund) の使い分けも，日本人が苦労させられる文法事項のひとつと言える。学校英文法ではあまり取り扱われない細かいニュアンスの違いについても知っておきたい。

不定詞の名詞的用法と動名詞の感覚的違い

不定詞 (to do) の名詞的用法と動名詞 (doing) は，ともに日本語では「…すること」を意味し，使い分けが難しい。最終的には次ページよりあげるような他動詞との組み合わせを覚えるしかないのだが，ある程度の法則性は見られる。次の2つの例を比較してみよう。

- a. I forgot to go to the hospital.
- b. I forgot going to the hospital last month.

中学校でも教わりそうな対比だが，aは「病院に行くのを忘れていた」，bは「先月病院に行ったのを忘れていた」を意味する。aでは「未来に向けてこれから行くということ」を忘れていたのであり，bでは「過去に行ったということ」を忘れていたのである。

この例から分かるように，**不定詞が未来のことや実現されていないことを表す**のに対し，**動名詞は現在起きていることや，（現在につながっている）過去のことを表す**という法則性がある。もちろんこれですべてが説明できるわけではないが，前置詞の to が「方向」を表す（P.41 参照）ことからも分かるように，**不定詞が前方を見ている**のに対し，**動名詞は現実的なことを表す**。この感覚の違いをおさえておきたい。hope to do「…することを望む」や wish to do「…したいと思う」が不定詞のみを目的語にとるのに対し，deny doing「…すること [したこと] を否定する」や enjoy doing「…することを楽しむ」が動名詞のみを目的語にとることが，これで理解できるだろう。

不定詞のみを目的語にとる他動詞

afford to do	…する余裕がある
agree to do	…することに同意する
aim to do	…することを目指す
care to do	…したい
claim to do	…すると主張する
dare to do	あえて…する
decide to do	…することを決める，…しようと思う
desire to do	…したいと強く望む
determine to do	…しようと決心する
demand to do	…するよう要求する
expect to do	…するつもりである
fail to do	…するのを怠る，…することができない
guarantee to do	…すると保証する
hasten to do	急いで…する
hesitate to do	…するのをためらう
hope to do	…することを望む
learn to do	…するようになる，…のしかたを身につける
long to do	…することを熱望する
manage to do	なんとか…する
neglect to do	…するのを怠る
offer to do	…しようと申し出る
prepare to do	…する準備をする
pretend to do	…するふりをする
profess to do	…するふりをする
refuse to do	…することを拒む
resolve to do	…しようと決心する
seek to do	…しようと努める
swear to do	…することを誓う
threaten to do	…する恐れがある，…すると言って脅す
undertake to do	…することを引き受ける

vow to do	…することを誓う
wish to do	…したいと思う

「彼の本を校正してあげることにした」

○ I <u>agreed to</u> proofread his book for him.

× I <u>agreed proofreading</u> his book for him.

「彼女は今回はマラソンを完走することに決めた」

○ She <u>decided to finish</u> the marathon this time.

× She <u>decided finishing</u> the marathon this time.

「私たちはなんとか嵐が来る前にホテルにたどり着いた」

○ We <u>managed to get</u> to the hotel before the storm.

× We <u>managed getting</u> to the hotel before the storm.

「彼女は交友関係を広げようとしている」

○ She is <u>seeking to expand</u> her network of friends.

× She is <u>seeking expanding</u> her network of friends.

動名詞のみを目的語にとる他動詞

admit doing	…すること [したこと] を認める
avoid doing	…することを避ける
consider doing	…することを熟慮する
deny doing	…すること [したこと] を否定する
detest doing	…することをひどく嫌う
enjoy doing	…することを楽しむ
entail doing	…することを伴う
escape doing	…することを免れる
finish doing	…し終える

give up doing	…することを諦める
leave off doing	…することをやめる
mind doing	…することを嫌がる，気にする
miss doing	…できないのを寂しく思う
postpone doing	…することを延期する
practice doing	…する練習をする
put off doing	…することを延期する
resent doing	…することをひどく嫌う
resist doing	…することに抵抗する
resume doing	再び…し始める
risk doing	…する危険を冒す，思い切って…する
stop doing	…することをやめる
suggest doing	…しようと提案する
tolerate doing	…することを我慢する

「彼は上司に嘘をついていたことを認めた」

○ He <u>admitted lying</u> to his boss.

× He <u>admitted to lie</u> to his boss.

「テレビを見すぎないようにしている」

○ I try to <u>avoid watching</u> too much television.

× I try to <u>avoid to watch</u> too much television.

「全員がその計画の概要を知るまで，決定を引き延ばそう」

○ Let's <u>postpone deciding</u> until everybody has seen the plan.

× Let's <u>postpone to decide</u> until everybody has seen the plan.

「電車で行くのではなく，飛行機で行くことを提案したい」

○ I <u>suggest flying</u> instead of taking the train.

× I suggest to fly instead of taking the train.

両方をほぼ同様の意味で目的語にとる他動詞

begin to do / doing	…し始める
cease to do / doing	…することをやめる
continue to do / doing	…し続ける
intend to do / doing	…するつもりだ
like to do / doing	…することが好きだ
love to do / doing	…することが好きだ
prefer to do / doing	…する方が好きだ
start to do / doing	…し始める

＊物が主語のときは不定詞が好まれる

「会社としての提案について彼は語り始めた」

○ He began to talk about his company's proposal.

○ He began talking about his company's proposal.

「彼女は新しいやり方について説明を続けた」

○ She continued to explain the new procedure.

○ She continued explaining the new procedure.

ただし例外として，上記の動詞でも進行形の文では動名詞を目的語にはできない。

「雪が降り始めている」

○ It's beginning to snow.

× It's beginning snowing.

また，understand / know などの状態動詞は，begin / start のあとでは通常動名詞にならない。

「ジョンは理解し始めた」

- ○ John <u>began to understand</u>.
- ✕ John <u>began understanding</u>.

目的語が不定詞か動名詞かによって意味が変わる動詞

❶ forget

forget to do は「…し忘れる」，forget doing は「…したことを忘れる」という意味である。

- ○ I <u>forgot to send</u> him a thank-you note.
  （彼にお礼のメモを送り忘れた）

- ○ I <u>forgot giving</u> him a day off last week.
  （彼に先週，休暇を1日与えていたことを忘れていた）

❷ hate

hate to do は，ある特定の状況で「できれば…したくない，する気がしない」という意味になるのに対し，hate doing の場合は「（普段から）…することが嫌いだ」という意味合いを持つ。

- ○ I <u>hate to give</u> you so much overtime.
  （あなたにあまりたくさん残業代を払いたくないな）

- ○ I <u>hate changing</u> the filter of this space heater.
  （この暖房器具のフィルターを交換するのは嫌いだ）

❸ mean

mean to do は，「…するつもりである」という意味。これに対し meandoing の場合は，「（事柄が）…することを意味する」「…ということになる」という意味。

- ○ I didn't <u>mean to interrupt</u> you.
  （邪魔するつもりではなかったのですが）

◦ We need to finish this by Monday, even if it <u>means</u> <u>working</u> all weekend.
（たとえ週末ずっと働くということになるとしても，これを月曜日までに終わらせなければならない）

❹ need

need to do が「…する必要がある」を意味するのに対し，need doing は物を主語として「…される必要がある」「…が必要である」を表す。needdoing の文は，下の例のように受動態を使って need to be done で言い換えられる。

◦ I <u>need to copy</u> these reports by 4:00.
（4 時までにこれらの報告書をコピーする必要がある）

◦ These letters <u>need stamping</u>.

（= These letters <u>need to be stamped</u>.）
（これらの手紙には切手が必要だ）

❺ propose

propose to do は intend to do とほぼ同じ意味で「…するつもりである」という意味になる。propose doing になると，「…することを提案する」という意味になる。

◦ Do you <u>propose to do</u> that all by yourself?
（それを全部ひとりでやるつもりなんですか）

◦ He <u>proposed creating</u> a new revenue model.
（彼は新しい収入の仕組みを作ることを提案した）

❻ regret

regret to do は「残念ながら…する」という意味。一方，regret doing は「…したことを後悔する」という意味を表す。

◦ I <u>regret to say</u> that the answer is no.
（残念ながら答えはノーだ）

○ I <u>regret forgetting</u> the meeting.
（会議を忘れたのを後悔している）

❼ remember

remember to do は「忘れずに…する」，remember doing は「…したことを覚えている」という意味。動詞 remember には「覚えている」「思い出す」の２つの意味があるということに注意。

○ She <u>remembered to return</u> the book she borrowed from me.
（彼女は私から借りた本を忘れずに返した）

○ She <u>remembered discussing</u> company policy with him.
（彼女は彼と会社の方針について議論したことを思い出した）

❽ try

try も，目的語になるのが不定詞か動名詞かによって，大きく意味が異なってくる。try to do は「…しようとする」であるのに対し，try doing は「試しに…してみる」という意味である。例えば，I tried to eat that fruit. ならば「その果物を食べようと試みた」となる一方，I tried eating that fruit. ならば「その果物を試しに食べてみた」となる。つまり tried to eat は「**食べていない**」のに対し，tried eating では「**食べた**」という大きな違いがある。

○ I <u>try to get</u> to the office before everybody else.
（誰よりも先に出社するよう努めている）

○ We <u>tried using</u> that designer before, but he was too expensive.
（以前そのデザイナーを試しに使ってみたが，料金が高すぎた）

前置詞の目的語に不定詞をとる場合

不定詞を目的語にできる前置詞の数は限られている。ほとんどの場合，前置詞のあとは動名詞になるが，以下の例外を覚えておきたい。

❶ but / except

but to do / except to do で，「…する以外の [に]」という意味。There is nothing for it but to do ....や have no choice except to do ...などのようにイディオム的に使われる場合である。やや文語的である。

○ There is nothing for it <u>but [except] to accept</u> the offer.
（そのオファーを受けるしか選択肢はない）

○ We had no choice <u>but [except] to take</u> on the job.
（その仕事を受けざるをえなかった）

❷ than

know better than to do ...「…するほどばかではない」という慣用表現がよく使われる。この than は接続詞とも解釈できるが，注意したい例なのでここで取り上げておきたい。

「彼のことを信頼などすべきではなかった」

○ We should have known better <u>than to trust</u> him.

× We should have known better <u>than trusting</u> him.

〈前置詞 to ＋動名詞〉の表現

前置詞の to の目的語として動名詞がきて to doing となるべきところを，誤って動詞の原形を持ってきて to do としてしまう例が見受けられる。**前置詞の to を，to 不定詞の to と取り違えてしまうからである。**

❶ be used to doing / be accustomed to doing「…することに慣れている」

「私は月に 3，4 回飛行機に乗ることには慣れている」

○ I'm <u>used to flying</u> three or four times a month.

× I'm <u>used to fly</u> three or four times a month.

「仕事の会議で日本語を使うことに慣れていない」

- ○ I am not <u>accustomed to using</u> Japanese in business meetings.
- × I am not <u>accustomed to use</u> Japanese in business meetings.

❷ **look forward to doing**「…することを楽しみにしている」

「彼の故郷を訪れるのをみんな楽しみにしている」

- ○ We are all <u>looking forward to visiting</u> his hometown.
- × We are all <u>looking forward to visit</u> his hometown.

❸ **take to doing**「…することになじむ」，「…する習慣を持つ」

「彼はたくさん残業することになじめなかった」

- ○ He didn't <u>take to working</u> so much overtime.
- × He didn't <u>take to work</u> so much overtime.

❹ **with a view to doing**「…するつもりで」

「経営のやり方を変えるつもりで，彼はこの会社に入社した」

- ○ He came into this company <u>with a view to changing</u> its management practices.
- × He came into this company <u>with a view to change</u> its management practices.

❺ **What do you say to doing?**「…しませんか」

「これを社内で生産するというのはどうでしょうか」

- ○ <u>What do you say to producing</u> this in-house?
- × <u>What do you say to produce</u> this in-house?

to 不定詞を使って名詞を後ろから修飾し，「…するという〜」と同格の意味を表す形容詞的用法がある。desire to do「…したいという強い希望」の他，このように to 不定詞が使える名詞には，attempt / decision / promise / wish などがある。一方，to 不定詞を許容せず，〈of + doing〉を用いる名詞には以下のようなものがある。それぞれコロケーションとして覚えるようにしたい。

❶ habit「習慣」

We have recently gotten in the habit of meeting clients in the coffee shop downstairs.

（最近，階下の喫茶店で顧客と面談するのが習慣になった）

❷ idea「考え」

She liked the idea of producing a video for the conference.

（その会議のためにビデオを作るというアイデアを彼女は気に入った）

❸ purpose「目的」

She paused for the purpose of building interest in her conclusion.

（彼女は自分がこれから出す結論に興味を持たせるため，話の間を置いた）

名詞を使うときに難しいのは，冠詞が必要かどうか，必要なら a / an か the か，また単数形なのか複数形なのか，といった点である。すべてに適用できるわけではないが，原則的なルールをここでおさえておこう。

不定冠詞 a / an の使い分けにおける注意点

直後の単語が子音で始まるときには a を用い（a company, a large office），母音で始まるときは an を用いる（an old school, an entrepreneur）。しかし，これは「文字」の問題ではなく，「発音」の問題である。"u" から始まる単語の多くは [u] ではなく [ju] という発音になっている。そのため，たとえ文字の上では "u" で始まっていても an ではなくて a にしなければならない。また，"h" から始まる，特にフランス語起源の語の中には "h" が発音されないものがある。その場合，逆に an を付けなければならない。

「便利なアイデア」
- ○ a useful idea
- × an useful idea

「輝かしい業績」
- ○ an honorable achievement
- × a honorable achievement

不定冠詞の「強形」

なお，不定冠詞 a を辞書で調べると，[ei]（つまり，アルファベットの "A" と同じ）という発音も記載されている。これは「強形」と呼ばれるもので，不定冠詞であることを強調する場合に用いられる発音である。以下のような場合に用いられる。

○ I said "a book," not "my book."
（私は「ある本」と言ったのであって，「私の本」と言ったのではない）

これは「特定の本」ではなく，「不特定の『ある』本」について言及した，ということを強調して伝えるための文である。そのため，**通常はストレスが置かれることのない不定冠詞を強調する必要が生じるため**，[ei] という発音を用いるのが正しい。

強形は "a" だけでなく，"an" にも存在する。ストレスが置かれない場合，an は [ən] と発音されるが，なんらかの必要があってストレスが置かれると，**[æn]** という音が採用されるのだ。

○ Before a vowel, you should use "an" instead of "a."
（母音の前では "a" ではなく "an" を使うべきである）

上の例文では，不定冠詞自体に対して言及されているため，an は強形の [æn] という発音になる。

定冠詞 the の用法

名詞表現が具体的に**何を指すのか特定されうる場合**に定冠詞を付ける。また，書き手と読み手との間で共通に想起される抽象イメージとしての「犬というもの」を指す場合もある（P.62「総称表現」参照）。

○ I saw a white dog in the park. A little girl was with the dog.
（公園で1匹の白い犬を見た。ひとりの少女がその犬と一緒だった）

○ The dog is a faithful animal.
（犬は忠義深い動物だ）

ある名詞表現が何を指すのかが特定できる場合，つまり定冠詞が使える場合の条件についてまとめてみよう。

❶ 前に言及されたもの

すでに言及された名詞については，**定冠詞が使われる**。下の例の customer は，初出の際には不定冠詞が用いられている。話し手がこれから紹介する顧客について，聞き手との間に共通認識がないためである。しかし，再度言及されるにあたっては定冠詞が付けられている。

○ We'd like to introduce you to <u>a</u> new customer . . . . <u>The</u> customer is . . . .
（新しい顧客を紹介したいと思います…。その顧客は…）

また，下の例では，a meeting があとになって the meeting に変化している。こちらも，一度言及されたことで「どの meeting のことを言っているのか」が明らかになったために，定冠詞が付けられている。

○ I'm sorry to tell you this, but Edgar is in <u>a</u> meeting right now. <u>The</u> meeting shouldn't last longer than 30 minutes. I'll have him get back to you later.
（申し訳ございませんが，エドガーはただ今会議に出ております。その会議は 30 分はかからないはずです。あとで，こちらからかけ直させます）

❷ 修飾語句によって特定されるもの

前置詞句や関係詞節によって後ろから修飾され，そのために名詞が**特定のもの**を指す場合に定冠詞を用いる。下の例では，関係詞節によって「任意の女性」ではなく「ある特定の女性」に限定されている（ちなみに，このような関係詞の用法を「限定用法」と呼ぶ）。

○ Do you remember <u>the</u> woman who was at the last meeting?
（この間の会議にいた女性のことを覚えていますか）

しかし，修飾するフレーズがあっても必ず定冠詞が付くわけではない。次の例を見てみよう。定冠詞を使った a が「例の，インターネットで買った本」という意味であるのに対し，b のように不定冠詞を用いると「インターネットで買った何冊かの

うちの1冊」という意味になる。このように，後ろから修飾するフレーズがあっても「唯一」に特定できない場合は不定冠詞が付くこともある。

a. This is the book I bought on the Internet.
（これがインターネットで買った本です）

b. This is a book I bought on the Internet.
（これはインターネットで買った本です）

もうひとつ例を見ておこう。the が「唯一のものを特定する」という意味を持っているために，以下の2つの文は大きく意味が異なってしまっている。

c. Pattie is the girl that George knows.
（パティはジョージが知っている［唯一の］女性です）

d. Pattie is a girl that George knows.
（パティはジョージが知っている女性のひとりです）

dを書き換えると Pattie is one of the girls that George knows. となる。つまり，「ジョージは複数の女性の知り合いがおり，パティはその中のひとりだ」という意味である。これに対してcの方は，「唯一の」を意味するthe が用いられているため，「パティはジョージが唯一知っている女性だ」，つまり Pattie is the only girl that George knows. という意味になってしまう。

the は「唯一」という意味を内包しているため，**only** が付く場合はたいてい**定冠詞**が用いられるが，例外もあることを知っておこう。

○ My husband is an only son.
（夫は1人息子です）

この例のように「1人息子」という意味になる場合は，"an only" という形が用いられる。なお，後ろに限定する関係詞が続く場合は以下のように定冠詞を用いる。

○ Sally is the only daughter that Carly has.
（サリーはカーリーの1人娘です）

❸ **すべての人にとって唯一のもの**

常識的に考えて，通常ひとつしかないものを指す際には定冠詞を付ける。「ひとつしかない」ことで特定が可能になるからだ。地球も太陽もひとつしかないので，下の例のように定冠詞が付く。このような扱いを受ける名詞は他にも the sky「空」/ the equato「赤道」/ the world「世界」/ the moon「月」などがある。

○ The Earth revolves around the Sun once a year.
　（地球は太陽の周りを１年に１回公転する）

❹ **最上級の形容詞や特定の順序や序列を示す形容詞に修飾されるもの**

例えば the most beautiful day in my life「人生で最も美しい日」では，most beautiful「一番美しい」という形容詞の最上級により特定の日に限定されているため，定冠詞 the が付く。順序を示す first / second / third . . .や last「最後の」も，同様に特定されるので常に定冠詞を伴う形容詞である。また only「唯一の」も，その語の持つ意味上，定冠詞を伴う。

○ Our office is located in the tallest building in Tokyo.
　（うちのオフィスは東京一の高層ビルに入っている）

○ The third paragraph on page 25 reads . . . .
　（25 ページの第３段落目には…と書いてあります）

○ This seems to be the only way to solve the problem.
　（これが問題解決のための唯一の方法らしい）

❺ **その状況において唯一のもの**

その状況においては唯一のもの (唯一と推定されるもの) について言及する場合に定冠詞を用いる。例えば "Please shut the door." と言うとき，どのドアのことを言っているかについては暗黙の了解がある。下の文では，「そのビルにあるエレベータ」という認識が共通にある。

○ Please use the elevator to come up to our office.
　（当オフィスまではエレベータでお上がりください）

総称 (generic) 表現とは，定義や一般的事実を言うときの「…というものは」という表現である。

可算名詞については以下の 3 つの用法がある。

❶ the ＋単数形 …… 形式ばった言い方。

  ○ <u>The whale</u> is not usually a violent animal.
  （クジラは一般的に凶暴な動物ではない）

❷ 無冠詞＋複数形 …… 最も一般的に使われる表現。

  ○ <u>Whales</u> are not usually violent animals.

❸ a / an ＋単数形 …… 一般論を述べる際の口語的な言い方。

  ○ <u>A whale</u> is not usually a vi　olent animal.

不可算名詞の総称表現については，無冠詞のまま用いる。

  ○ <u>Yogurt</u> is good for the digestive system.
  （ヨーグルトは胃腸に良い）

〈**the ＋形容詞**〉も総称的な表現である。例えば the rich は "rich people in general"「一般に裕福な人々」という意味を持ち，複数扱いとなる。

  ○ <u>The rich</u> are not always <u>the happy</u>.
  （金持ちの人々が，必ずしも幸せな人々とは限らない）

固有名詞 (proper noun) には原則的に冠詞は付かないが，以下のような例外がある。

❶ 複数形の国名，山脈，諸島など

the United States of America「アメリカ合衆国」/ the Rockies, the Rocky Mountains「ロッキー山脈」/ the Philippines「フィリピン諸島」

❷ 形容詞や of ... などで修飾された地名

the Gulf of Mexico「メキシコ湾」/ the Cape of Good Hope「喜望峰」/ the Mediterranean Sea「地中海」/ the Amazon River「アマゾン川」

❸ 形容詞の付いた団体名

the National Trust「ナショナルトラスト」/ the White House「ホワイトハウス」/ the British Council「ブリティッシュ・カウンシル」

人名に冠詞が付く場合，次のようなパターンがある。

❶〈the ＋姓の複数形〉

He's from the Smiths.

（彼はスミス家の出だ）

❷〈a ＋姓・名の単数形〉

A Mr. Smith called you in the morning.

（スミスさんという人から午前中に電話がありました）

慣用表現と冠詞

不定冠詞・定冠詞を含む慣用表現は数多く存在するが，ある程度の法則性や傾向は存在するものの，どちらを用いるかは覚えてしまうしかないという側面もある。ここでは，特にライティングで役に立つ，覚えておきたい代表的な慣用表現を紹介しておく。

■ 不定冠詞を含む重要慣用表現

all of a sudden 突然
Our sales started picking up all of a sudden.（売り上げが突如好転した）

at a distance 離れて
A large sign can be seen easily at a distance.
（大きな看板を設置すれば，遠くからも見てもらえるだろう）

at a time 一度に
Multitasking, or the ability to work on several projects at a time, is highly valued.
（多重タスク処理，すなわち複数のプロジェクトを同時にこなす能力は，高く評価されている）

come to an end 終わりになる
The year has finally come to an end.（1年がようやく終わった）

have an eye for . . . …を見る目がある
She really has an eye for detail.（彼女には細部を見極める確かな目がある）

in a hurry 急いで
I need this done in a hurry.（これを急いでやらなければならない）

in a sense ある意味では
In a sense we are pioneers in the industry.（ある意味，我々は業界の草分けである）

in a word 一言でいえば
Our relationship is, in a word, troubled.
（我々の関係は，一言でいえば，こじれてしまっている）

once upon a time 昔々
Once upon a time, a single computer filled an entire room.
（昔々は，1台のコンピュータが部屋全体を占有していた）

to a degree とても；ある程度
The average consumer is sensitive to price, to a degree.
（平均的な消費者は価格に敏感だ。それも，かなり）

■ 定冠詞を含む重要慣用表現

by the way ところで
By the way, have you talked to Mr. Watanabe?
（ところで，渡辺さんと話したことはありますか）

from the beginning 初めから
This project was doomed from the beginning.
（このプロジェクトは，当初から成功の見込みはなかった）

in the end 結局は
It worked out well in the end. （結局，それはうまくいった）

in the long run 長期的には，結局は
We are better off investing in dedicated employees in the long run.
（長い目で見れば，熱意のある従業員に対してお金を使うことは会社にとってプラスになる）

in the way 邪魔になって
This table is in the way. （このテーブルは邪魔になっている）

in the wrong 間違って
He would not admit he was in the wrong.
（彼は自分が間違っていることを認めようとはしなかった）

on the contrary それどころか
On the contrary, I think it's a great idea.
（悪いどころか，それは素晴らしいアイデアだと思います）

on the other hand 他方では
On the other hand, let's not pass up any valuable opportunities.
（しかし他方では，貴重な機会を見逃すのもよくありません）

on the sly こっそりと
Someone took photos of the private event on the sly.
（その私的なイベントの写真を誰かがこっそり撮影した）

on the spot 即座に
I decided to hire her on the spot. （彼女を雇うことを即座に決定した）

to the point 要領を得た
His explanation was short and to the point.
（彼の説明は簡潔で，要領を得ていた）

04 可算・不可算 | countable and uncountable

名詞の可算・不可算の区別は，英語ネイティブにとってはごく当たり前のことである。しかし，日本語には厳密な意味での可算・不可算の区別は存在していないため，意識的に学習する必要がある。

可算扱いと不可算扱いで意味が大きく異なる名詞

可算名詞とは tree / house / book などの「数えられる」名詞，不可算名詞とは water / rice / health などの「数えられない」名詞のことである。しかし実際には，可算名詞と不可算名詞は厳密に区別できるものではない。ひとつの名詞が可算・不可算の両方で扱われることも多く，またそれぞれで意味が大きく異なる場合もある。例えば glass は，不可算扱いならば「ガラス」という意味になるのに対し，可算扱いでは「コップ」である。さらに複数形の glasses は「メガネ」という意味になる。また，experience も可算・不可算で意味合いが違ってくる。

   A. I had a nice experience.

   B. I had a lot of experiences.

   C. I had a lot of experience.

A，B のように可算扱いの場合，experience は「ある具体的な出来事」を指す。C のように不可算扱いの場合は「仕事の経験や技術」という意味になる。

このように，可算扱いと不可算扱いとで意味の大きく変わってくる名詞を以下にあげておく。

	不可算扱い	可算扱い
advice	助言	通知
air	空気	外見，雰囲気
beauty	美しさ	美人，美しいもの
confidence	信頼，自信	秘密
experience	仕事の経験・技術	出来事
duty	義務	業務，任務
industry	勤勉，産業	…業
intelligence	知性	知性的存在
paper	紙	論文，新聞
satisfaction	満足	満足させるもの
truth	真理，原理	真実
weather	天気	(複数形で) 運命の移り変わり
work	仕事，職業	作品

不可算名詞を可算扱いにできる場合

various beers of the world などと種類を言う場合には可算扱いにできる。

> beer「ビール」 bread「パン」 candy「キャンディ」 cereal「シリアル」
> cheese「チーズ」 coffee「コーヒー」 fish「魚」 fruit「果物」 meat「肉」
> milk「牛乳」 money「お金」 oil「油」 soap「石鹸」 steel「金属」
> sugar「砂糖」 tea「お茶」 wine「ワイン」 yogurt「ヨーグルト」など

また，注文する際の「コーヒー 1 杯」など，**状況から単位が明らかなもの**については，可算扱いになる。

> beer「ビール」 coffee「コーヒー」 ice cream「アイスクリーム」 milk「牛乳」
> tea「お茶」など

不可算名詞の数え方

不可算名詞を数える必要がある際には、〈a ... of〉という補助的フレーズを用いる。例えば、wine「ワイン」を数えるときは、a glass of wine「1杯のワイン」や two bottles of wine「2本のワイン」のように表現する。以下に、主な不可算名詞の数え方をあげておく。

advice	→	a piece of advice「アドバイスひとつ」
bread	→	a loaf of bread「パンひとつ (ひとかたまり)」
clothing	→	a piece of / an article of clothing「洋服1点」
furniture	→	a piece of furniture「家具ひとつ」
equipment	→	a piece of equipment「装備品ひとつ」
glass	→	a pane of glass「ガラス1枚」
homework	→	a piece of homework「宿題ひとつ」
jam	→	a pot of jam「ジャム1瓶」
jewelry	→	a piece of jewelry「宝石1個」
luggage	→	a piece of luggage「荷物ひとつ」
machinery	→	a piece of machinery「機械ひとつ」
news	→	a bit of news「ニュースひとつ」
oil	→	a drop of oil「油1滴」
paper	→	a sheet of paper「紙1枚」
poem	→	a piece of poem「詩1編」
soap	→	a cake of soap「石鹸1個」
sand	→	a grain of sand「砂1粒」

受動態 | passive voice

受動態の基本的な構造は〈be ＋過去分詞＋ by ＋動作主〉であるが，by . . . は常に必要なものではなく省略されることもある。また，be 動詞以外にも，受動態を作る動詞には get「…になる」や become「…になる」などがある。

不自然な受動態

一般的には，受動態は極力使用しない方がいいとされている。下の例のように，明確に特定すべき動作主があり，かつ行為を受ける対象が具体的な形のある「物」である場合には，特に受動態は不自然である。

○ John wrote the letter.
（ジョンはその手紙を書いた）

△ The letter was written by John.
（その手紙はジョンによって書かれた）

○ Nancy broke the vase.
（ナンシーはその花瓶を割った）

△ The vase was broken by Nancy.
（その花瓶はナンシーによって割られた）

しかし，受動態を使うしかない場合や，受動態を使った方が適切なケースもある。能動態との違いを知り，使い分けるようにしたい。

受動態の方が適切な場合

❶ 動作主が「一般の人々」である場合
動作主が特定の人ではなく「一般の人々」である場合は受動態にするのが適切である。

○ Computers <u>are used</u> to improve efficiency.
（能率を上げるためにコンピュータが使われている）

△ People <u>use</u> computers to improve efficiency.
（人々は能率を上げるためにコンピュータを使う）

○ Michael Jackson is <u>known</u> as "King of Pop."
（マイケル・ジャクソンは「ポップの王様」として知られている）

△ People <u>know</u> Michael Jackson as "King of Pop."
（人々はマイケル・ジャクソンを「ポップの王様」として知っている）

❷ 動作主が自明である場合

文脈から動作主が自明であり，また動作主が特に重要でない場合は，動作主を示す by . . . を省いた受動態の文にするのが普通である。下にあげた例では，それぞれ farmers, designers が動作主であることは明らかであるため，わざわざ動作主に言及しない受動態の文の方がスマートになっている。

○ These vegetables <u>were grown</u> without chemicals.
（これらの野菜は化学物質を使わずに栽培された）

△ Farmers <u>grew</u> these vegetables without chemicals.
（農家がこれらの野菜を化学物質なしで栽培した）

○ This vehicle <u>was designed</u> for rough roads.
（この乗り物は悪路用に設計された）

△ Designers <u>designed</u> this vehicle for rough roads.
（デザイナーはこの乗り物を悪路用に設計した）

❸ 行為を受ける対象の方が動作主よりも重要な場合

能動態の文では，行為を受ける対象が目的語となって文の途中にきてしまう。そのため，**動作主よりも行為を受ける対象の方が重要な場合**は，行為を受ける対象が主語となって文頭にくる，受動態の文にする。

○ The election results will <u>be announced</u> tonight.
（選挙の結果は今夜発表されるだろう）

△ An election official will <u>announce</u> the results of the election tonight.

（選挙管理人は今夜，選挙の結果を発表するだろう）

○ The President <u>was asked</u> about the scandal by reporters.

（大統領はレポーターたちにスキャンダルのことを質問された）

△ Reporters <u>asked</u> the President about the scandal.

（レポーターたちは大統領にスキャンダルについて質問した）

❹ 動詞を強調する場合

動詞に力点を置きたい場合に受動態にすることがある。次の例では，能動態の方は「ジェーン以外みんながサインした」と主語が強調されているのに対し，受動態の方は「書類は<u>サインされた</u>」という部分が強調されている。

○ Everyone except Jane <u>signed</u> the document.

（ジェーン以外は全員その書類にサインした）

★ The document <u>was signed</u> by everyone but Jane.

（その書類はジェーンを除く全員によってサインされた）

❺ 曖昧な表現や客観的な表現にする場合

能動文では常に「行為者」が明示されるので，時として非難しているような印象を与えることがある。そのような場合，受動態を用いて「行為者」を明らかにしないことで，曖昧な表現にしたり客観的な表現にしたりすることができる。

○ Frank <u>made</u> a major mistake.

（フランクは大きなミスを犯した）

★ A major mistake <u>was made</u>.

（大きなミスがあった）

○ You <u>submitted</u> the report three days late.

（あなたはレポートを3日遅れで提出した）

★ The report <u>was submitted</u> three days late.

（レポートは3日遅れて提出された）

❻ 被害を表す

例えば日本語では「死ぬ」と表現するところを，英語では受動態の be killed で表す場合がある。これは「被害の受け身」と呼ばれるものである。

○ His father <u>was killed</u> in a traffic accident last year.
（彼の父は昨年，交通事故で亡くなった）

○ In the landslide, more than 30 people <u>were injured</u>.
（土砂崩れで，30 人以上のけが人が出た）

また，以下のような表現でもそれぞれ「遅れた」「座礁した」と，日本語では能動態が用いられるが，英語では「被害」のニュアンスから受動態が自然となる。

○ The shipment has <u>been</u> significantly <u>delayed</u>.
（出荷が大幅に遅れている）

○ The ship <u>was wrecked</u> in the raging rainstorm.
（激しい暴風雨の中，船は座礁した）

❼ 感情を表す動詞

感情を表す以下のような動詞は，受動態として用いられるのが一般的である。例えば interest は「…に興味を持たせる」というのが本来の意味だが，I'm interested ... のように受動態にして「…に興味がある」という表現になる。

○ The lecture went on for so long and we <u>were</u> all <u>bored</u>.
（講義が非常に長く続いたので，私たちはみんな飽きてしまった）

○ I <u>was disappointed</u> at his failure.
（彼の失敗にはがっかりした）

■ 受動態で使う感情を表す動詞

amaze / amuse / annoy / astonish / bore / concern / delight / disappoint / discourage / distress / excite / frighten / interest / offend / please / relieve / satisfy / scare / shock / surprise / upset / vex / worry など

❽ 頭でっかちな文を避ける

能動態のままでは「頭でっかち (top-heavy)」になってしまう場合に，受動態を用いる。

○ George <u>was</u> really <u>disappointed</u> that she didn't turn up at the party.
（ジョージは彼女がパーティに来なかったので本当にがっかりした）

✗ The fact that she didn't turn up at the party really <u>disappointed</u> George.
（彼女がパーティに来なかったことがジョージを本当にがっかりさせた）

能動態と受動態の文で意味が変わる場合

能動態の文を受動態の文に書き換えたとき，意味が大きく異なってくる場合がある。以下のように，数量詞が関わってくる表現には注意したい。

○ Only a few people <u>attend</u> many seminars.
（たくさんのセミナーに参加する人は少ししかいない）

○ Many seminars <u>are attended</u> by only a few people.
（少数の人しか参加しないセミナーがたくさんある）

○ Each executive <u>signed</u> two documents.
（各役員が，それぞれ2通ずつ文書に署名した）

○ Two documents <u>were signed</u> by each executive.
（2通の文書は各役員によって署名された〈文書は全部で2通のみ〉）

06 助動詞 | auxiliary verb

文の内容に関する書き手／話し手の心的態度を表したり，主語の「意志」「能力」「義務」などを表したりする助動詞を法助動詞という。進行形や受動態などで用いられる場合の be 動詞，完了形の have，疑問文や否定文で使われている do や did なども助動詞に含まれるが，ここでは，本動詞ではカバーしきれない微妙なニュアンスなどを補うという大事な役割を担っている法助動詞の使い方を説明していく。

法助動詞の基本的意味

will / would / shall / should / can / could / may / might / ought to / must などを**法助動詞**という。それぞれの法助動詞には，主に下の表のような用法がある。なお，このうち「予測」や「推量」の場合の書き手・話し手の確信度は，could → may / might → can → should / ought to → would → will → must の順に高くなる。

will / would	意志，習慣，予測
shall	意志，予測，規定
should / ought to	義務，高い可能性の推量
may / might	許可，可能性の推量
can / could	能力・可能，許可，提案・申し出，可能性の推量
must	義務，必然性・確実性の推量

will / would

文法上，would は will の過去形という扱いをされることもあるが，❶や❸の用法のように，現在のことについて言及する文においてwould を用いる場合も多い。

❶ 主語の意志

will は通常 1 人称の主語とともに用いて,「…するつもりだ」と主語の意志を示す。would は would like to や would prefer to などの形で,will よりも遠まわしに「…したいと思う」という意味を表す。

○ I'll try harder the next time.
（次はもっとがんばるつもりだ）

○ I would like to try a different method.
（別の方法を試してみたいと思います）

○ I'd prefer to meet at your office instead of mine.
（うちのオフィスではなく,そちらのオフィスでお会いしたいのですが）

Will you . . . ? / Would you . . . ? は,相手の意志を問う,**依頼または勧誘**の表現。Would you . . . ? の方が丁寧な表現である。

○ Will you take me to the meeting room?
（会議室に連れていってもらえませんか）

○ Would you care for some tea?
（お茶でもいかがですか）

❷ 習慣・習性

3 人称の主語とともに用いられる will で,「…することがよくある」「…するものだ」を表す。

○ He will often take a nap while at work.
（彼は仕事中によく寝てしまう）

○ A shark will attack human beings only when they are hungry.
（サメは本当におなかが空いているときしか人を襲わないものだ）

過去形の would の場合,1 人称の主語でも可能。「…したものだった」という過去の習慣を表す。

Chapter 1 文法編　Chapter 2 語法編　Chapter 3 句読法編　Chapter 4 アメリカ英語とイギリス英語　Chapter 5 ITを活用したライティング術

○ I would often go to the cafeteria on the second floor.
（私は2階にある軽食堂によく行ったものだった）

❸ 予測

「…だろう」と，予測するときの表現。予測の確信度は，will よりも仮定のニュアンスのある would の方が低くなる。未来を表す will の用法，また will と be going to の違いについては P.95 〜 97 を参照のこと。

○ The package will be sent first thing tomorrow morning.
（荷物は明日の朝一で発送されるでしょう）

○ It would be best to finish the report today.
（レポートを今日中に終えるのがベストだろう）

shall

使われる頻度が比較的低く，主にイギリス英語で用いられる助動詞である。

❶ 意志

主語が1人称の I shall であれば「…するつもりだ」となり，I will とほぼ意味は変わらない。

「彼の好意を決して忘れません」

○ I shall never forget his kindness.

○ I will never forget his kindness.

しかし shall は，主語が2人称・3人称の場合，書き手・話し手の意志を表して「…させよう」「…することになろう」という意味になる。

○ You shall have this book.
（この本をあなたに差し上げよう）

上の例文は，書き手・話し手によって「あなたがこの本を得る」ということなので，

I will give you this book. とほぼ同じ意味となるが，You shall . . . . はかなり文語的な響きである。

また，疑問文の Shall I [we] . . . ? は「…しましょうか」という申し出の意味で使われるが，これもやはりアメリカ英語ではあまり見られない言い方。以下の例では，アメリカ英語では shall の代わりに should が用いられる。

○ Shall we send you a copy of the report?
（レポートのコピーを送りましょうか）

なお shall の過去形は should なので，話法の転換をするときは以下のようになる。

○ He said, "You shall have this book."
○ He said that I should have this book.
（彼は，この本をあなたに差し上げようと言った）

❷ 予測
「…だろう」と予測を表す shall も，意志を表す用法と同様に主にイギリス英語で用いられる。アメリカ英語では，will が普通だ。

○ We shall have to get permission before taking action.
（行動を始める前に許可を得なければならないだろう）

❸ 規定
アメリカ英語でも shall が頻繁に使われるのは，契約書などの規定文書において「…するものとする」を表す場合である。

○ The report shall be signed by both parties.
（レポートは両名が署名するものとする）

should は shall の過去形ではあるが，shall の意味を離れ，独自の意味を持っている。ought to は should とほぼ同じ意味だが，特に口語では **ought to は使わ れなくなっている傾向がある。**

❶ 義務

「…した方がいい」という意味を表す。ただし，should に含まれる微妙なニュアンスには注意したい（P.143 ～ 144 参照）。

○ You should [ought to] go on a diet.
（ダイエットした方がいいよ）

○ You shouldn't [ought not to] eat too much.
（食べすぎない方がいいよ）

❷ 高い可能性の推量

「…はずだ」という意味を表す。will や shall よりは，確信度が低い。

○ That should [ought to] be enough.
（これでもう十分のはずだ）

○ If they are coming here by train, they should [ought to] arrive at around seven.
（電車で来るんだったら，7 時頃には着くはずだ）

may / might

might は may の過去形だが，ほぼ同じ意味である。

❶ 許可

「…してもいい」という意味を表す。ただし，一般に 2 人称が主語の場合は can を使うことが多く，You may . . . . を用いると目上の者からの強い言い方になる。

○ You <u>may</u> leave for lunch now.
（昼食を食べに行ってよろしい）

★ You <u>can</u> leave for lunch now.
（昼食を食べに行っていいよ）

May I . . . ? / Might I . . . ? とすると「…してもいいですか」と許可を求める文になる。might の方が婉曲的で，より丁寧な感じになる。

○ <u>May [Might]</u> I be excused?
（失礼させていただいてもよろしいでしょうか）

❷ 可能性の推量

「…かもしれない」と可能性を推量する用法。may，might ともにほとんどニュアンスは変わらない。

「午後に雨になるかもしれない」

○ It <u>may</u> rain this afternoon.

○ It <u>might</u> rain this afternoon.

can / could

使用頻度の高い助動詞。could は can の過去形でもあるが，❷〜❹の用法のように現在のことに言及する文でもよく使われる。

❶ 能力・可能

「…できる」という意味で主語の能力を表す。「…できた」と過去のことに言及する場合については，P.119 〜 120 参照。

○ <u>Can</u> you ski?
（スキーはできますか）

○ The factory <u>can</u> produce 20,000 units a day.
（その工場では１日当たり 20,000 個の生産が可能である）

❷ 許可

may と同じく，許可を表す（may との違いについては P.78 参照）。could は仮定の意味合いを言外に含んでいるため，「許可」というより「提案」に近い柔らかさになる。Can I . . . ? / Could I . . . ?とすると，相手に許可を求める表現になる。Could I . . . ? の方が控えめな言い方である。

○ You can [could] use my computer if you need to.
（私のコンピュータを使っていいよ [もしよければ使うこともできますよ]）

○ Can [Could] I borrow your pen?
（ペンを借りてもいい？ [もしよければ借りていいですか]）

また，Can you . . . ? / Could you . . . ?は依頼の表現として使える。ただし，Could you . . . ?の方が丁寧であるだけでなく，Can you . . . ?には前述のように単に「能力」を聞く用法もあり誤解を招くため，**依頼の場合は通常　Could you . . . ? を用いる方が適切**。

○ Can you inspect all the parts by Friday?
（金曜日までに全部品を検査してもらえる？／検査することができますか）

★ Could you inspect all the parts by Friday?
（金曜日までに全部品を検査してもらえますか）

❸ 提案・申し出

「…するのはどうですか」という提案の意味で can / could を使うことができる。主語が you になると，**軽い命令のニュアンスになる**。いずれも could を使う方が丁寧である。

○ We can move the meeting to Thursday.
（会議を木曜に変えましょうか）

○ We could move the meeting to Thursday.
（会議を木曜に変えることもできますが，どうですか）

また，Can I . . . ? / Could I . . . ?で「…しましょうか」と申し出る表現にもなる。

◦ Can [Could] I mail the packages for you?
（荷物を郵送しましょうか）

❹ 可能性の推量

「…なこともある」という感じの意味を表す。「理論的には…もありうる」「ときには…することもある」というニュアンス。

◦ Computers <u>can</u> be wrong.
（コンピュータでも間違えることがある）

could の場合，「理論的には…」というような含みはない。「…かもしれない」という意味だが，確信度は **may** より弱い。

◦ That <u>could</u> be true.
（それは正しいのかもしれない）

否定文にすると，「…のはずはない」という強い意味を表す。

「これが正しいはずなどない」
◦ This <u>can't</u> be true.
◦ This <u>couldn't</u> be true.

❺ can と be able to の違い

一番大きな違いは，**be able to** を「…かもしれない」という推量や，「…してもいい」という許可の意味で使うことができないという点だ。

「これは合ってるかもしれないが，間違ってるかもしれない」
◦ This <u>can</u> be true but may not be.
✕ This <u>is able to</u> be true but may not be.

「私は帰りますので，この席を使ってください」
◦ I'm leaving now. You <u>can</u> take my seat.

× I'm leaving now. You <u>are able to</u> take my seat.

be able to には「…できる」という能力・可能の意味しかないという点に注意しておこう。ただし，能力・可能を表す場合でも，人間以外の主語では be able to は通常用いられない。

「コンピュータには計算能力があるが，考えることはできない」

○ Computers <u>can</u> calculate, but they <u>cannot</u> think.

× Computers <u>are able to</u> calculate, but they <u>are not able to</u> think.

could と was [were] able to の違いについては P.119 〜 120 参照。

must

must は「…しなければならない」「…に違いない」など，強い意味を持つ。

❶ 義務

「…しなければならない」と，主語に課せられた義務を表す。You must . . . . はほとんど命令に近い感じになる。must not と否定にすると「…してはならない」という禁止の意味になる。

○ You <u>must</u> get more exercise.
（あなたはもっと運動をしなければならない）

○ You <u>must not</u> smoke in this room.
（この部屋でたばこを吸ってはいけません）

I must . . . . は自分が自分に命令している感じになる。

○ I really <u>must</u> get more exercise.
（本当にもっと運動をしなければ）

なお must には過去形がないので，過去について言及する際は had to を使うしかない。未来について言う場合も，法助動詞を 2 つ使うことはできないので，have to を使う。

- I <u>must</u> leave early today.
  （今日は早く帰らねばならない）

- I had a terrible headache and so I <u>had to</u> leave early.
  （ひどい頭痛だったので早く帰らなければならなかった）

- I <u>will have to</u> leave early to be in time for the last train.
  （終電に間に合うように，早く帰らねばならないだろう）

義務の意味での must と have to のニュアンスの違いについては P.118 ～ 119 参照。

❷ 必然性・確実性の推量

must に続く動詞が be 動詞などの状態動詞の場合，「…に違いない」という強い確信を示す。

- You <u>must</u> be exhausted because you haven't slept for 48 hours now.
  （48 時間一睡もしていないのだから，さぞお疲れのことでしょう）

動作を表す動詞の場合，完了形では「…したに違いない」，進行形では「…しているに違いない」という意味を表すことができる。

- I <u>must</u> have forgotten to shut down the computer.
  （コンピュータの電源を落とし忘れたに違いない）

- Kevin <u>must</u> still be working at the office now.
  （ケビンはまだ会社で働いているに違いない）

「…に違いない」という意味では，あとに be 動詞が続く場合，must / have to のどちらも用いられる。**be 動詞以外が続く場合は must のみが用いられる**（have to は「…しなければならない」の意味になる）。

「これは真実に違いない」

○ This <u>must</u> be true.

○ This <u>has to</u> be true.

「彼は我慢強いに違いない」

○ He <u>must</u> have a lot of patience.

× He <u>has to</u> have a lot of patience.

また，must not は常に「…してはならない」という意味になるので，「…でない
に違いない」という意味を表したいときは can not [can't] または could not
[couldn't] を用いる (P.81 参照)。

「昼食を食べたばかりなのだから，おなかが空いているはずはない」

○ You have just had lunch, so you <u>can't</u> be hungry.

× You have just had lunch, so you <u>mustn't</u> be hungry.

✎ ライティングのポイント

ネイティブは must をあまり使わない？

　ネイティブ，特にアメリカ人は実は助動詞の must をあまり使わない印象が強
い。このページでも例文として挙げているように，「…に違いない」という意味の
表現として，ネイティブは must be / have to be の両方を用いるが，実際には
must よりも have to のほうを用いることが多い印象がある。

　例えば「冗談でしょ！」と言う場合，You must be joking. ではなく，have
to のカジュアルな言い方である have got to を用いた，You've got to be
joking. の方がよく用いられている。

　ネイティブからすれば，must には「大げさ」な感じが伴うため，have to で済
む場合は，have to の方が好まれるのだ。

07 接続詞 | conjunctions

接続詞とは単語や句，あるいは節を結ぶ語である。接続詞には大別して 3 種類があり，ここではそれらの主な用法を解説する。

等位接続詞

文中で対等の関係にある要素をつなぐのが等位接続詞 (coordinating conjunctions)。and / but / so / or / nor / for / yet が主要な等位接続詞であるが，still / only なども等位接続詞に含んで考える場合もある。接続される要素には次のようなものがある。

《語》

- We bought tickets for the opera <u>and</u> the symphony.
  （オペラとオーケストラの演奏会のチケットを買った）

《句》

- Was it in the morning <u>or</u> in the afternoon that the customer is coming?
  （お客さんが来社するのは午前中，それとも午後でしたっけ？）

《独立した節》

- I wanted to get there earlier than anybody else, <u>so</u> I left home before 6:00 a.m.
  （一番早くそこに着きたかったので，朝 6 時前に家を出た）

従属接続詞

主節と従属節をつなぐのが従属接続詞 (subordinating conjunctions)。従属節は理由，条件，譲歩，あるいは主動詞の目的語などとして機能する。as /

because / if / that / than / though / unless などがある。代表的な従属接続詞の用法について見ていこう。

❶ 名詞節を導く従属接続詞
《that》
that 節は名詞節を導き，主に動詞の目的語や補語になる。下の例では主語の役割を果たしているが，文頭に主語として置くと頭でっかち（top-heavy）になってしまうので，通例形式主語 it を用いて that 節を後置する。

「物価が上がるのは確実だ」
- △ That prices will go up is certain.
- ○ It is certain that prices will go up.

「ジョンが会議にいなかったのはおかしい」
- △ That John was not present at the meeting was odd.
- ○ It was odd that John was not present at the meeting.

that 節は think / hope / suppose など多くの動詞の目的語にもなる。この場合，下の 1 番目の例のように平易な構文では that が省略されることも多い。

- ○ She said (that) she would come to see us today.
  （彼女は今日会いに来ると言っていた）
- ○ The federal government has long maintained that the licensed vaccine is safe.
  （連邦政府は認可されたワクチンが安全であるとずっと主張してきた）

以下は that 節が補語になっている例である。

- ○ What surprises me most is that he never feels sorry.
  （最も驚かされるのは，彼が決して悪気を覚えないということだ）

《whether / if》

whether / if は，「…かどうか」という意味で名詞節を導く。次の例では動詞の目的語になっている。

○ I asked him <u>whether [if]</u> he had accounting experience.
（私は彼に経理の経験があるかどうか尋ねた）

ただし，主語または補語にする場合，2番目の例のような同格を表す節にする場合，また前置詞の目的語とする場合，if を使うことはできない。

「安楽死を合法化すべきかどうかは，広く議論されている」

○ <u>Whether</u> mercy killing should be legalized is widely argued.

× <u>If</u> mercy killing should be legalized is widely argued.

「あなたが文書に署名したかどうかは重要な問題ではない」

○ The question <u>whether</u> you signed the document is not important.

× The question <u>if</u> you signed the document is not important.

「私たちは，フレッドが折り返し電話をしてきたかどうかについて聞いた」

○ We inquired as to <u>whether</u> Fred had called back.

× We inquired as to <u>if</u> Fred had called back.

❷ 副詞節を導く従属接続詞

名詞節を導く従属接続詞は❶であげた **that / if / whether** の3つだけであるが，副詞節を導く従属接続詞は数多くあり，用法も様々である。

《時を表す》

when / while / as / after / before / till [until] / since / as soon as / once / every time などの接続詞がある。

- When I came into the room, Susie was already there.
  （部屋に入るとスージーがすでに来ていた）

- I'd like you to handle this matter while I'm away.
  （私がいない間，この件を担当してもらいたいのだが）

- Shut all the windows before you leave the office.
  （会社を出る前に窓を全部閉めなさい）

- Let's drink till [until] the morning comes.
  （朝が来るまで飲み明かそう）

《理由・原因を表す》

because / as / since を用いて理由や原因を示す副詞節を作ることができる。最もよく使われるのは because である。asおよびsinceには理由を示す以外に様々な意味があるので，理由を示したい場合は because を使っておくのが無難である。

- The meeting was called off because most of the members were simply too busy.
  （大半の人があまりにも忙しすぎるということで会議はキャンセルされた）

《目的を表す》

so that と in order that があるが，後者は文語的な響きがある。

- We need to put up a fence so that neighbors can't peep through the window.
  （近所からのぞかれないように塀を建てよう）

《譲歩を表す》

「…だけれども」「…にもかかわらず」といった意味を表す副詞節を導くのに，though / although / even if / even though / as などが用いられる。

- Though [Although] he was really tired, he went to work.
  （ひどく疲れていたのにもかかわらず，彼は仕事に行った）

  ＊although は though よりも堅い表現。

○ <u>Even though [Even if]</u> we asked for an application, we were refused.
（申込書をもらえるよう依頼したにもかかわらず断られた）

○ Try <u>as</u> she might, she was unable to find a buyer.
（どんなにがんばっても，彼女は買い手を見つけることができなかった）

《仮定・条件を表す》

if / in case / suppose / supposing / providing / provided / unless などを用いて，「もし…なら」という条件節を作る。(if / in case の違いについては P.134 ～ 135 参照)

○ Please give me a call <u>if</u> he comes.
（彼が来たら電話してください）

○ <u>In case</u> I'm late, don't wait for me.
（私が遅れたら，待たないでください）

相関接続詞

接続詞と副詞などがペアになって接続詞の機能を果たしているものを相関接続詞 (correlative conjunctions) という。both . . . and ～「…も～も両方」/ either . . . or ～「…か～かいずれか」/ neither . . . nor ～「…でも～でもない」/ so . . . that ～「とても…なので～」/ not only . . . but also ～「…だけでなく～も」などがそれに当たる。

○ <u>Both</u> Kevin <u>and</u> George are invited to the party on Wednesday.
（ケビンとジョージの両方が水曜日のパーティに招待されている）

○ <u>Either</u> you <u>or</u> I have to go on a business trip to Sapporo.
（あなたか私のどちらかが札幌に出張に行かなくてはならない）

＊either A, B, or C と，3つ以上の選択肢を示すこともある。

○ James is <u>neither</u> tall <u>nor</u> short.
（ジェームズは特に背が高いわけでも低いわけでもない）

08 関係詞 | subordinating conjunction

関係代名詞は，「接続詞」と「代名詞」の役割を兼ねるもの。関係副詞は「副詞」と「接続詞」の役割を兼ねるもの。どちらも形容詞節を導入し，文と文とを「結びつける」働きをするものである。

関係代名詞の基本

関係代名詞は「接続詞」と「代名詞」の役割を同時に果たすもの。2つの文の共通する要素を「代名詞」として受けながら，「接続詞」として文と文とをつなぐ働きをする。関係代名詞が「指す」名詞のことを「先行詞」(antecedent)という。

This is <u>the book</u>. + I bought <u>it</u> yesterday.
（これはその本だ。私はそれを昨日買った）

→ This is the <u>book</u> which I bought yesterday.
（これは私が昨日買った本だ）

the book と it は同じ内容を指している。そのため，the book を先行詞にし，関係代名詞 which を用いて，2つの文を接続することが可能である。関係代名詞によって導かれる節は，形容詞として直前にある名詞を後置修飾する。

関係代名詞 who / which / that / what

関係代名詞には who / which / that / what の4種類ある。who は先行詞が「人」の場合に用いられ，which は先行詞が「物」の場合に用いられる。that は先行詞が「人」の場合でも「物」の場合でも用いることができる。what は，それ自体に先行詞が含まれる関係代名詞である。

○ Do you happen to know the man <u>who</u> just came in?
（今入ってきた男性を，もしかしてご存じないですか）

← Do you happen to know <u>the man</u>? + <u>He</u> just came in.

○ This is a device <u>which</u> is used for sealing cans.
（これは缶に封をするときに用いられる道具です）

← This is <u>a device</u>. + <u>It</u> is used for sealing cans.

○ This is a vehicle <u>that</u> runs on electricity.
（これは電気で走る乗り物です）

← This is <u>a vehicle</u>. + <u>It</u> runs on electricity.

○ That's <u>what</u> makes me confused.
（それが私を混乱させています）

≒ That's <u>the thing which</u> makes me confused.

関係代名詞の格変化

関係代名詞は品詞分類上，「代名詞」の一種である。そのため，他の代名詞と同様に「格変化」する（cf. I / my / me）。

主格	所有格	目的格
who	whose	whom
which	whose	which
that	—	that
what	—	what

○ Greg is a lawyer <u>whose</u> uncle is a famous journalist.
（グレッグは有名なジャーナリストをおじに持つ弁護士です）

← Greg is <u>a lawyer</u>. + <u>His</u> uncle is a famous journalist.

○ He's an engineer <u>whom</u> John knows.
（彼はジョンが知っているエンジニアです）

← He's <u>an engineer</u>. + John knows <u>him</u>.

○ I'm looking for a book <u>whose</u> title I can't remember.

（＝ I'm looking for a book of which title I can't remember.)
（私はタイトルを思い出せない本を探している）

← I'm looking for <u>a book</u>. ＋ I can't remember <u>its</u> title.

目的格の関係代名詞は，カジュアルな文では省略されることが多い。

「ジョンの書いたレポートは分かりやすかった」

○ The report <u>which</u> John wrote was easy to understand.
○ The report <u>that</u> John wrote was easy to understand.
○ The report John wrote was easy to understand.

「セミナーで会った女性は XYZ 社に勤めている」

○ The woman <u>whom</u> I met at the seminar works for XYZ.
○ The woman <u>that</u> I met at the seminar works for XYZ.
○ The woman I met at the seminar works for XYZ.

また，who の目的格である whom は口語では避けられる傾向が強い。その代わりに，以下の例のように whom の代用として who を用いる。

○ The woman <u>who</u> I met at the seminar works for XYZ.

関係副詞

関係副詞は，その名が示すように「副詞」の役割を果たすとともに，文と文とをつなぐ「接続詞」の役割も兼ねるもの。関係副詞は where / when / why / how

の４種類がある。where は「場所」，when は「時」を先行詞にする。 why は reason(s) を先行詞にとる。そして，**how** は先行詞をとらない。

○ This is the village <u>where</u> she was born.
（これが彼女が生まれた村だ）

← This is <u>the village</u>. She was born <u>there</u>.

○ Do you remember the day <u>when</u> we met for the first time?
（初めて会った日のことを覚えていますか）

← Do you remember <u>the day</u>? We met for the first time <u>then</u>.

○ I had to explain to him about the reason <u>why</u> she quit.
（彼女が辞めた理由を，彼に説明しなければならなかった）

○ This is <u>how</u> she succeeded in the IT industry.
（このようにして，彼女は IT 業界で成功を収めました）

how はこのように，This is how . . . . 「このようにして…」というパターンで使われることが多い。

なお，how 以外の関係副詞も，それ自体に先行詞を含めて（先行詞を省略して），それぞれ **where**「…な場所」，**when**「…なとき」，**why**「…な理由」という意味で使うこともできる。

○ This is <u>where</u> she was born.
（これが彼女が生まれた場所だ）

○ Do you remember <u>when</u> we met for the first time?
（初めて会ったときのことを覚えていますか）

○ I had to tell him <u>why</u> she quit.
（彼女が辞めた理由を，彼に言わなければならなかった）

関係詞と前置詞

関係詞を用いる場合，前置詞との組み合わせが問題になることがある。関係詞を使った英文を書くときには，前置詞にも十分配慮するようにしよう。関係代名詞は「(代) 名詞」なのだから，当然，「**前置詞の目的語**」になる場合もある。

○ This is the house <u>which</u> he lives in.
（これが，彼の住んでいる家だ）

上記は "he lives in the house" という形が元になっている。live in をひとつの他動詞として考えれば，このように in が関係節の最後に置かれる。しかし，この文は下のように書くこともできる。

○ This is the house <u>in which</u> he lives.

ただし，that は「前置詞＋関係詞」という形にはならない。

× This is the house <u>in that</u> he lives.
○ This is the house <u>that</u> he lives in.
○ This is the house he lives <u>in</u>. [関係詞を省略したパターン]

関係副詞は「副詞」なのだから，「前置詞＋関係副詞」という形は当然ありえない。

× This is the house <u>in where</u> he lives.
○ This is the house <u>where</u> he lives.

関係詞を用いる際には，必要のないところに前置詞を入れてしまったり，必要な前置詞を省略してしまったりしないように気を付けよう。

未来を表す表現には will や be going to など複数あって使い分けが難しい，完了形を使うべき場合がよく分からないなど，英語の時制を克服する上での問題は多い。ここでは特に注意すべき用法として「未来を表す表現」「現在を表す表現」「完了形を用いた表現」，また「時制の一致」について説明する。

未来を表す表現

未来のことについて言及する表現として現在形 / will / be going to / 現在進行形 / 未来進行形があるが，それぞれのニュアンスの違いに注意し，状況に応じて使い分けたい。

❶ 現在形

特に公共性のある予定など，**確実に予定された未来の出来事**を言うときには現在形を用いて未来を表すことができる。現在の事実を述べている感覚に近く，「意志」や「予測」といった未来のことについて言及する場合に，現在形は使えない。

○ We <u>have</u> an anniversary next year.
（来年，記念祭がある）

○ He <u>teaches</u> a seminar next week.
（彼は来週セミナーで教える）

❷ will

助動詞 will には単純未来「…だろう（予測）」および意志未来「…するつもりだ（意志）」を表す 2 つの用法がある。

《単純未来》

○ There <u>will</u> be five people at the meeting.
（会議には 5 人が出席するだろう）

○ I will be busy all day tomorrow.
（明日は１日中忙しいだろう）

《意志未来》

○ I will try my very best to win.
（勝つために最善の努力をするつもりだ）

❸ 〈be going to ＋動詞の原形〉

to は，本来「…へ」という方向を表す表現なので，be going to には「…へ向かっている」というニュアンスがある。すでに決めてある予定について述べる場合にbe going to を用いる。

○ He is going to be a lawyer someday.
（彼は将来弁護士になるつもりだ）

❹ 現在進行形

現在進行形は，I'm preparing for the presentation now.「今プレゼンの準備をしているところだ」のように「今…しているところだ」を表すのが基本だが，未来の時を表す語句と一緒に用いられたり，前後の文脈から未来のことだと明らかに分かる場合などにおいて，予定を表す表現となる。

○ I'm leaving for Osaka on business next Thursday.
（今度の木曜日に商用で大阪に出発する）

❺ will と be going to の違い

ほぼ同じように使えることが多いものの，will と be going to はまったく同じ意味ではない。will はその発言の瞬間の意志や疑う余地のない（主観的な）推断を表す表現だが，be going to には「もう予定として決めている」「客観的状況から判断すると…だろう」というニュアンスがある。

「雲を見て。雨が降りそうだ」

○ Look at those cloulds. It's going to rain.
△ Look at those cloulds. It will rain.

「雨雲が出ている」という状況から判断した結果，「雨が降りそうだ」ということなので，ここでは be going to を使うのが適切である。しかし以下の例のように，突然電話が鳴って「私が取ります」と言うときには will を用いるべきだ。be going to を使うと，まるで電話が鳴ることが分かっていたかのような感じになってしまう。

- I'll answer it.
- △ I'm going to answer it.

❻ be going to と現在進行形の違い

この 2 つの表現のニュアンスの違いは微妙であるが，**現在進行形の方が実現度がより高い**。be going to が単に決定済みの予定を表すのに対し，進行形の方は**スケジュールとして組み込まれて，準備を始めている**という感じになる。下の a は「売ることを決めた」という感じだが，b では売る相手（あるいは店）や売る時期の予定まで決まっているというニュアンスがある。

a. I'm going to sell my computer.
（パソコンを売るつもりだ）

b. I'm selling my computer.
（パソコンを売るよ）

❼ 未来進行形（will be doing）

近い未来のある時点で進行中の動作について言う場合の他，未来の予定について言うときにも未来進行形を使うことがある。ただしこれは，**慣行として，また成り行きとして決められている近い未来の予定に対してのみ限定的に用いられる表現**である。最もよく使われるのは，例えば電車などでの次のようなアナウンスである。

- We'll be arriving at Nagoya at 3:34 p.m.
（名古屋には午後 3 時 34 分に到着予定です）

未来進行形には「…するということになっている」というニュアンスがあるため，人に催促をするときに使うと，「…することになっていましたっけ？」と物腰が柔らか

になるという効果がある。ただし，少々回りくどい言い方ではある。

○ When <u>will</u> you <u>return</u> the money I lent you the other day?
(先日貸したお金はいつ返してくれますか)

○ When <u>will</u> you <u>be returning</u> the money I lent you the other day?
(先日貸したお金はいつ返していただくことになってましたっけ?)

現在を表す表現

現在のことについて言及するときには，現在形もしくは現在進行形を用いる。「…している」という日本語につられて現在進行形にしてしまう，というのがよく見かける間違いである。ここでは，現在形と現在進行形の主な用法を見ていこう。

❶ 現在形の用法
《一般的な真理を表す》
これまでも，そして現在も，またこれからも真理であろうと思われることを表す。

○ The Earth <u>is</u> round.
(地球は丸い)

○ Water <u>boils</u> at 100 degrees Celsius.
(水は 100℃で沸騰する)

○ Kawasaki <u>stands</u> on the Tama River.
(川崎は多摩川に面している)

《習慣を表す》
習慣として繰り返し行っていることを表す。

○ He <u>drives</u> his daughter to school every morning.
(彼は毎朝娘を学校に車で送っていく)

○ I <u>don't</u> drink a lot these days.
(最近はあまりたくさん飲まない)

《状態を表す》

see / hear / contain / know などを**状態動詞**というが，現在のことを言う場合，これらは現在形で用いる。**動詞自体に「…している」という意味があるので，通例現在進行形にしてはならない**（例外については次ページ参照）。

「ジョージは出口への行き方を知っている」

○ George <u>knows</u> the way to the exit.

✕ George <u>is knowing</u> the way to the exit.

「この箱には重要なビジネス文書が入っている」

○ This box <u>contains</u> important business documents.

✕ This box <u>is containing</u> important business documents.

■ 主な状態動詞

感覚を表す	see / hear / feel / taste / smell
認識を表す	know / believe / doubt / understand / remember
感情を表す	want / love / like / hate
度量衡を表す	weigh / cost / measure
所有・含有を表す	have / own / contain / belong

❷ 現在進行形の用法

動作や行為を表す動詞とともに用いて，「…しているところだ」という意味を表すのが基本的な用法である（未来の予定を表す現在進行形の用法については P.96 参照）。

《進行中の出来事を表す》

now などの現在を表す副詞とともに用いて，「今…している」という意味を表す。現在であることが自明である場合，now などの語は省かれることもある。b のように現在形を使うと，例えば What does he do?「彼の職業は何ですか」に対する答えになる（前ページの《習慣を表す》を参照）。

a. Paul is singing at his desk.

　（ポールが机で仕事［勉強］しながら歌っている）

b. Paul sings.

　（ポールは歌手です）

《習慣的行為に対するいらだちを表す》

always や forever と一緒に用いて，非難や嫌悪，いらだちを表す。

○ He's always complaining.

　（彼はいつも文句ばかり言っている）

○ She's forever talking about herself.

　（彼女は自分の話ばかりしている）

《状態動詞を進行形にする場合》

状態動詞は通常進行形にはならないが，状態動詞のひとつである be 動詞は，「一時的に…している」という意味では進行形にできる。John is polite. は「ジョンはいつも礼儀正しい」という意味になるのに対し，次の進行形を使った例は「今は行儀良くしているだけだ」という意味である（状態動詞の種類については前ページ参照）。

○ John is just being polite today. I know it's quite unusual.

　（ジョンは今日たまたま行儀良くしているだけで，普段はまったく違うんだ）

また，状態動詞にあげられる動詞でも，意味や用法によっては進行形にできる場合がある。

○ She's seeing a doctor about her heart problem.

　（彼女は心臓疾患で医者に通っている）

○ He's feeling depressed because his wife left him.

　（妻に逃げられて，彼は落ち込んでいる）

《現在形と現在進行形の違い》

現在形は「恒常性」を表すのに対し，進行形は「一時性」を表す。

○ Kevin <u>lives</u> in Tokyo.
（ケビンは東京に住んでいる）

○ Kevin <u>is living</u> in Tokyo.
（ケビンは今のところ東京に住んでいる）

○ She <u>wears</u> glasses.
（彼女はいつもメガネをかけている）

○ She's <u>wearing</u> a dress today.
（彼女は今日はドレスを着ている）

○ The Statue of Liberty <u>stands</u> on a small island in the middle of the New York City harbor.
（自由の女神像はニューヨーク湾の真ん中にある小さな島の上に建っている）

○ I <u>am standing</u> by the famous Statue of Liberty now.
（私は今，有名な自由の女神像の側に立っています）

＊「一時的」に立っているわけではない建物や像などについては，恒常性を表す現在形を用いる。

完了形を用いた表現

完了形には，現在完了形（**have ＋過去分詞**）や過去完了形（**had ＋過去分詞**），未来完了形（**will have ＋過去分詞**）などがある。ここでは，よく使われるもので，かつ日本人にとって使い分けが難しいものを比較して解説する。

❶ 完了形の基本

まず完了形の基本を，現在完了形を例にとって確認したい。現在完了形には「完了」「経験」「継続」を表す用法があり，いずれも**現在につながっている過去の事柄**を「**現在の視点**」で述べるものである。3つの用法について，具体例を見ていこう。過去完了形や未来完了形も，基本的にはこれらをそれぞれ過去，未来に視点を移して表したものである。

《完了》

行為がすでに完了していることを表す。

○ She <u>has</u> just <u>come</u> back from London.
（彼女はロンドンから帰ってきたところだ）

《経験》
「…したことがある」という経験を表す。

○ <u>Have</u> you <u>seen</u> *Breakfast At Tiffany's*?
（『ティファニーで朝食を』を見たことがありますか）

《継続》
状態が過去から継続していることを表す。

○ <u>I've been</u> in this company for five years.
（この会社に 5 年いる）

また，状態ではなく動作の継続を表す場合は，**現在完了進行形**を用いる。

○ <u>He's been singing</u> for almost an hour.
（彼はかれこれ 1 時間近くも歌っている）

❷ 現在形と現在完了形の違い

❶で見たように，現在完了形の用法はすべて「**現在**」に関連することについて言及するものだが，この中で現在形との使い分けが難しいのは「継続」の用法だ。以下の例を見てみよう。

「ニューヨークに来て以来，忙しい」
○ Since I came to New York, I <u>have been</u> busy.
× Since I came to New York, I <u>am</u> busy.

「忙しい」だけを見ると，I am busy でもいいように思うかもしれない。しかし，since「〜以来」や for「〜の間」を伴うと，「**過去から今に至るまでずっと**」という継続の意味が加わるため，現在完了形にする必要がある。

❸ 過去形と現在完了形の違い

過去形が単に過去の事柄に言及するのに対し，現在完了形では**過去の事柄が現在の状況に影響している**ということに焦点がある。したがって，過去の時を表す語句を伴う場合，現在完了形は使えない。

「電車は5時に出発した」

　✗ The train has left at 5:00.

　○ The train left at 5:00.

では，久しぶりに会った人に「髪が伸びたね」という場合は，過去形，現在完了形のどちらを使うべきだろうか。

「髪が伸びたね」

　○ Your hair has gotten longer.

　✗ Your hair got longer.

正解は現在完了形だ。このような文章では，日本語の「伸びた」に惑わされて過去形を使いがちだが，「伸びて，今長い」ということを言わんとしているため過去形ではおかしくなる（ただし「今の髪が前より長い」という意味で，Your hair is longer. と言うことは可能）。もう一例，見ておこう。

「眼鏡を壊してしまった」

　○ I have broken my glasses.

　★ I broke my glasses.

この場合はどちらでも可能だが，単に過去の事実と捉えて過去形で言うのが自然。前者は，特にイギリス英語で使われるような上品な響きを持っている。

❹ 現在完了形と現在完了進行形

現在完了進行形は，❶で見たように，（過去から現在に至る）動作の継続を表す場合に使われる。

○ I've done all my homework.
（宿題を全部やってしまった）

○ I've been doing my homework during the summer vacation.
（夏休みの間，ずっと宿題をし続けている）

では，「日本に何年住んでいますか」と聞く場合はどうなるだろう。

★ How long have you lived in Japan?
○ How long have you been living in Japan?

この場合，違いは微妙だが，前者の方が一般的に使われている。後者の現在完了進行形は，「（今現在を含め）長い間ずっと」というニュアンスがあるため，例えば I speak and read Japanese fluently. と言った相手に対して，「長く住んでいるだろう」という前提で聞く場合などに使える。

時制の一致とは

時制の一致とは，直接話法の文を間接話法の文に転換するときなどに起こる現象のことである（直接話法の引用形式については P.229 ～ 235 参照）。この現象は日本語では起こらないので，少々やっかいである。

次の例では a が直接話法で，b が間接話法である。引用文の動詞に着目してみると，主文の動詞 said の時制に合わせて引用文の need が needed に変わっている。

a. Gregg said, "I need to send it via e-mail to our customer."
（グレッグは「それをメールで顧客に送らなければならない」と言った）

b. Gregg said that he needed to send it via e-mail to his customer.
（グレッグは，それをメールで顧客に送らなければならないと言った）

c のように直接話法での引用文の動詞が過去形の場合，間接話法に転換したときには d のように過去完了形になる。

c. Joe said, "I <u>saw</u> John at the station last night."
（ジョーは「ジョンを昨晩駅で見かけた」と言った）

d. Joe said he <u>had seen</u> John at the station the night before.
（ジョーは，ジョンをその前の晩に見かけたと言った）

e のように直接話法での引用文の動詞が現在完了の場合は，f のように間接話法では過去完了にする。

e. She said, "John <u>hasn't been</u> to Mexico."
（彼女は「ジョンはメキシコには行ったことがない」と言った）

f. She said John <u>hadn't been</u> to Mexico.
（彼女は，ジョンはメキシコには行ったことがないと言った）

さらに，g のように直接話法での引用文の動詞が過去完了形の場合は，h のように間接話法でもそのまま過去完了形を用いる。g の引用文中の従属節，before Bill came は，主節の過去完了形との時間の対比が必要なため，h の間接話法でも過去形のままにする。

g. Ed said, "I <u>had</u> already <u>had</u> lunch before Bill <u>came</u>."
（エドは「ビルが来る前にもう昼食を済ませてあった」と言った）

h. Ed said he <u>had</u> already <u>had</u> lunch before Bill <u>came</u>.
（エドはビルが来る前にもう昼食を済ませてあったと言った）

また，話法の転換以外の主節と従属節（that . . .）においても，以下のように時制を一致させる。話法の転換と同様に，日本語では起こらない現象なので注意したい。

「彼が間違っていることは分かっていた」

- ○ I <u>knew</u> he <u>was</u> wrong.
- ✕ I knew he <u>is</u> wrong.

時制の一致の規則に従わない場合

従属節 (that . . .) の内容が**一般的真理**である場合や, **現在でも真実である場合**
は, 従属節の動詞を現在形のままにしてもいい。特に「**普遍的真理**」を表す場合,
現在形のままにする方が普通である。

「先生は生徒に地球は丸いと教えた」

- ○ The teacher told the students that the Earth <u>is</u> round.
- △ The teacher told the students that the Earth <u>was</u> round.

「メアリーは, 川崎は多摩川に面していると言った」

- ○ Mary said that Kawasaki <u>stands</u> on the Tama River.
- ○ Mary said that Kawasaki <u>stood</u> on the Tama River.

＊現在の川崎市の位置について話している場合は現在形の stands を使い、過去の川崎市の位置につい
て話している場合は過去形の stood を使います。英語としてどちらも自然ですので、文脈に合わせて使
い分けましょう。

10 仮定法 │ subjunctive

「仮定法」は,「現実の描写ではない」ということを明らかにするための, 動詞の特殊な使い方である。微妙なニュアンスの違いなどを伝える際に, 大いに活用できるテクニックだ。

「法」とは何か

仮定法の「法 (mood)」とは,「動詞の活用のパターン」のこと。「直説法 (indicative mood)」と「仮 定 法 (subjunctive mood)」以 外 に も,「命 令 法 (imperative mood)」という法があるが, これは命令文における動詞の活用のことである。

- ○ Come with me. (一緒に来なさい)
- ○ Work harder! (もっと一生懸命働きなさい)

上の例のように, 命令文においては, 動詞は「常に原形」を用いる。これが「命令法」の動詞の活用パターンなのである。

直説法は「普通」の動詞の活用パターンである。時制が過去なら動詞は過去形, 現在なら現在形になる。さらに,「3人称・単数・現在」だったら, 動詞に "s" を付けなければならない。

これに対して, 仮定法では「現実 (=直説法) ではない」ということを示すために, 直説法とは異なる動詞の活用パターンが用いられる。現在のことについて言及するときには動詞は過去形になり, 過去のことについて言及するときには動詞は過去完了形になる。すなわち,「ひとつずつ時制がズレる」のである。

《直説法》

- ○ I'm not rich, so I can't buy that car.
  (お金持ちではないので, その車を買えない)

- We didn't have enough time, so we couldn't finish the project.
 （時間が十分になかったので，そのプロジェクトを終わらせられなかった）

《仮定法》

- If I were rich, I could buy that car.
 （お金持ちだったら，その車を買えるのに）

- If we had had enough time, we could have finished the project.
 （時間が十分にあったなら，そのプロジェクトを終わらせられたのに）

このように，仮定法では「現在のことを過去形」，「過去のことを過去完了形」を用いて表す。なお，現在のことを言う場合，仮定法では主語に関係なく be 動詞は were を用いるのが正しい（カジュアルな文では was を使うこともある）。

仮定法の基本

仮定法は「…だったら〜なのに」というのが基本パターンである。「…だったら」の部分を「仮定条件節」と呼び，「〜なのに」の部分を「帰結節」と呼ぶ。

❶ 仮定法過去「もし…なら，〜なのに」

仮定法「過去」という名称に惑わされないように注意しよう。仮定法過去によって表される内容は「過去」のことではなく「現在」のことである。基本的には〈If ＋主語＋過去形，主語＋助動詞の過去形＋原形〉という形になる。

- If I knew his telephone number, I could call him.
 （もし彼の電話番号を知っていれば，彼に電話できるのだが）

最初に述べたように，仮定法は「現実ではない」ことを示すための動詞の活用パターンである。そのため，上の例文は「仮想現実」であって，実際の意味（ウラの意味）は以下のようになる。

○ I can't call him because I don't know his telephone number.
（彼の電話番号を知らないので，彼に電話することができない）

❷ **仮定法過去完了「もし…だったなら，〜だったろうに」**

仮定法過去完了は，過去のことについて言及する際に用いる。基本的には〈If ＋主語＋過去完了，主語＋助動詞の過去形＋ have ＋過去分詞〉という形になる。

○ If I had known his telephone number, I could have called him.
（彼の電話番号を知っていたなら，彼に電話をすることができたのに）

この文の「ウラの意味」は次のような内容となる。

○ I couldn't call him because I didn't know his telephone number.
（彼の電話番号を知らなかったので，彼に電話することができなかった）

仮定条件節の代用パターン

仮定条件が if 節によって明示されている場合は，仮定法であることが明確であり，文を理解することも比較的容易である。しかし，実際はこのような「きれいな」仮定法にはなかなかお目にかかれない。if 節が省略されてしまったり，to 不定詞などによって示されたりすることもある。

〈to 不定詞〉

○ Wouldn't it be nice <u>to be rich</u>?
（お金持ちになれたとしたら，素晴らしいと思わない?）

〈動名詞〉

○ <u>Buying</u> a new computer now wouldn't be wise.
（今コンピュータを買うとしたら，それは賢明ではないだろう）

〈名詞〉

○ <u>A wise man</u> wouldn't do such a thing.
（賢い人なら，そんなことはしないだろう）

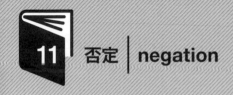

11 否定 | negation

ひとことで「否定」と言っても，文否定と語否定，全否定と部分否定，二重否定などの用法がある。また，否定語を使わずに否定を表す表現もある。ここでは，こうした様々な否定の表現について解説していきたい。

否定の基本と否定語

肯定文の平叙文を否定文にするには，否定語の not を用いる。

○ He's a liar.
（彼はうそつきだ〈肯定文〉）

○ He's not a liar.
（彼はうそつきではない〈否定文〉）

なお，never / no / nobody / nothing なども否定語である。

○ They'll never agree to these terms.
（彼らはこれらの条件には絶対に同意しないだろう）

○ There have been no quality problems for three weeks.
（ここ 3 週間，品質の問題は起こっていない）

○ Nobody was able to disagree with the president.
（誰も社長に反論することはできなかった）

文否定と語否定

文否定とは文全体を否定するもので，語否定とは文中のある特定の語句だけを否定するものである。以下のように，be 動詞などの述語動詞あるいは助動詞に not を付けるのが文否定である。

- She <u>is not</u> satisfied with the results.
  （彼女は結果に満足していない）
- In the end, we <u>didn't</u> reach an agreement.
  （結局合意には達しなかった）

これに対して語否定は，否定する語句の直前に not を付ける。

- I want you, <u>not</u> Bill, to help me.
  （ビルではなく，君に手伝ってほしいのだ）
- I was told <u>not</u> to see him again.
  （彼にもう二度と会うなと言われた）

全否定と部分否定

文否定には，全否定と部分否定の区別がある。全否定は「すべて…ない」と全面的に否定する場合で，部分否定は「すべて…というわけではない」のように部分的に否定するものである。not any . . . / no . . .「ひとつも…でない」は全否定の表現になり，all や always などの語とともに not を使うと部分否定になる。

- I <u>don't</u> know <u>any</u> of them. (= I know none of them.)
  （私は彼らのうちひとりたりとも知らない〈全否定〉）
- I <u>don't</u> know <u>all</u> of them.
  （私は彼らを全員知っているわけではない〈部分否定〉）

この他，necessarily / quite / exactly / completely / always / both / each / every などの全体性を表す語も，not と結びつくと部分否定になる。

- It's <u>not</u> <u>necessarily</u> true.
  （それが必ずしも正しいわけではない）
- I <u>don't</u> <u>quite</u> agree with you.
  （あなたに完全に賛成しているわけではない）
- This <u>isn't</u> <u>exactly</u> the way it should be.
  （これが完全に正しい方法ではない）

否定表現を二重に使って肯定を意味する表現がある。分かりにくくなるので通常は使用しない方がいいが，以下のような呼応表現は一般的に用いられている。

❶ not ... without ~ (doing)

「～せずには…しない」「…すれば必ず～する」という構文である。

○ You can't be in the stock market game without taking a risk.
（リスクなしに株屋はやれないよ）

❷ never ... but ~

これも❶とほぼ同様の意味だが，やや古くさい言い方である。

○ It never rains but pours.
（降ればどしゃぶり → 踏んだり蹴ったり〈ことわざ〉）

❸ can't ... too ~

「…してもしすぎることはない」という構文。too は否定語ではないが，構造的に上の２つに似ている。cannot be too careful「注意してもしすぎることはない」という言い方がよく使われている。

○ You can't be too careful with the use of personal information.
（個人情報を扱う際には注意してもしすぎるということはない）

❹ 否定の強調

前項の二重否定同様，以下の例でも二重に否定語が使用されているが，これは打ち消し合って肯定になるのではなく，**否定を強調する俗語的表現**である。書き言葉では用いてはならない。

△ I <u>can't</u> get no satisfaction.
（満足できない）

△ I <u>can't</u> find the purse <u>nowhere</u>.
（財布がどこにも見当たらない）

否定語を含まない否定の意味の慣用表現

否定語を含まないのに否定の意味を表す慣用表現の例を見てみよう。

❶ too ... to ～

「あまりにも…なので～できない」「～できないほど…である」という意味の構文。「できない」という否定の意味を含んだ表現になる。

○ I've been <u>too</u> busy <u>to</u> get a haircut.
（忙しすぎて床屋にも行けなかった）

○ This is <u>too</u> good <u>to</u> be true.
（これは本当であるにはあまりにも良すぎる → これは話がうますぎる〈慣用句〉）

❷ far from ...

原義は「…からかけ離れた」ということで、転じて「…どころではない」「全然…ではない」という意味を表す。

○ The report was <u>far from</u> (being) perfect.
（レポートは完璧という状態からはほど遠かった）

❸ anything but ...

far from とほぼ同義で「少しも…でない」という意味。

○ My boss looked <u>anything but</u> happy.
（上司は幸せとはほど遠い表情だった）

❹ have yet to . . .

「まだ…していない」を意味する表現。

- I <u>have yet to</u> see him give a successful presentation.
  （彼がプレゼンを成功させたのを見たことがない）

準否定語

few / little / hardly / scarcely / seldom などの「ほとんど…ない」という意味の語を準否定語と呼ぶ。any や ever などの強調語とともに使うなど，not と同じように扱われる。

- I had very <u>little</u> money with me, so I went to the bank.
  （ほとんど持ち合わせがなかったので，銀行に行った）
- There was <u>hardly</u> any sugar left in the pot.
  （壺にはほとんど砂糖は残っていなかった）
- We <u>scarcely</u> have time to explain.
  （説明する時間がほとんどない）

付加疑問文を付ける場合も，以下のように肯定の形が用いられる。

- George <u>seldom</u> comes on time, <u>does</u> he?
  （ジョージはめったに時間通りには来ないでしょう？）

修辞疑問文

形の上では疑問文であるが，意味的には平叙文になっているものを修辞疑問文と呼ぶ。否定の修辞疑問文は強い肯定の意味に，肯定の修辞疑問文は強い否定の意味になる。つまり形式上の肯定・否定と意味上の肯定・否定が逆になるのである。

- Who doesn't like cake? (= Everyone likes cake.)
  （誰がケーキが好きじゃないなんて言うのか → みんなケーキが大好きだ）

○ Who cares? (= Nobody cares.)
（誰が気にするというのか → 誰も気にはしない）

否定の強調

否定を強調するために，否定語とともに，以下に示すような表現が併用されることがある。決まり文句として覚えておくといいだろう。

○ I don't like his idea <u>at all</u>.
（彼のアイデアはまったく気に入らない）

○ She is <u>not in the least</u> interested in this project.
（彼女はこのプロジェクトに少しも興味を持っていない）

○ He is <u>not a bit</u> concerned about the delay.
（彼は遅延について少しも心配していない）

また，以下のように，「小さい」という意味を持つ形容詞の最上級を否定語と組み合わせることによっても，否定の意味を強調することができる。

○ She won't give others <u>the smallest</u> chance.
（彼女は他の人たちにどんな小さなチャンスでも与えない → 彼女にはまったくつけいる隙がない）

○ I don't have <u>the slightest</u> intention to hurt your feelings.
（あなたを傷つけるつもりなど毛頭ありません）

○ I haven't <u>the faintest</u> idea.
（ちっともわからない）

○ I don't have <u>the remotest</u> interest in it.
（それにはまったく興味がありません）

いわゆる「受験英語」的な表現は避けよう

「受験英語」という言葉のマイナスイメージとは裏腹に，昨今の大学入試の英語は，ネイティブが日常的に使っているような自然な英語が素材に使われていることが多いように思われる。

しかし，たしかに昔は，いわゆる「受験英語」と言えば，「ネイティブが使わない」英語が出題されていたりしたものだった。かつて，ある知り合いの日本人に，次の英文の意味を問われた私は，即答できなかった。

▲ A whale is no more a fish than a horse is.

もちろん，少し時間をかければその意味は理解できるし，これは文法的に「正しい」英文であることは間違いない。「クジラが魚ではないことは，馬が魚でないのと同様だ」という意味である。これは「クジラの公式」と言われるものだそうで，A is no more ... than B is「A は B が…ないのと同様に…ない」という意味の，覚えておくべき「公式」なのだそうだ。

しかし，である。ネイティブが実際にほとんど使わないものを覚えても，意味があるとは思えない。何といっても，「即座に理解できない」言い方をされた相手は，この上なくイライラさせられてしまうのだ。

ネイティブが，この文と同じ内容を英語で表現するとしたら，下のような言い方になるだろう。これなら誰でもすぐに理解できるはずだ。

○ A horse is not a fish. In the same way, a whale is not a fish.
（馬は魚ではない。それと同様に，クジラも魚ではない）

○ A horse is not a fish and neither is a whale.
（馬は魚ではない。そしてクジラもそうではない）

英語を書くときは，文法的な正しさは当然ながら，相手がすぐに理解できるような言い方を用いるべきである。必要以上に難しい構文や語彙を用いるべきではない。

Chapter 2

語法編

本章では，英文ライティングの際に日本人が苦労さ
せられる語法の問題について見ていく。微妙な類義
語の使い分けや，英語と日本語の発想の違いなどは
なかなか手ごわいが，きちんとした英語を書けるよう
になるためには決して避けて通ることはできない。

ニュアンスの違いや含意，シンプルな文章といった
ものは文法に気を付けるだけではカバーしきれない。
実際にネイティブが使っている表現を知ることで，ネ
イティブの感覚に近づくようにしよう。

片方の言語にはひとつの表現しかないのに，他方の言語では複数の表現を区別して用いることがよくある。類義語は文法的には置き換え可能であっても同義語ではないので，細かいニュアンスの違いには十分気を付けて使い分けるように心掛けたい。

「…しなければならない」(have to / need to / must)

「…しなければならない」に対応する英語表現には have to / need to / must などがあるが，それぞれニュアンスに違いがあるので正しく区別して用いる必要がある。

have to はしたくないことを誰かに強制されているというニュアンスを伴い，外的な要因でそうせざるをえないというときに使う。また，have to は「個人」の理由を示す表現なので，通常 The company has to .... などとは言えない。

I <u>have to</u> leave now.
(〈まだ帰りたくないけど帰れと言われているので〉行かなくちゃ)

I <u>have to</u> find another job.
(〈今の仕事を辞めたくないが辞めざるをえないので〉新しい仕事を見つけないと)

ビジネスで使われることが多いのは need to である。need to には「したくはないが」や「誰かに言われたから」といった個人的な感情は含まれておらず，ただ単に「それをする必要がある」という客観的状況を表す。

We <u>need to</u> finish this report by Friday.
(金曜日までにこのレポートを終わらせる必要がある)

Quality <u>needs to</u> be improved by the end of this month.
(今月末までに品質を改善する必要がある)

have to が外的要因によって「…せざるをえない」となるのに対して，must は義務

として「…しなければならない」というニュアンスで，特に大がかりなことをする場合に用いられるので，些細な日常業務に対して使うのはおかしい。ただし大がかりではないことでも，「強い意志」を示すときには must が用いられる。

〔例：I really must stop smoking. (絶対にたばこをやめるぞ!)〕

We <u>must</u> take action to prevent pollution.
（汚染を防ぐために行動を起こさなければならない）

Companies <u>must</u> make a contribution to society.
（会社は社会に対して貢献しなければならない）

さらに，2人称を主語にする場合，You have to .... とすると「(客観的に言って)…した方がいい」という意味になるのに対し，You must .... なら目の前にいる相手に「…しなさい」と命令しているようなニュアンスになる。

You <u>have to</u> save money for a rainy day.
（万一に備えて，お金を貯めておいた方がいいですよ）

You <u>must</u> save money for a rainy day.
（万一に備えて，お金を貯めておきなさい）

「…することができた」(could / was able to)

「…することができた」を表す英語としてあげられる could と was able to だが，用法の違いを踏まえて使い分けたい。

実際に「…できた」ということを表す以下の例では，could ではなく **was able to** を使うのが適切である。

I <u>was able to</u> finish on time.
（時間通りに終わらせることができた＝実際に終わった）

We <u>were able to</u> repay the loan.
（ローンを払い戻すことができた＝払い終わった）

上の例文で could を使うと，「私なら…できる」という仮定法の意味に，あるいは

単に「…かもしれない」と可能性を推量しているように響く。

I <u>could</u> finish on time.
（私だったら時間通りに終わらせられる／時間通りに終わらせられるかもしれない）

We <u>could</u> repay the loan.
（私たちだったらローンを返せる／ローンを返せるかもしれない）

could を「…できた」という意味で使えるのは，過去の「期間」を表す語句を伴う場合と，感覚や理解を表す状態動詞（hear / see / understand など）とともに使う場合である。

<u>When I was young, I</u> <u>could</u> climb any tree in the woods.
（若いころは，森のどんな木にだって登ることができた）

I <u>could</u> <u>hear</u> the door slamming.
（ドアがバタンと閉まる音が聞こえた）

「終える」「終わる」(complete / finish / end)

complete / finish / end はほぼ同じ意味だと思われがちだが，用法・ニュアンスには違いがある。complete は他動詞で「**ある作業やプロセスを完成させる**」という意味である。そして，たいていの場合 finish と置き換えられる。

We won't <u>complete / finish</u> this project until Monday.
（このプロジェクトは月曜日までは終えられないだろう）

The proposal was <u>completed / finished</u> a week ago.
（提案書は1週間前に書き終えた）

他動詞の finish は complete とほぼ同じ意味・用法だが，complete とは異なり，以下のように**自動詞としても使われる**。自動詞の finish は end と置き換えが可能だが，ニュアンスに違いがあることに注意したい。

The meeting will <u>finish / end</u> within a few minutes.
（会議はあと数分で終わります）

The campaign will finish / end in a few weeks.
（そのキャンペーンはあと数週間で終了です）

finish には「完了する」「完成する」というポジティブな意味合いがあるが，end は「終わらせられる」「止まってしまう」というニュアンスを含み，期待に反する結果に終わるような状況を表すときに用いられることがある。

The project ended because of a lack of money.
（資金不足のためにプロジェクトは終わった）

The meeting ended with a fight.
（会議はケンカに終わった）

I know we're not finished, but let's end here.
（まだちゃんと終わっていないのは分かっているが，ここでやめよう）

「…させる」(let / make / have)

「…させる」を表す使役動詞，let / make / have の意味の違いを見てみよう。

let は「…するのを許可する」の意味で，特に立場的に上の者が下の者に対して与える許可を表す。

I can't let you go to the meeting.
（君を会議に行かせるわけにはいかない）

My boss won't let me leave early.
（うちの上司は早退をさせてくれない）

make は「…（望んでないこと，意図しないことを）させる」を表す。下の例文の場合，ビルは本当は電話をしたくない，ということが示唆されている。

I'll make Bill call you.
（ビルに言って，君に電話をさせるよ）

上下関係や強制のニュアンスがなく，最も幅広い状況で使えるのが have である。

また，2番目の例のように，〈have＋物＋動詞の過去分詞〉で「（物を）…してもらう」の意味でも使われる。

I'll have Mr. Tanaka send you a catalog.
（田中さんに，君宛にカタログを送ってもらうよ）

We'll have the report translated.
（レポートを翻訳してもらおう）

「作る」「建てる」（make / build / construct）

make / build / constructの3語の中ではmakeが最も応用範囲の広い語だが，「建物を建てる」などという場合には make を使うことはできない。

- ○ We helped to make the Space Shuttle.
  （スペースシャトルの製作に携わった）

- ○ I made a dog house.
  （犬小屋を作った）

- ✕ The Sear's Tower was made in the 1970s.
  （シアーズタワーは1970年代に建てられた）

make の次に一般的なのが build で，「道具などを使って…を組み立てる」という意味になる。

- ○ We helped to build the Space Shuttle.

- ○ I built a dog house.

- ○ The Sear's Tower was built in the 1970s.

construct は「construction worker（土木作業員）が作る」という意味合いになり，エンジニアや科学者が作るものに対しては用いないのが普通。以下の例にあるように，土木作業員の労働というよりもエンジニアの技術によって作られるスペースシャトルには，あまり construct を用いない。また，**大きくて複雑な建造物に対して使う語なので**，小さい犬小屋にも適さない。

△ We helped to <u>construct</u> the Space Shuttle.

× I <u>constructed</u> a dog house.

○ The Sear's Tower was <u>constructed</u> in the 1970s.

「…だといいのですが」(wish / hope)

まず，以下の 2 つの文章を比較してみよう。

「ご期待に沿うことができればいいのですが」

A. We <u>wish</u> we could meet your requirements.

B. We <u>hope</u> we can meet your requirements.

A は仮定法になっており，「できればいいのだが，できない」という意味である。かなり否定的な文章だ。B は一見肯定的だが，実は「やってみるが，無理だと思う」という意味になっている。動詞の hope は未来のことについて言及するが，**自分の力ではどうすることもできないことについて述べることがほとんど**。下の例文を見てみよう。

I <u>hope</u> it doesn't rain tomorrow.
（明日雨が降らないといいなあ）

I <u>hope</u> you'll like it.
（気に入ってもらえるとうれしいんだけど）

I hope you'll like it. よりも肯定的な言い方をしたい場合は，**I'm sure you'll like it.**「気に入ると思うよ」と言えばいい。最初の例文に戻って，「ご期待に沿いたいと思います」という肯定的な表現をしたい場合は，**We look forward to meeting your requirements.** としよう。日本語に直訳すると「ご期待に沿うことを楽しみにしております」などとなって不自然に感じるかもしれないが，英語では自然で前向きな表現である。

「（スケジュールを）調整する」(adjust / arrange / correlate / coordinate)

「スケジュールを調整する」と言うときの表現に用いることのできる動詞はいくつかあるが，それぞれのニュアンスの違いを知っておこう。

❶ **adjust** …… すでに取り決められているスケジュールを変更する場合。
We will have to <u>adjust</u> our schedule to finish on time.
（時間通りに終えるにはスケジュールを調整しなければならないだろう）

❷ **arrange** …… 新しいスケジュールを立てる場合。
We have to <u>arrange</u> the schedule for this new project.
（新しいプロジェクトのスケジュールを立てないといけない）

❸ **correlate / coordinate** …… 他の人とスケジュールを調整する場合。
We have to <u>correlate / coordinate</u> our schedules.
（みんなのスケジュールを調整する必要がある）

「対処する」(cope with / deal with)

似たような意味だと思われているこれらの表現だが，実際はかなり異なっている。cope withはやや否定的な表現で，「対処する」というよりも「なんとか乗り切る」「耐えしのぶ」というニュアンスが強く，否定文で「耐えられない」という意味で使うことが多い。そのため，「対策を講じる」という意味合いを持たせたい場合には cope with は使用してはならない。一方，deal with には積極的な行動が伴うことが示唆されており，状況を改善するべく問題に「対処する」というときに使う表現として適切である。

「事態を正常化するため，問題に対処していかなければならない」

○ To return the situation to normal, we really need to <u>deal with</u> the problem.

✕ To return the situation to normal, we really need to <u>cope with</u> the problem.

「使う」「利用する」(use / utilize)

「使う」「利用する」を表す表現として use と utilize があるが，utilize は use よりも形式ばった表現である上に，「最大限に活用する」という意味があるので注意が必要だ。下の例文を比較してみよう。

A. This office isn't being <u>used</u>.

B. This office isn't being <u>utilized</u>.

A は「このオフィスは使われていない」という意味なのに対して，B は「このオフィスはまだ 100％活用されてはいない」という意味になる。このような大きな意味の違いを生むことがあるので，use の代わりとして utilize を使うのは避けた方が賢明である。

「この道具はどうやって使うんですか」

▲ How is this tool <u>utilized</u>?

○ How is this tool <u>used</u>?

「この新しい道具の使い方が分からない」

▲ I don't know how to <u>utilize</u> the new equipment.

○ I don't know how to <u>use</u> the new equipment.

「学ぶ」「勉強する」(learn / study)

learn や study は，どちらも「学ぶ」「勉強する」と訳される。しかし実際には，この 2 語は意味が異なり，誤用するとおかしな文になってしまう。learn は単に勉強するだけでなく，その技術を習得することを表す。

「昨年英語を勉強した」

✕ I <u>learned</u> English last year.

○ I <u>studied</u> English last year.

上のlearnを使った例文は,「たった 1 年間で英語をマスターした」という意味になってしまう。逆に高校 3 年間で実際に英語を習得したという場合は learn を使う。I studied English in high school. と言ってしまうと,単に勉強しただけでまだ熟達していないことになる。

「気づく」(notice / realize)

「気づく」の訳語としてあげられる notice と realize だが,それぞれ文脈によって使い分けが必要である。

notice は,見たり聞いたり感じたりして気づくことを指す。

> Did you notice that a small change was made to the design?
> (デザインが少し変更されていることに気づきましたか)
>
> I didn't notice that quality had dropped.
> (クオリティが落ちたことに私は気づかなかった)

これに対し realize は,物事の性質や重要性を知って認識することを意味する。視覚的で物理的な認識である notice と,思考による認識である realize の違いをおさえておきたい。notice はしているが,realize はしていないということもありうるのだ。

> I didn't realize how important this project was.
> (このプロジェクトの重要性に気づいていなかった)
>
> We didn't realize the risks involved.
> (我々はそれに伴うリスクに気づいていなかった)

「利益」(benefit / profit / advantage)

❶ benefit

幸福につながるような「利益」や,「ためになるもの」のことである。したがって「社

会の利益」などと言う場合は benefit が使われる。

This plan has three major benefits.
（この計画には，大きく３つの利益がある）

This punishment is for your own benefit.
（この罰則は君のためになる）

❷ profit
財産や金銭による「利益」を表す。

I don't think this store will make a profit this month.
（この店は今月利益が出ないと思う）

❸ advantage
「利益」というより「他より有利であること」「利点」と理解しておこう。逆に，日本語の「利点」を benefit と訳すことはできない。advantage は短所（**disadvantage**）もあるということを示唆するが，benefit にはそういうニュアンスはない。

Plan A has several advantages over the other plans.
（プラン A は他のプランと比較していくつかの利点がある）

They have an advantage over us because they have more money.
（彼らは私たちより資金があるという意味で有利だ）

「会社」(company / corporation / firm)

「会社」を表す company / corporation / firm は，次のように区別して用いられる。

❶ company
これが基本語で，たいていの場合この語を用いて問題ない。

❷ corporation
large company「大会社」のこと。

❸ firm

比較的小規模の会社を指し，law firm「法律事務所」，advertising firm「広告会社」，consulting firm「コンサルティング会社」など，ホワイトカラーの人だけで構成されているものを表すのが普通。この語を会社一般に対して用いるのはおかしい。

「安全」（safety / security）

「安全」の訳として通常使われるのは，safety あるいは security である。safety は「個人の身体の安全」という意味合いが強く，主に「事故に対する安全」という意味で使われている。一方，security は「犯罪に対する安全」「防護」という意味の語であり，人・物の両方に対して使うことができる。

「倉庫で働くときは，安全第一を忘れずに」

- ○ When working in the warehouse, remember safety first.
- × When working in the warehouse, remember security first.

「社内のデータの安全性（機密保護）をどうやって高めたらいいだろうか」

- × How can we improve the safety of in-house data?
- ○ How can we improve the security of in-house data?

「海外にいる我が社の従業員の安全を守らなければならない」

- ○ The safety of our employees abroad has to be protected.
- ○ The security of our employees abroad has to be protected.

「チャンス」「機会」（chance / opportunity）

chance という単語を聞いてネイティブがまず思いつくのは，「チャンス」「機会」という意味ではなく，「可能性」という意味である。

What are the <u>chances</u> that we will succeed?
（私たちが成功する可能性はどのくらいだろうか）

また，good chance は「良い機会」という意味でも使えるが，ネイティブは以下のように「可能性が十分にある」という意味で使うことが多い。

There's a good <u>chance</u> we will go out of business.
（我々が倒産する可能性は十分にある）

「良い機会」と言いたい場合は，opportunity を使う方が一般的だ。

「これは事業拡大の良い機会だ」

○ This is a good <u>chance</u> for us to expand our business.

★ This is a good <u>opportunity</u> for us to expand our business.

「値段」（price / cost）

「値段」という日本語の訳として，price と cost のどちらを使えばいいのか迷ったことがあるかもしれない。商品やサービスなどに対して課されるのが price で，cost はその商品あるいはサービスを手に入れるためにかかった，price を含めた総額のことである。つまり，cost は「値段」というより，「費用」である場合が多い。

○ The <u>price</u> of this building is rising.
（この建物の値段は上昇している）

○ The <u>cost</u> of starting a business is increasing.
（開業にかかる費用は上昇している）

なお，price は金銭についてのみ使うのに対し，cost はもっと広義で，「時間や労力の犠牲」の意もあり，「時間や労力を費やす」という意味の動詞としても使われる。

○ This mistake will <u>cost</u> us two weeks.
（この失敗を取り戻すのに 2 週間かかるだろう）

「料金」(fare / charge / fee / rate / toll)

日本語の「料金」に当たる英単語は実に多い。それぞれ、何の料金を表すかによって正確に使い分けたい。

❶ fare

乗り物の料金、つまり「運賃」のこと。したがって、文脈上明らかでない場合は、taxi fare のように、fare の前に交通機関を表す単語が必要である。

How much is the bus fare?
（バスの運賃はいくらですか）

Train fares in Japan are rather expensive.
（日本では電車代が結構高い）

❷ charge

「サービスに対する料金」について使う。例えば、急ぎの注文をした際などの割増料金 (extra charge)、延滞料 (late charge) などで使われる。

Is there a charge for gift-wrapping?
（プレゼントのラッピングは有料ですか）

❸ fee

doctor's fee「診察料」、lawyer's fee「弁護士料」など、**専門職のサービスに支払われる料金**である。また、entrance fee「入場料」や「手数料」にもこの語が使われる。

The fee for bank transfers is $15.
（銀行振込の手数料は 15 ドルです）

❹ rate

一定の率 (ratio) で定められた料金。hotel rates「ホテルの宿泊料金」、exchange rate「為替相場」などで使われる。

Advertising <u>rates</u> change almost every day.
（広告料はほぼ毎日変わる）

❺ toll

「道路や橋の通行料」を表す。またアメリカ英語では，「**電話料金**」のことも toll
で表せる。これは，電話回線の通行料という考え方からだ。ちなみに「フリーダイ
ヤルの」を toll-free（イギリス英語では freefone / freephone）と言う。

The <u>tolls</u> on this bridge are going up.
（この橋の通行料は値上がりする）

「…の間」（during / while / for）

during と while は基本的にはどちらも「…（特定の期間）の間」という意味だが，
during は前置詞で後ろには名詞が，**while は接続詞**で後ろには節がくるという違
いがある。

「私は会議の間，議事録をとった」
- ○ I took minutes <u>during</u> the meeting.
- × I took minutes <u>while</u> the meeting.

「私はジョンの仕事中に話しかけた」
- × I talked to John <u>during</u> he was working.
- ○ I talked to John <u>while</u> he was working.

なお，for も「…の間」という意味で使われるが，これは「**期間の長さ**」を表して
for ten years「10 年間」や for the next two weeks「向こう 2 週間は」のように使
う。

A. Jack ate all the chicken.
（ジャックはチキン全部を食べた）

B. Jack ate the entire chicken.
（ジャックはチキンを残さず食べた）

C. Jack ate the whole chicken.
（ジャックはチキンをまるごとたいらげた）

Aの all は，「ある特定のチキン全部」というだけで特別な含みはなく，最も一般的な語である。Bの entire とCの whole は，いずれもひとつのチキン全部を指すが，それぞれニュアンスに違いがある。entire は「少しも残さず」という意味合いを含んでいるのに対して，whole には同様の「少しも残さず」というニュアンスに加え，大きさを強調する感情表現のような性質がある。したがって，Cの文は「大きなチキンなのにすべて食べてしまった」という意味合いになる。中立的な表現が求められるビジネスでは whole を避け，entire を使うようにした方がいい。

「商品はすべて詰めて出荷済みです」

△ I already shipped the whole package.

○ I already shipped the entire package.

「恥ずかしい」(embarrassed / ashamed)

「恥ずかしい」を訳すときの embarrassed と ashamed の使い分けを覚えておきたい。embarrassed [embarrassing] が用いられるのは，人前で「恥ずかしい思いをする [させる]」という場合である。人前でなければ embarrassed ということにはならない。より恥ずかしさの度合いが強く，また人前での感情かどうかに関係なく使えるのが ashamed [shameful] である。そのため，次のような謝罪表現においては ashamed [shameful] を用いた方が安全である。2番目の例では，embarrassing だと「過ちを隠しているところを見られてしまって恥ずかしい」という意味にとられてしまう可能性がある。

「これを時間通りに終わらせられないことを恥じております」

△ We are <u>embarrassed</u> by our inability to finish on time.

○ We are <u>ashamed</u> by our inability to finish on time.

「この過ちを隠していたことを恥じております」

△ It was very <u>embarrassing</u> for us to cover up this mistake.

○ It was very <u>shameful</u> for us to cover up this mistake.

○ We are <u>ashamed</u> for covering up this mistake.

「およそ」「約」(about / approximately)

about が使われるケースの方が圧倒的に多く，approximately は堅い語なのでビジネスなどのフォーマルな文書であってもあまり使わない方がいい。**about の使いすぎを避けるために approximately を使う**，というぐらいの感覚でいいだろう。ただし，approximately よりも **about の方がより大まかな数字を指している**という感じになる。なお以下に示す例の通り，数字が明らかに概算であると分かる場合，about などの表現は省いてしまって構わない。

△ We sold <u>about</u> 450,000 computers in 2017.

○ We sold 450,000 computers in 2017.

「…の場合」(in the case (that) / if / in case)

これらの表現を区別しないで用いている人が多いが，実は大きな違いがある。 in the case (that) . . . は「**何か良くないこと，それもめったに起きないようなことが起こったら**」という意味で使われる。if は良いことに対しても，良くないことに対しても，まめったに起きないことでも，しょっちゅう起こることでも使用可能だ。以下の例を比べてほしい。

「もしこの顔の人物を見かけたら，警察に連絡してください」

○ In the case (that) you see this person, call the police.

○ If you see this person, call the police.

「ご結婚されたら，お知らせください」

✕ In the case (that) you get married, let me know.

○ If you get married, let me know.

in the case (that) ... の代わりに if を使うことは常に可能だが，その逆は不可能な場合の方が多いことが分かるだろう。また，in the case (that) ... の代わりにin case ... を使うこともできるが，この表現は「(万一) …の場合は」という意味だけでなく，「…だといけないから」「…の場合に備えて」という意味でも使われる。しかし，この意味で使われる in case を if / in the case (that) で置き換えることはできない。

「雨が降るといけないから傘を持っていきなさい」

○ Bring an umbrella in case it rains.

△ Bring an umbrella if [in the case (that)] it rains.

上の例文で if / in the case (that) を使うと「雨が降ったら傘を持っていけ」ということになり，論理的に少しおかしくなる。次の例文も見てみよう。

○ In case there's an earthquake, prepare a first-aid kit.
　（地震があるといけないから [地震に備えて] 救急箱を用意しなさい）

✕ If [In the case (that)] there's an earthquake, prepare a first-aid kit.
　（地震が発生したら，救急箱を用意しなさい ➡ これでは手遅れ！）

以下のように in case ... を **to prepare for ...** 「…に備えて」と書き換えるのもスマートだ。

「地震に備えて，家族と計画を立てておこう」

- Make a plan with your family <u>in case</u> there's an earthquake.
- Make a plan with your family <u>to prepare for</u> a possible earthquake.

■ その他の類義語の使い分け

うれしい，喜んで	**glad** 「うれしい」を表す標準的な語。以下，happy 以外は名詞を修飾することはできない。 I'm <u>glad</u> to hear you're getting married. （結婚されるそうですね。うれしく思います）
	pleased 何かによって「喜ばせられる」こと。pleased with / about . . . のように使うことができる。 I'm <u>pleased</u> with her decision. （彼女が決断してくれたことをうれしく思っています）
	delighted この中では一番喜びの度合いが強い。very delighted とは言えない。 I'd be <u>delighted</u> if you could come to our party. （パーティに来てくれたらうれしいのですが）
	happy 幸福や満足感を表す。happy with . . . で「…に満足している」。 She seems <u>happy</u> with the results. （彼女は結果に満足しているようだ）
得る	**earn** 収入を得る。名声を得ること。 He <u>earned</u> a lot of money by selling handmade furniture. （彼は手作りの家具を売ることでたくさんのお金を得た）
	gain 努力して手に入れる，少しずつ得ること。 She successfully <u>gained</u> new customers by creating a shop website. （彼女はショップのウェブサイトを作ることで，新しい顧客の獲得に成功した）
	acquire スキルなどを習得すること。 Babies have the ability to <u>acquire</u> any language in the world. （赤ちゃんは世界のあらゆる言語を習得する能力を持っている）
	obtain 努力によって得ることを意味するフォーマルな語。 He won the election by <u>obtaining</u> 85 percent of the votes. （彼は 85%の得票率で選挙に勝利した）

驚くべき	**surprising** 「驚くべき」「信じられないほどの」を表す一般的な語。
	A surprising thing happened to me yesterday.
	(昨日，驚くべきことが起こった)
	amazing 「素晴らしい」という意味を含むことがある。
	His sales performance was amazing.（彼の販売実績は驚異的だった）
	astonishing surprising より意味が強い場合が多い。
	It came to the world as an astonishing discovery.
	(それは世界にとって，驚くべき発見となった)
主な	**main** 「主な」「主要な」を表す一般的な語。
	The main reason for this visit is to see my grandmother in the hospital.
	(今回の訪問の一番の理由は，入院中の祖母に会うことだ)
	chief 「最も重要な」「最高位の」を表し，chief prosecutor（主任検察官）などの肩書きにも使われる。
	Kevin will be promoted to chief editor next month.
	(ケビンは来月，編集長に昇進予定だ)
	leading lead「先導する」という動詞から派生し，「一流の」「卓越した」というニュアンスで使われる。
	Japan is known as one of the leading countries in fi gure skating.
	(日本は，フィギュアスケート界の強豪国のひとつとして知られている)
	capital 「重要な」を表し，capital city（首都），capital punishment（極刑）などのフレーズでも使われる。
	This project is of capital importance for our company.
	(このプロジェクトは社にとって最重要である)
固い	**hard** カチカチとした固さを表す。
	You should know that your teeth are not as hard as rocks.
	(歯は岩ほどは固くないということを知っておくべきだ)
	tough 肉などの噛み切れない食べ物や，壊れにくい物などの固さを表す。
	The steak was extraordinarily cheap, but it was too tough to eat.
	(そのステーキは異常に安かったが，固くて食べられなかった)
借りる	**borrow** 一時的に使わせてもらうこと。お金を借りるという場合も使う。
	It'd be great if I could borrow your notebook from Spanish class for a few days.
	(スペイン語のクラスのノートを，2，3日貸してもらえたらうれしいんだけど)
	rent クルマや家などを賃借すること。
	I'd like to rent a car for a week.（1週間車をレンタルしたいのですが）

| 傷つける，害する | **hurt** 人体を傷つけたり，人の気分を害したりすること。 |

hurt 人体を傷つけたり，人の気分を害したりすること。
It hurts me to hear about the loss of your poor dog.
（あなたの愛犬が亡くなってしまったという話を聞き，心が痛みます）

harm 人や物を傷つけたり，危害を加えたりすること。
I'm positive my dog would never harm your bird.
（うちの犬がおたくの鳥に危害を加えるわけがありません）

damage 物に損傷や損害を与えること。
Did you know that dust and dirt can seriously damage your computer?
（チリやゴミがパソコンに深刻なダメージを与えかねないことを知っていましたか）

injure けがをさせること。injure oneself で「けがをする」を表す。
Bill injured his leg in the Olympics.
（ビルはオリンピックの際に足を負傷した）

wound 武器を用いて負傷させること。
The police officer's left hand was badly wounded by a robber with knife.
（その警官の左手は，ナイフを持った強盗によってひどい傷を受けた）

客

customer 店などの得意客。
We should let our customers know that the store is moving to Shibuya.
（顧客に，店が渋谷に移転することを知らせなくては）

client 弁護士などの専門職者や会社の顧客。
Client satisfaction should always be our first concern.
（顧客満足度を常に第一に考えるべきだ）

buyer / purchaser 「買い手」のこと。purchaser の方が堅い語。
I'm trying to contact the buyer of the ticket I just sold on the Internet.
（ネットでチケットを販売した相手に連絡をしようとしている）

guest 「招待客」また，ホテルの「宿泊客」のこと。
We've been busy with preparations to welcome our guests.
（招待客たちの歓迎準備で忙しい）

給料，賃金

wage 時給，日給などの賃金。
He always complains about his low wages.
（彼は賃金の低さにいつも不平をこぼしている）

pay 「給料」「賃金」を表す口語的な表現。「給料日」は payday となる。
The employer is willing to cut his own pay if necessary.
（その雇用主は，必要とあれば，自身の給料を減らすことも辞さない）

salary 一般に月ごとに支払われる定額の給料。
The jewel is worth six months of my salary.
(その宝石は，私の月給の 6 か月分だ)

計画 **plan** 「計画」を意味する最も一般的な語。
Did you draw up a plan for that? (それに向けて，計画を練ったの?)

project 大がかりな計画。
The repair work on the Buddhist temple is a three-year project.
(その寺院の修繕は 3 年計画で行われる)

scheme 綿密に練られた計画。「悪だくみ」である場合も多い。
He almost carried out his scheme to murder the CEO of the company.
(彼は会社の CEO を殺害する計画を実行しかけた)

proposal ビジネスなどでの正式な企画，提案。
We'll discuss the budget proposal in the meeting today.
(今日の会議では予算案について話し合う予定だ)

結果 **result** テストの結果など，最終的かつ具体的な結果。
The final test result in your French class will greatly affect your
overall grade.
(フランス語のクラスの最終試験の結果は，あなたの総合成績に大きな影響を及ぼ
すだろう)

consequence 必然の結果，成り行き。result より堅い語。
Children who don't study English hard will face the consequences
as adults.
(子どもの頃に一生懸命英語を勉強しなかった人たちは，大人になって，その結果
に直面する [その報いを受ける] ことになる)

outcome 様々な過程を経て出る結果。
The accident had a tragic outcome. (その事件は，悲劇的な結果となった)

effect 原因の直接的な結果。cause and effect「原因と結果」のように使う。
Viewing a computer screen too long at work can have a bad effect
on your eyes.
(仕事中にコンピュータの画面をあまり長時間見ていると，目に悪い影響を及ぼすこ
とがある)

仕事，
職業 **job** 「職業」を意味する最も一般的な語。
I'm thinking of switching from a full-time to a part-time job.
(仕事をフルタイムからアルバイトに変えることを考えている)

occupation 「職業」を表すフォーマルな表現。
Please fill in your name and occupation on this form.
（この書式に氏名と職業をご記入ください）

vocation 「天職」の意味でも用いられるフォーマルな語。
She has chosen nursing for her vocation.
（彼女は看護を天職として選んだ）

work 労働の意味での「仕事」を表す一般的な語。
I have a lot of work to do today.（今日はやるべき仕事がたくさんある）

task 与えられた「業務」。
I was assigned the task of improving our work environment.
（職場の環境改善業務を割り当てられた）

助ける，援助する

help 「（人を）助ける」「手伝う」を意味する最も一般的な語。
I used to help my mom wash her car on Sundays.
（毎週日曜日には，母親の車の洗車を手伝っていたものだ）

aid 公的機関が貧しい国に対してなど，援助をすること。
It's the government's responsibility to aid the victims of harmful rumors.（風評被害を受けた人たちへの援助は政府の責任だ）

assist 「手伝う」「手助けする」を表すフォーマルな語。
We'll assist you in finding a place to live.
（住むところを探すお手伝いをいたします）

support 個人・団体を財政面で援助したり，人を支持したりすること。
I'm supporting my son through college.
（大学を出るまで，息子を扶養するつもりです）

正しい

right 誤りがなく正しいこと。道徳的に正しいという意味もある。
Military offi cials believed it was the right thing to do.
（軍の当局者たちは，それが正しい行動だと信じていた）

correct right よりもやや形式的な表現。「修正する，訂正する」という動詞の用法も。
I need you to tell me the correct phone number this time.
（今度は，正しい電話番号を教えてもらわないと困るよ）

accurate 細かい点まで正確なこと。
The weather forecast is almost never accurate this time of the year.
（1 年のうちこの時期は，天気予報がほとんどまったく当たらない）

出来事	**event** 特に重要な出来事や事件，また行事を表す。 The event went unnoticed by the media. （その出来事は，マスコミに注目されなかった）
	happening happen に由来し，偶発的な出来事を指す。複数形で使われることも多い。ただし，やや古風な用法である。 The murder of the aristocrat was an unexpected happening. （その貴族が殺されたのは，意外な出来事だった）
	occurrence occur「起こる」の名詞形で，フォーマルな語。 Doctors say the occurrence of side effects from the treatment is to be expected. （医者によれば，その治療を行うことで，副作用が起こることが予想されるそうだ）
	incident 重大で悲惨な出来事を指す場合の多い語。 I heard that two hundred people died in the incident. （その事故によって，200 人が命を落としたらしい）
適切な， 適当な	**proper** 社会的な基準から見て適切なこと。 Most young Japanese can't speak proper Japanese. （ほとんどの若い日本人は，ちゃんとした日本語を話せない）
	suitable 動詞の suit「合う」から派生し，その場の条件にぴったり合っていることを表す。 It's not easy to find a suitable man to spend the rest of your life with. （残りの生涯をともに過ごすのにふさわしい男性を見つけるのは大変だ）
	appropriate 状況や目的にふさわしく適っていることを表すフォーマルな語。 What kind of car would be appropriate for a family of seven? （7 人家族には，どのような車が適切でしょうか）
直す， 修理する	**fix** 口語的な語で，repair / mend 両方の意味で使える。 It only took her ten minutes to fix a broken doorknob. （彼女が壊れたドアノブを修理するのに 10 分しかかからなかった）
	repair 複雑で大規模な修理・直しを表す。 It would cost more to repair my computer than to buy a new one. （パソコンを修理する方が，新しいのを買うよりも高くつくだろう）
	mend 簡単で小規模な修理・直しを表す。アメリカ英語では通常布製品の修理に限られる。 My girlfriend mended my torn pants. （ガールフレンドが私の破れたズボンを直してくれた）

速い

fast 「速い」を意味する最も一般的な語。
I want to buy a fast car.（速い車を買いたい）

rapid 「速い」「急速な」という意味。fast / quick よりも堅い語。
The rapid decline in the number of smokers is a result of the price increase.
（喫煙者の数が急激に減っているのは，たばこの価格が上がったためだ）

prompt prompt reply など，対応などが迅速なことを表すときによく使われる
I appreciate your prompt reply.
（迅速にお返事いただきありがとうございます）

quick 行動が素早いこと。
Let me do a quick check of the grammar in your report.
（あなたの報告書で使われている文法が正しいかどうか，私がざっとチェックしましょう）

不安，心配

worry 問題に対する心配。悩みの種。
Her marriage is full of worries.
（彼女の結婚生活は不安の種でいっぱいだ）

anxiety 将来のことについての漠然とした不安。
She couldn't help feeling strong anxiety for her daughter's safety in America.
（娘の渡米に際し，彼女は強い不安を感じずにはいられなかった）

concern 重要なことに対する関心，懸念。
He expressed concern about using a credit card for Internet shopping.
（ネットショッピングにおけるクレジットカードの使用に対し，彼は懸念を表明した）

care 「気がかり」「心配事」を表すフォーマルな語。
My only care is the safety and future of my children.
（自分の子供の安全と将来だけが気がかりだ）

見せる

show 「見せる」の意味で広く使われる一般的な語。
They'll ask you to show them your ID.
（身分証明書の提示を求められるでしょう）

display 感情や技能を表に出すこと。また，商品をショーウインドウなどに飾って陳列すること。
Why did you have to display such a critical attitude toward our client?
（どうしてクライアントに対してそのような批判的な態度をとってしまったのですか）

exhibit 感情や性質を見せること。また，作品などを展示すること。

He oxhibited a great talent for music when young.
（幼いころ，彼は素晴らしい音楽の才能を示した）

present 特色や様子を見せること。

The president presented a clear vision for the company in front of all the employees.（社長は，全従業員の前で，社の将来像を明確に示した）

珍しい **unusual** 普通ではなく，異常なこと。

The snow we had today is unusual for March.
（今日雪が降ったが，3月にしては珍しいことだ）

uncommon 一般的ではないこと。

It's uncommon to teach children at home instead of at school in Japan.
（日本では，学校に行かずに，家庭で子供に教育をすることは一般的ではない）

extraordinary 普通ではないことを特に強調する表現で，驚きのニュアンスが含まれる。

The speed of China's economic growth is certainly extraordinary.
（中国の経済成長の速さは確かに特異なことだ）

exceptional 例外的で特異なこと。優れていることを表す場合もある。

Airlines offer exceptional service to fi rst class passengers.
（航空会社はファーストクラスの乗客には例外的なサービスを提供している）

rare めったにないこと。貴重であることを表す場合もある。

His visits are rare.（彼が訪ねてくることは珍しい）

02 英語と日本語のずれ

ここでは，英語と日本語の感覚的なずれについて紹介する。文化や慣習の違いが，そのまま言語に表れていることもあり，日本語から直訳した英単語を日本語とまったく同様に使えるということは本質的にありえない。そのため，「直訳」でいくと不自然になったり，別のニュアンスが出てしまったりすることがある。

「…するべきだ」「…した方がいい」と should

「…するべきだ」「…した方がいい」というときに should を使うと，「しなければならないのは分かっているが…実際にはおそらくしないだろう」というニュアンスになってしまうことがある。

I (really) should start my own company.
（〔本当は〕自分の会社を興した方がいいのですが…）

上の文は，「会社を興すべきなのは分かっているが，興さない」という意味に解釈される。さらに I really should . . . . という表現が用いられると，「…するべきだ」を強調しているつもりでも，実行する可能性はほとんどないようにとられてしまう。

単に「会社を興すべきだ」と言いたい場合は，need to を使い，I need to start my own company. とするといい。

また，相手に「…すべきだ」「…した方がいい」という意味で You should . . . . を使うと，「…しないといけないが，君のことだからしないだろう」という感じになり，皮肉に聞こえる。この場合も really を付けると，皮肉が強調されてしまうので要注意だ。maybe を文頭に補えば，皮肉にはならない。

You (really) should work harder.
（〔どうせしないだろうけど〕君はもっと仕事に励むべきだ）

Maybe you (really) should work harder.
（君はもっと仕事に励むべきだと思う）

他に，「…すべきだ」「…した方がいい」に当たる英語として教えられるものに had
better がある。しかし，相手に You'd better .... (= You had better ....) と
言うと，こちらも同様に皮肉に聞こえるか，**場合によっては脅している**かのように
も響いてしまう。相手への助言として最も適切かつ無難なのは，should や had
better ではなく need to である。

「チャレンジする」と challenge

日本語では「挑戦（する）」という意味で「チャレンジ（する）」という表現が使われ
ているが，カタカナ語の「チャレンジ（する）」と英語の challenge との差は大き
い。日本語の感覚では「…にチャレンジする」と言うと肯定的なニュアンスがある
が，英語はそうではない。「テストにチャレンジした」のつもりで I challenged the
test. と言ってしまうと，「テストに抗議した」というまったく別の意味になってしまう。
challenge には，以下の例のように「異議申し立てをする」という強い抗議の意味
があるので注意が必要だ。

I challenged my teacher.
（先生に反対した）

I challenged his authority.
（彼が指導する権利がないと主張した）

「チャレンジする」と言う場合には，try などの別の動詞を使ったり，challenge を
省いた表現を考えたい。

「ホームページ作りにチャレンジしよう」

× Let's challenge to make a homepage.
○ Let's try to make a homepage.

「難しい授業に挑戦しようと思っている」

× I'm going to <u>challenge</u> a difficult class.

○ I'm going to <u>take</u> a difficult class.

「売り上げの 20%アップにチャレンジしなければ」

× We need to <u>challenge</u> a 20% sales increase.

○ We need to <u>increase</u> sales by 20%.

「教える」と teach

「お名前を教えてください」

× Please <u>teach</u> me your name.

日本語の「教える」には，大きく「**自分の習得した技術などを説明して教える**」という意味と，単に「**相手が知らない情報を与える**」という意味がある。前者の場合はteach で表すが，後者の場合は tell を使うのが一般的だ。上記の例文は，Please tell me your name. とするのが正しい。

○ Please <u>tell</u> me how to get to the train station.
（駅までの行き方を教えてください）

○ Please <u>teach</u> me Spanish [karate].
（スペイン語［空手］を教えてください）

「教育」と education

「教育」には education という訳語が与えられることがほとんどだが，意味に若干のずれがある。状況に応じて training や orientation といった表現も使い分けたい。

education は**教育機関が行うもの**なので，例えば「社員教育」などに education

を用いるのはあまり適当ではない。また education には「手取り足取り」という感じがあり，社員が参ってしまう性質のものを想起させる。会社で行われる「教育」については，training / train などを使うべきである。

- ○ We need to <u>train</u> our staff.
  （社員教育をしなければならない）
- ○ I'm sending my sales people for <u>training</u>.
  （営業部員たちを社員教育に送っている）

新入社員に仕事について基礎的な知識を付けさせるような場合は，orientation / orient を使うのが適当である。

- ○ My boss is busy <u>orienting</u> the new employees.
  （上司は新人教育で忙しい）
- ○ The new-employee <u>orientation</u> will be held next week.
  （新入社員オリエンテーションは来週行われます）

なお，「自己啓発」などと日本語では日常的に使われている「啓発」の意味で enlightenment / enlighten を用いる例が見られる。しかし，この語は強い宗教的ニュアンスがあるので避けた方が賢明。「自己啓発書」なら self-help book が一般的だ。

「問題」と problem

「問題」というと，すべて problem という訳語を当てる人が実に多い。関係者全員に対して害を与える問題は problem だが，人によって害になったり利益となったりする問題については issue「論点」という語を使いたい。例えば shoplifting「万引き」は problem であって issue ではない。ところが，raising taxes「増税」は一般に issue と呼ばれている。国民にとってはある意味害悪であるが，国や地方自治体，また税金が還元されることを考えるとプラスの側面もあるからだ。

- ○ Defects are a serious <u>problem</u> for this factory.
  （この工場にとって欠陥は深刻な問題だ）

○ How are we going to handle the <u>issue</u> of working on weekends?
（週末の休日出勤の問題をどう扱うべきだろうか）

「工場の欠陥」は誰にとっても問題なので problem である。「週末の勤務の問題」に対して issue が用いられているのは，マネージメントなどの立場から，issue という語によって「**良い側面もある**」という**含みを持たせる**ためである。また，「解決策のない複雑で深刻な問題」のことを指す場合は，problem よりも **crisis**「**危機的状況**」という表現がぴったりである。

「費用を削減しなければ，大変な問題が起きてしまう」

△ Unless we cut costs, we'll have a <u>problem</u>.

○ Unless we cut costs, we'll have a <u>crisis</u>.

「努力」と effort

effort は肯定的な意味合いを持っていると思われがちだが，**実際は否定的な使われ方をすることが多い**。例えば Thank you for your effort. は，普通「失敗してしまったけれど，努力してくれてありがとう」という意味で使われる。成功したのであれば，work を用いて Thank you for your hard work. などとするのが適当である。

「配達時間を短縮できるよう努力しております」

△ We are <u>making efforts</u> to shorten our delivery times.

○ We are <u>working hard</u> to shorten our delivery times.

「会議に時間通り行けるように努力した」

△ I <u>made an effort</u> to be on time for the meeting.

○ I <u>tried hard</u> to be on time for the meeting.

effort は前述したように「**報われない努力**」を示唆することが多いので，We are making efforts . . . . では「努力してはおりますが，実現できておりません」

という言い訳めいた意味合いになってしまう。また，I made an effort . . . . では「ちょっとは努力した」程度の意味になってしまう。

「普及」と spread

「普及」を spread と直訳する人が多いが，ほとんどの場合，不適切である。「普及」は，「需要が増加する」と考えて訳すと自然な英文になることが多い。

「近い将来に，電気自動車が急速に普及すると見られている」

- △ The spread of electric cars is expected to be rapid in the near future.
- ○ Demand for electric cars is expected to increase rapidly in the near future.

「電気自動車は，ハイブリッド車以上に普及するかもしれない」

- ○ Demand for electric cars will likely exceed demand for hybrid cars.

下の例のように，「どれくらい普及するか」を outlook「見通し」という1語で表すなど，簡潔な別の表現を用いることも検討したい。

「このレポートでは仮想通貨がどれくらい普及するかについて考察する」

- ○ In this report, we will look at the outlook for virtual currency.

また，「普及率」を penetration rate と訳している例をよく見るが，これは**専門的なマーケティング用語**なので，もっと簡単な言い方にした方がいいだろう。

「ジェネリック医薬品の普及率は高くなっている」

- △ The penetration rate for generic drugs is increasing.
- ○ Generic drugs are becoming more common.
- ○ More and more people are getting generic drugs.

Chapter 1 文法編　Chapter 2 語法編　Chapter 3 句読法編　Chapter 4 アメリカ英語とイギリス英語　Chapter 5 IT を活用したライティング術

○ Generic drugs are becoming the norm.

＊norm は「標準」。

「積極的に」と positively / actively

「積極的に」を positively / actively と訳している例がよく見られるが，実はこれではうまくいかないことの方が多い。

He positively worked to improve the situation.

上の例文は「彼は状況を改善するために積極的に働いた」という意味にはならず，「彼が状況を改善しようとしていたのは確かである」という意味になってしまう。positively は，主語と動詞の間に置き，文全体を修飾して「確かに…である」「…であると私は確信している」（= I am sure that . . . .）というニュアンスで使われることが多いからだ。また，actively にも「積極的に」という意味はあるが，それよりも，文脈に応じて動詞にマッチした副詞を使った方が自然な英文になる場合が多い。

△ He actively worked to improve the situation.

○ He worked hard [diligently] to improve the situation.

「実際に」と actually

「実際に」の訳語として思い浮かぶのが actually だが，英語の actually は日本語の「実際に」とまったく同じように用いられるものではない。常に「actual ではないもの」との対比でのみ用いるのが原則で，例えば「お仕事は実際にどのようなことをやっているのですか」などと言う場合，それは「actual でないもの」との対比ではないため，What exactly is your job like? のようになる。actually の正しい用例を見てみよう。

○ I read about the accident in the newspaper, but please tell me what actually happened.

（その事故については新聞で読んで知ってるけど，実際には何が起こったのか教えてくれよ〈「ニュース記事」と「事実」との対比〉）

「確かに」「ちゃんと」と certainly / surely

日本語の「確かに」「ちゃんと」を certainly / surely と訳すと、ほとんどの場合が誤用になってしまう。certainly / surely は**話者の感情を強調して否定的な文脈で使うことが多い**。以下の文のように皮肉っぽい感じで用いられるのが普通である。

I <u>certainly</u> don't want to work with him.
（彼と一緒に仕事なんかしたくありません）

You <u>certainly</u> know how to make other people feel bad.
（あなたはちゃんと人を不快にさせる方法をご存じだ）

You <u>surely</u> don't want him to come to the meeting.
（まさか、彼に会議に出てほしくはないでしょう）

I <u>surely</u> don't expect you to help me.
（あなたが手伝ってくれるなんて思ってもいません）

皮肉っぽいニュアンスを入れずに表現するには、**be certain (that) . . .** あるいは **be sure (that) . . .** などの構文を用いる。

「確かに［ちゃんと］スミス氏にメールを送りました」

　× I <u>certainly</u> sent the e-mail to Mr. Smith.

　○ I <u>am certain [sure] (that)</u> I sent the email to Mr. Smith.

「彼が会議に出ないことは確かです」

　× He <u>certainly</u> will not be at the meeting.

　○ I <u>am certain [sure] (that)</u> he will not be at the meeting.

「この背景には…」と against this background

「この背景には…」という日本語を英訳するのに、against this background という表現を用いる際は注意を要する。というのも、この日本語と英語はまったく逆の意味だからである。against this background は、前に述べた内容の説明をするのではなく、直前の内容を受けて、「このような背景の下…」「こうした背景の中…」と

「結果」を表すフレーズなのだ。したがって以下の例で against this background を使う場合は，日本語とは順序を逆にし，「IT 業界に 3 つの変化がある」という背景の下「中途採用を増やしている」，という論理関係の英文にする必要がある。

「ABC 社は現在中途採用を増やしています。この背景には，IT 業界における 3 つの変化があります」

× ABC is now hiring more mid-career employees. <u>Against this background</u>, there are three changes in the IT industry.

○ There are three changes in the IT industry. <u>Against this background</u>, ABC is now hiring more mid-career employees.

日本語と同じ順序で英語にするには，以下の例のように「これは…の結果である」や「…という理由で」などを意味する表現を用いるといい。むしろ「背景」という日本語から離れてこのように訳す方が，より具体的で分かりやすい。because of . . . を使ってひとつの文章にまとめた 2 番目の例が最も自然である。

○ ABC is now hiring more mid-career employees. <u>This is the result of</u> three changes in the IT industry.
（ABC 社は現在中途採用を増やしている。これは，IT 業界において 3 つの変化が起こったことの結果である）

★ ABC is now hiring more mid-career employees <u>because of</u> three changes in the IT industry.
（IT 業界における 3 つの変化を受けて，ABC 社は現在中途採用を増やしている）

「相次いで」と one after another

「相次いで」という日本語に対して最もよく用いられる訳語は one after another であろう。しかし，「相次いで」という日本語がネガティブな文脈で使われることが多いのに対し，英語の one after another は必ずしもそうしたニュアンスではない。次の例文の場合，one after another を使っても間違いではないが，「いつもより多く」と考えて別の表現を使う方が自然だ。

「先月，相次いで事故が発生した」

△ Accidents took place <u>one after another</u> last month.

○ Last month was a bad month for accidents.

○ There was an unusually large number of accidents last month.

one after another は「一定のラインに添って順序よく物事が起こる」という意味合いで使われることが多い表現である。例文で確認しよう。

○ The cars came off the production line <u>one after another</u>.
（生産ラインから次々と自動車が完成されて出てきた）

○ He showed the slides <u>one after another</u>.
（彼は次から次へとスライドを見せていった）

「例えば」と for example

「例えば」を英訳するときにまず思いつくのは for example であるが，こればかり使っていると稚拙な文章になってしまう。訳し方のいろいろなパターンを見てみよう。中には，「例えば」を訳出しなくてもいい場合さえある。

「新語の多くはカタカナに訳される。例えば『ワイヤフレーム』がそのひとつだ」

○ Most new vocabulary is translated into katakana, "wire frame" being one such example.

「ABC は新しい技術に対して非常に積極的であるという印象があります。例えば，昨年は研究チームを 2 班シリコンバレーに派遣しました」

○ I have the impression that ABC is very interested in new technology. One example is that last year they sent two research teams to Silicon Valley.

「『良いホームページ』とは何か。例えば見やすいとか，データが軽いとか，扱っている内容が素晴らしいとか，デザインのセンスが良いとか，本当に様々あるわけです」

○ What makes a good homepage? Is it easy visibility, light data, wonderful content, design, or one of many other factors?

Be careful . . . . では強い注意・警告にならない

「…しないよう注意してください」の意味で Be careful not to . . . . とすると，意味が曖昧になったり弱くなったりしてしまうことがある。注意や警告の場合には常に **Do not . . . .** とする方がいい。下の文を比較してみよう。

「部品 A と B は似ているから混合しないように注意してください」

△ Parts A and B look alike, so be careful not to mix them up.

○ Parts A and B look alike, so do not mix them up.

「部品をひとつもなくさないように」

△ Be careful not to lose any of the pieces.

○ Do not lose any of the pieces.

また「…になってしまうから，気を付けなさい」という意味で Be careful that . . . . は使えない（「…になるように気を付けなさい」という意味になってしまう）。この場合 Be aware that . . . . を使うことができるが，それよりも一番下の例のような**命令文ではない言い方が最も適切**だ。

「15 分間使わないとプリンターの電源は切れるので気を付けてください」

✕ Be careful that the printer will turn off if not used for 15 minutes.

○ Be aware that the printer will turn off if not used for 15 minutes.

★ The printer will turn off if not used for 15 minutes.

「品質」(quality) の用法

quality という語を使う際に気を付けなければならないのは，日本語の「品質」とは違って，「品質の良し悪し」というだけでなく，**quality 1 語だけで「高品質」という意味にもなる**ということである。したがって「高品質」と言うとき必ずしも high quality という表現を使う必要はない。以下の例の場合，日本語では「品質の高さ」と言っても単に「品質」と言っても不自然ではないが，英語では high を付けるとぎこちない感じになってしまう。

「品質の高さにきっとご満足いただけます」
△ I'm sure you'll be satisfied with the high quality.
○ I'm sure you'll be satisfied with the quality.

また，quality は形容詞として使うこともでき，この場合もわざわざ high- quality としなくとも「高品質の」という意味になる。

△ This is a high-quality product.
○ This is a quality product.

また，quality では**具体性に欠ける場合もある**ので，well-built「造りのしっかりした」，useful「便利な，実用的な」，durable「丈夫な」などの言い方も覚えておきたい。

「…以外」(except / except for) の用法

日本語の「…以外」に対応して用いられる英語は except / except for であるが，英語では「…以外」が指し示すものが明確になっていなくてはならない。

✕ We went to the conference, except John.
（ジョンを除いて，私たちは会議に出席した）

○ Everyone (in the company) <u>except</u> John went to the conference.
（ジョン以外〔の社員〕はみんな会議に出席した）

✕ I read several books, <u>except</u> the green one.
（緑色の本を除いて，数冊の本を読んだ）

○ I read all the books on the shelf <u>except</u> the green one.
（棚にある本は，緑色のを除いて全部読んだ）

except は単に「…以外」という意味で使われるのではなく，**all ~ except . . .「…以外のすべての~」というニュアンス**があることに気を付けよう。

「毎回」(every time)「前回」(the previous time) の用法

「毎回」に当たる表現は every time，「前回」にあたる表現は the previous time / the last time であるが，日本人がよく間違ってしまっているのがその使い方である。

△ This problem happens <u>every time</u>.
（毎回このような問題が起こる）

上の文は一見何も問題がないようだが，実は非常に曖昧で分かりにくい表現になってしまっている。every time を副詞句として単独で使うことは文法的には間違いでなく，会話ではしばしば見られるが，特にライティングでは**「何をするたびに毎回」なのかを具体的に書いた方がいい**。

○ This problem happens <u>every time</u> I use the copy machine.
（私がコピー機を使うたびにこの問題が起こります）

○ Make sure you save the file <u>every time</u> you make a change.
（ファイルに変更を加えたら毎回ちゃんと保存しなさい）

the previous time / the last time にも同様のことが言える。

△ We talked about the budget the previous time [the last time].
（前回は予算について話し合った）

○ We talked about the budget the previous time [the last time] we met.
（前回集まったときは予算について話し合った）

time を他の語に置き換えたり，別の表現を使ったりして具体的にすると，自然な英語になる場合もある。以下の用例を参照のこと。

○ We talked about the budget at the previous meeting.
（前回の会議では予算について話し合った）

○ We talked about the budget when we met previously.
（前回集まったときは予算について話し合った）

「評価する」（evaluate）の用法

日本語では「評価する」と言うと，それだけで「高く評価する（judge something and like it / evaluate highly）」という意味になることがあるが，英語の evaluate ではそのようなことはない。下の文は不十分で意味が通じない。

× We evaluated it.

これでは評価の良し悪しが分からないので，以下のように具体的に表現する必要がある。

○ We evaluated it very highly. [We gave it a high evaluation.]
（非常に高く評価した）

○ We evaluated it very poorly. [We gave it a poor evaluation.]
（非常に悪いという評価を下した）

03 冗漫な表現と簡潔な表現

日本語からそのまま直訳してしまうと，冗漫 (redundant) になってしまうケースがある。日本語の「頭痛が痛い」のような文法的におかしいものだけでなく，回りくどい冗長な表現は避けて書くようにする必要がある。シンプルですっきりした表現こそ，相手にとって読みやすいことを覚えておきたい。

強調表現 (very / really) を多用しすぎない

very や really などの強調表現を入れなくても，文脈によって十分に強調された表現になっている場合も多い。以下の例文を見てみよう。

「1日中何も食べていないので，おなかがペコペコだ」
We haven't eaten all day, so we're <u>very / really</u> hungry.

「彼は走るのがとても速かった——オリンピックに出られるくらいに」
He was <u>very / really</u> fast — fast enough to go to the Olympics.

「そのプロジェクトで莫大な資金がむだになった」
A <u>very / really</u> large amount of money was lost on the project.

これらの文は，下線部を省いてもあまり意味が変わらない。very / really を使いすぎてしまったときは，思い切って削除することも一考の余地がある。また，「とても」や「かなり」を英訳するとき，誰でも最初に very や really を使うことを考えるが，そればかり使っていてはバリエーションに乏しく，あまり良い英文にはならない。以下の例のように，**他の語を使う**ことで，よりいきいきとしたものにすることができる。

We haven't eaten all day, so we're <u>extremely</u> hungry.

He was quite fast — fast enough to go to the Olympics.
An exceedingly large amount of money was lost on the project.

■ very / really の代わりに使える表現

extremely / incredibly / awfully / exceptionally / exceedingly /
especially / dreadfully / extraordinarily / enormously / quite /
rather など

「事前に」(in advance / beforehand) が不要な場合

日本語で言う「事前に」は，in advance や beforehand などと訳出してしまうと冗長になってしまうケースが多い。次の例を参照してほしい。

「事前に会議室を準備してほしい」

△ Please prepare the meeting room in advance [beforehand].

○ Please prepare the meeting room.

「準備」は事前にするのが当然なので，in advance / beforehand は不要なフレーズである。(上の例は Please get the meeting room ready. のようにも言える)。prepare や get . . . ready のように「事前の動作や行為」であることを示唆する動詞以外とともに in advance / beforehand を使うのは問題ない。

また，in advance は次の慣用表現でもよく用いられる。

○ Tickets sold out in advance.
（当日券は売り切れです）

○ Thanks in advance.
（よろしくお願いします）

＊文書で頼みごとをする際などに前もってお礼を言う意味で使う。

「基本的に」(basically) を乱用しない

これらの表現を特別な意味もなく basically や in principle と英訳して多用する日本人が多い。しかしこれらの英語の表現は，その後ろに but が出てきて「基本的には〜であるが…」と例外が続くことをほのめかすニュアンスが強調されてしまうので，注意が必要だ。以下の basically を使った例の場合，「基本的には 7 時までに終わらせなければならないが，今回は例外で延ばすことができる」という意味にとられてしまう恐れがある。例外について述べるのでなければ，下線部は省いた方がいい。

「基本的には 7 時までに終わらせないといけない」

▲ We <u>basically</u> have to finish by 7:00.

○ We have to finish by 7:00.

同様のことが以下の例にも言える。

▲ <u>In principle</u>, we do not allow purchases after 7:00.
（原則的には 7 時以降の購入はできませんが…）

▲ This is the <u>fundamental</u> reason for this decision.
（これがこの決定に対する基本的な理由なのですが…）

「将来」(in the future) はたいてい不要

「将来」に相当する英語表現は in the future だが，この言い回しは**ほとんどの場合不必要**である。英語では，通常時制などから将来のことについて語っているのが明らかだからである。

「将来この機器がガソリンスタンドに設置されるようになるでしょう」

▲ This device will be installed at gas stations <u>in the future</u>.

○ This device will be installed at gas stations.

future を使う場合は，もう少し具体的な言い方に変更する方がいい。

- This device will be installed at gas stations <u>in the near [distant] future</u>.

  （近い将来［だいぶ先にはなりますが］…）

また，発想を転換し，future を使わずに具体的な時期を示して表現することも考えたい。

- This device will be installed at gas stations <u>within the next five years [over the next two years]</u>.

  （5 年以内に［ここ 2 年の間に］…）

- This device will <u>soon</u> be installed at gas stations.

  （まもなく…）

「それに」「さらに」(moreover / furthermore) を乱用しない

「それに」「さらに」の英訳として使われている表現には，moreover や furthermore がある。しかし，話し言葉として，ライティングにおいては単に文章の続きを述べるときにこれらの語を用いると，冗長で不自然な英語になってしまいがちである。文章を並列するだけなら，also のような仰々しくない表現を文中に挟み込んで使いたい。

「今日中にすべての製品を検査する必要があります。さらに，このプロジェクトは金曜日までに終わらせたいと思います」

- △ We need to inspect all the products today. <u>Moreover [Furthermore]</u>, I would like to finish this project on Friday.
- △ We need to inspect all the products today. <u>Also</u>, I would like to finish this project on Friday.
- ○ We need to inspect all the products today. I would <u>also</u> like to finish this project on Friday.

ライティングでも理由を付け加えたりするときには moreover / furthermore を用いてもいいが，別の言い方でより簡潔に表現することも検討したい。

「準備にもっと時間が必要なので会議を中止しなければならないでしょう。会議の目標も明確ではありませんので」

- ○ We will have to cancel the meeting because we need more time to prepare. <u>Moreover [Furthermore]</u>, the purpose of the meeting isn't clear.

- ★ We will have to cancel the meeting <u>for two reasons</u>: We need more time to prepare and the purpose of the meeting isn't clear.

「…関連の」「…関係の」（-related / relating to . . .）を省く

「アパレル関連の仕事」のように使う「…関連の」「…関係の」という表現は，日本語においても冗長ではあるものの，実際には特に口語でよく使われている。しかし，これを -related / relating to . . . とそのまま英語にしてしまうと，冗長なだけでなく不自然になる。以下のように**省略するのが適切**である。

「パソコン関連の産業」

- △ the PC-<u>related</u> industry
- ○ the PC industry

「鉄鋼業関連の技術開発を行っています」

- △ We develop technology <u>relating to</u> steel production.
- ○ We develop steel-production technology.

《省いてもいい表現を検討する》

自分が書いた英文を推敲してみると，不必要な表現や，ネイティブには仰々しく響くような表現が意外とたくさんあるものだ。以下にあげる表現は，**省いてもあまり意味が変わらなかったり，削除してしまった方がすっきりすることの多い**ものである。「＊くだけた表現」の付いている表現は，口語では使われるが，文書では避けた方がいい。

a bit	わずかに，少々	＊くだけた表現
a kind of	ある種の	＊くだけた表現
a little	少々	
a sort of	ある種の	＊カジュアル
a large number of	たくさんの（数）	
a type of	ある種の	
actually	実際に，実際は	＊ P. 149 参照
also	また	
anyhow	どうせ，どのみち	
as a result of	結果として	
as a rule	概して，一般に	
awfully	ひどく，非常に	
basically	基本的に	＊ P. 159 参照
beforehand	事前に，前もって	＊ P. 158 参照
certainly	確かに	＊ P. 150 参照
consequently	したがって	
definitely	絶対に	
essentially	本質的に	
extremely	極めて	
for example	例えば	
for the most part	大部分は	
fundamental	基本的な	＊ P. 159 参照
furthermore	その上，さらに	＊ P. 160 〜 161 参照
generally	一般に	
hence	ゆえに	
however	しかしながら	
in addition	さらに	
in fact	実際は	
in principle	原則的に	＊ P. 159 参照
in the future	将来	＊ P. 159 〜 160 参照
indeed	実際に	

individual	個々の	
inevitably	当然	
instead	その代わりとして	
kind of	どちらかと言えば	＊カジュアル
likewise	同様に，その上	
literally	文字通りに，本当に	
mainly	主に	
meanwhile	一方，逆に	
more or less	多少，いくぶん	
moreover	さらに	＊P. 160 ～ 161 参照
mostly	大部分は	
namely	すなわち	
nevertheless	にもかかわらず	
ordinarily	通常	
otherwise	さもなければ	
particularly	特に	
pretty / pretty much	かなり	＊カジュアル
probably	おそらく	
quite	なかなか，かなり	
rather	むしろ	
really	本当は，実際に	
really	非常に，大変	＊P. 157 ～ 158 参照
-related / relating to	…関連の	＊P. 161 参照
similarly	同様に	
somewhat	やや，多少	
specific	具体的な	
usually	通常	
very	非常に，大変	＊P. 157 ～ 158 参照

「値段」「価格」を price と訳出しない方がいい場合

「〜の価格」「割引価格」など，日本語の発想のまま直訳するよりも，よりスマートに表現できる英文を検討したい。

「このケーブルの値段は 2,500 円です」

△ The price of this cable is 2,500 yen.

○ This cable is 2,500 yen.

「このパソコンは安い値段で買えた」

△ We bought this computer at a low price.

○ This computer was inexpensive.

「割引料金で国際電話がかけられます」

△ You can make international calls at discounted prices.

○ You can make discounted international calls.

「内容」「中身」を表す content は「外」と比べるときだけ使う

「内容」や「中身」という日本語をそのまま content と訳してしまうと，非常に冗長な英文になってしまうことがある。以下の例を参照してほしい。

「レポートの内容について教えてください」

△ Please tell me about the content of the report.

○ Please tell me about the report.

「その本の内容は知りません」

△ I don't know about the content of that book.

○ I don't know what's in that book.

「箱の中身は何でしょうか」

△ What's the content of the box?

○ What's in the box?

content という語を用いるのが適切なのは，「**内部**」と「**外部**」の区別をする必要が**ある場合**だ。

○ The package was much nicer than the content.
（中身よりもパッケージの方がずっとよくできていた）

○ The title is not appropriate for the content.
（タイトルが内容にふさわしくない）

また，content は「充実した内容」「意味がある内容」という意味を強調して使われることもある。

○ That report is thick, but it has very little content.
（あのレポートは分厚いが，たいした内容ではない）

○ I was impressed by the content of his speech.
（彼のスピーチの内容の素晴らしさに感銘を受けた）

「…活動を行う」を activities を使わずに表す

「…活動を行う」を conduct . . . activities や carry out . . . activities などと訳している例をよく見かけるが，たいていの場合冗長な表現になってしまっている。次の 2 つの例の場合，単に **activities** をとればすっきりした英文になる。

「当社はインドで 5 年間，商業活動を行って参りました」

△ We have been conducting business activities in India for five years.

○ We have been conducting business in India for five years.

「会社の将来にとって，教育活動は不可欠です」

△ Training activities arc vital for the future of this company.

○ Training is vital for the future of this company.

また以下の例のように，「…活動を行う」の直訳を離れて，もっと簡単な動詞（句）で表現できる場合もある。

「我々は地域医療の向上のための活動を行っています」

△ We are conducting activities to improve local medical care.

○ We are working to improve local medical care.

「火が出たら速やかに消火活動を行ってください」

△ If a fire breaks out, quickly carry out extinguishing activities.

○ If a fire breaks out, quickly put it out.

if 節をシンプルな to 不定詞で書く

「…する場合は〜」を表現するとき，常に if 節を用いて if you want [have / intend] to . . . などとしてはいないだろうか。このような書き方は冗漫であるだけでなく，「警告」をしているようなニュアンスになるため，すっきりと **to 不定詞**で「…するには」と表現しよう。

「当社にご連絡される場合は，下の電話番号表をご参照ください」

△ If you want to contact us, please refer to the telephone directory below.

○ To contact us, please refer to the telephone directory below.

「お金を借りなければならない場合は，この書類に記入してください」

△ If you have to borrow money, please fill out this form.

○ To borrow money, please fill out this form.

不要な前置き表現は使わずに書く

英語の特徴として，**言いたいことを文の前の方に持ってくる**という傾向がある。日本語は逆に，前置き表現が長く，核心的な部分が後ろにくるのが普通だ（これを「トップヘビー (top-heavy) 構造」と呼ぶ）。典型的な例として，「…に関しては〜」「…については〜」という表現がある。これを As to . . . , / As for . . . , / Concerning . . . , / Regarding . . . , / In regards to . . . , などを使って直訳することは可能だが，以下のように書き換えた方がすっきりする。

「研究開発部の人事に関しては，別のミーティングで取り上げます」

△ As to the concerns of our R&D personnel, we will address these in a later meeting.

○ We will address the concerns of our R&D personnel in a later meeting.

「私の出張予定についてですが，大阪セールスフェアの予定を組み込んでいただきたく思います」

△ In regards to my travel plans, please revise them to include the Osaka Sales Fair.

○ Please revise my travel plans to include the Osaka Sales Fair.

形容詞のダブり

日本語では，色について表現するときに「〜色の」という言い回しを用いる。これにつられて，例えば「緑色の」を green-colored としてしまうと意味的にダブって誤りとなる。単に green とするべきだ。ただし，「バラ色の」のように何かの名前を使って色の形容をするときは rose-colored のように言える。

「緑色の本」

× a green colored book

○ a green book

以下の例にも同じことが言える。**1 語の形容詞で何について言っているのか分かる場合は，余分なフレーズは省略しよう。**

「サイズの小さい機器」

× a small-sized device

○ a small device

＊「中くらいのサイズの」と言うときは medium-sized とする。

「速度の速い電車」

× a fast-speed train

○ a fast train

「…台」「…個」などの単位を省く

「…台の自動車」や「…個のカメラ」などの単位を英語で表現しようと，unit や piece を用いることがある。しかし，**単に複数形に数字を付けただけの方がすっきりする。**

「事務用の椅子を 20 脚注文したいのですが」

△ We would like to order 20 units of the office chairs.

△ We would like to order office chairs (20 pieces).

○ We would like to order 20 office chairs.

「ネジを 400 個，速達で送ってください」

△ Please send the screws, 400 units, by express.

△ Please send 400 pieces of screws by express.

○ Please send <u>400 screws</u> by express.

文の切り出し方に注意

回りくどい冗漫な表現で，理解しにくい文章になってしまう文の切り出し方に注意したい。**形式主語の it を立てた構文などは，読みにくい文の典型とも言える。**以下のそれぞれのペアを比較してみてほしい。下線を引いた部分は，ほとんどの場合削除してしまった方がいいフレーズである。

△ <u>It should be noted that</u> sales will drop unless we can improve quality.
（品質を上げないと売り上げが落ちてしまうことに注目されたい）

○ Sales will drop unless we can improve quality.
（品質を上げないと売り上げが落ちてしまう）

△ <u>It is hoped that</u> this report can be rewritten and ready for publishing within two weeks.
（このレポートは2週間以内にリライトして発表できることと思われます）

○ This report will be rewritten and ready for publishing within two weeks.
（このレポートは2週間以内にリライトして発表できるでしょう）

△ <u>It is worthy of note that</u> this mistake has occurred several times.
（同じミスが何度か起こっていることは注目に値する）

○ This mistake has occurred several times.
（同じミスが何度か起こっている）

△ <u>It is important to consider that</u> we have to finish this project on time.
（このプロジェクトを期限に間に合わせなければならないということが，考えるべき重要なことだ）

○ We have to finish this project on time.
（このプロジェクトは期限に間に合わせなければならない）

△ It has come to my attention that you have not filled in all the spaces on the form.
（書類の空欄が全部埋まっていないことに気づきました）

○ You have not filled in all the spaces on the form.
（書類の空欄が全部埋まっていません）

△ It seems that Jerry is most qualified of the three candidates.
（3人の候補者の中でジェリーが最も適任だと思われる）

○ Jerry seems most qualified of the three candidates.
（3人の候補者の中でジェリーが最も適任なようだ）

△ It was Fred who requested that the desks be moved.
（デスクを移動させるように言ったのはフレッドだ）

○ Fred requested that the desks be moved.
（フレッドがデスクを移動させるように言った）

△ It was found that only half of the employees understood the memo.
（社員の半分しかその社内通達を理解できなかったことが分かった）

○ Only half of the employees understood the memo.
（社員の半分しかその社内通達を理解できなかった）

△ As you are aware, we only have one year to finish construction.
（お気づきのように，竣工までに1年しかありません）

○ We only have one year to finish construction.
（竣工までに1年しかありません）

△ There were eight companies considered.
（8社の候補があった）

○ Eight companies were considered.
（8社の候補があった）

△ I thought you would like to know that we have decided to accept your offer.
（御社のオファーを受けることにいたしましたことを謹んでお知らせします）

○ We have decided to accept your offer.
（御社のオファーを受けることにいたしました）

△ I have noticed that sales of green pens have started to increase.
（緑色のペンの売れ行きが上がり始めたことが分かった）

○ Sales of green pens have started to increase.
（緑色のペンの売れ行きが上がり始めた）

手紙文におけるクリシェを多用しない

クリシェ（cliché）は，使い古されたおきまりの定番フレーズのこと。**クリシェが多用されている文章は，面白みに欠け，決して良い英文とは言えない。**クリシェはまた，回りくどく冗漫なフレーズでもある。

次の例は手紙の書き出しで使われがちな表現だが，非常に回りくどい書き方である。ストレートな表現の方が，相手に与える印象が良くなる。

△ I am writing this letter to tell you that we received the catalog that you sent.
（お送りいただきましたカタログを拝受いたしましたことをお伝えしようと，お手紙を書いています）

○ We received the catalog that you sent.
（お送りいただきましたカタログを拝受いたしました）

△ The purpose of this letter is to let you know that I will arrive in New York on August 15.
（ニューヨークには8月15日に到着することをお知らせするためにお便りしました）

○ I will arrive in New York on August 15.
（ニューヨークには8月15日に到着いたします）

また，手紙に添付したもの，同封したものに対して言及する，以下のような表現も使い古されていてあまり好ましくない。Please see the attached 〜 for . . . . 「…の件については，添付した〜をご覧ください」や，The attached contract has been signed by myself and Bob Smith.「添付の契約書には，私とボブ・スミスが署名をしてあります」などと具体的に書いた方がいいだろう。

△ Attached herewith is . . . .
（添付したのは…です）

△ Attached, please find . . . .
（添付しました…をご覧ください）

△ Enclosed please find . . . .
（同封しました…をご覧ください）

P.166 〜 167 でも説明している通り，「…の件ですが〜」といった前置きのフレーズもほとんどの場合必要ない。

△ In reference to your letter, ...
（いただいたお手紙の件ですが…）

△ With reference to your phone call today, ...
（今日のお電話の件ですが…）

以下にあげるような手紙の最後に書く文も，クリシェと言われるものである。使い古された決まり文句であり，これらを使っても，それこそ何も言っていないに等しい。

△ I trust the above has been helpful to you.
（上記の内容でお役に立てたかと存じます）

△ Thanking you in advance for your cooperation.
（ご協力いただきますようお願いいたします）

△ Please do not hesitate to contact the undersigned.
（お気軽にご連絡ください）

△ Please feel free to contact the writer.
（いつでもご連絡ください）

《意味的に不要な語を削除する》

意味的に重なって不要な語や，シンプルにするために削除可能な語を以下にてまとめてあるので，確認しておこう。

冗漫な表現	簡潔な表現
active consideration「積極的な熟慮」	consideration「熟慮」
actual experience「実際の経験」	experience「経験」
appreciate in value「価値が上がる，値段が上がる」	appreciate「値上がりする」
bad [terrible] tragedy「ひどい悲劇」	tragedy「悲劇」
basic principle「基本的原則」	principle「原則」
beautiful-looking「容姿・見た目のきれいな」	beautiful「きれいな」
complete monopoly「完全な独占」	monopoly「独占」
completely filled「完全にいっぱいの」	filled「いっぱいの」
completely opposite「完全に正反対の」	opposite「正反対の」
component parts「構成要素，部品」	components「構成要素，部品」
depreciate in value「価値が下がる，値段が下がる」	depreciate「値下がりする」
different varieties「様々な差異」	varieties「差異」
each individual「それぞれ個人」	individual「個人」
entirely eliminate「完全に削除する」	eliminate「削除する」
estimate . . . at about「…を約~と見積もる」	estimate . . . at「…を~と見積もる」
estimate . . . roughly at「…をざっと~と見積もる」	estimate . . . at「…を~と見積もる」
exactly identical「まったく同一の」	identical「同一の」
export . . . overseas「海外に輸出する」	export「輸出する」
extreme in degree「程度が極端な」	extreme「極端な」
filled to capacity「最大限までいっぱいの」	filled「いっぱいの」
final outcome「最終的な結果」	outcome「結果」
first priority「第一の最優先事項」	priority「最優先事項」
foreign import「外国からの輸入品」	import「輸入品」
heavy in weight「重さが重い」	heavy「重い」
import . . . from overseas「海外から輸入する」	import「輸入する」

冗漫な表現	簡潔な表現
important essentials「重要な要素」	essentials「重要な要素」
large in size「サイズが大きい」	large「大きい」
major breakthrough「大躍進」	breakthrough「躍進」
mutual agreement「互いの合意」	agreement「合意」
mutual cooperation「互いの協力」	cooperation「協力」
my personal opinion「私の個人的な意見」	my opinion「私の意見」
new breakthrough「新たな躍進」	breakthrough「躍進」
of a bright color「明るい色の」	bright「(色の) 明るい」
original founder「最初の創始者」	founder「創始者」
overall plan「総括的な計画」	plan「計画」
past experience「過去の経験」	experience「経験」
past history「過去の歴史」	history「歴史」
past memory「過去の記憶」	memory「記憶」
plan in advance「前もって計画する」	plan「計画する」
progress further「さらに前進する」	progress「前進する」
rather interesting「かなり興味深い」	interesting「興味深い」
reduce down「下に引き下げる」	reduce「引き下げる」
round in shape「形が丸い」	round「丸い」
serious crisis「深刻な危機」	crisis「危機」
seriously considered「真剣に熟考した上での」	considered「熟考した上での」
small in size「サイズが小さい」	small「小さい」
still continue「まだ続く」	continue「続く」
still remain「なお…のままである」	remain「…のままである」
sudden crisis「突然の危機」	crisis「危機」
true fact「本当の事実」	fact「事実」
ultimate end「最終的な結末」	end「結末」
undergraduate student「(大学の) 学部の学生」	undergraduate「(大学の) 学部生」
unexpected emergency「予期せぬ緊急事態」	emergency「緊急事態」

冗漫な表現	簡潔な表現
unexpected surprise「予期せぬ驚き」	surprise「驚き」
unforeseen accident「予期せぬアクシデント」	accident「アクシデント」
usual custom「普段の習慣」	custom「習慣」
utterly reject「完全に拒絶する」	reject「拒絶する」
various differences「様々な差異」	differences「差異」
warn in advance「前もって警告する」	warn「警告する」

《言い逃れに聞こえる表現を多用しない》

以下のリストにあるような表現はヘッジワード (**hedge words**) と呼ばれる (hedge は「垣根」「防御物」を表す)。言い逃れの余地を保つための表現なので，多用するのは避けた方がいい。

almost	ほとんど
as I recall	私の記憶では
as I understand it	私の解釈では
be considered to be	…とされている
be likely to	…しそうである
could	…できるだろう
for all intents and purposes	だいたいのところは
hopefully	うまくいけば，できれば
I feel	…と思う
I imagine	…と思う
I think	…と思う
I would guess that	おそらく…だと思うだろう
if it were mine to do	私なら，私がやるとすれば
in my opinion	私の考えでは
in some cases	場合によっては (…ことがある)
it is my observation that	…というのが私の考えである
it is my opinion that	…というのが私の意見である
it is my understanding that	…と私は理解している

may or may not be	…であるかもしれないし，そうでないかもしれない
might	…かもしれない
my best guess is that	私の見たところでは…らしい
practically	事実上は，ほとんど
probably	おそらく
sometimes	時として（…ことがある）
to the best of my recollection	私の記憶する限りでは
under the circumstances	現状では
virtually	事実上は，ほとんど
well	たぶん

04 DEI，CEI，SEG が生む新しい英語

現在は，差別表現に非常に厳しい世の中になった。
かつては PC 表現（特定の言葉に差別的な意味や誤解が含まれないよう，政治的に [politically] 適切な [correct] 用語を用いること）に注意すればよかったが，今はあらゆる言葉・行為が包括的な多様性，公平性から問題ないかが重要視されるようになった。

DEI，CEI，SEG

現在のアメリカ英語を語る上で欠かせない概念に，DEI，CEI，SEG がある。
DEI は，Diversity（ダイバーシティ），Equity（エクイティ），Inclusion（インクルージョン）の頭文字から成る語で，「多様性，公平性，包括性」と訳すことができる。

● Diversity（多様性）

性別，年齢，人種，国籍，宗教，性的指向，障がいの有無など，様々な属性を持つ人が存在すること。

● Equity（公平性）

それぞれの属性に合わせたサポートや機会を提供することで，誰もが能力を最大限に発揮できる環境を作ること。

● Inclusion（包括性）

多様な人材が互いを尊重し，受け入れ，共に価値創造できる環境を作ること。

差別表現に敏感になった現在，企業や社会において非常に重要な概念として注目されているのが，この DEI だ。DEI を意識した用語，言葉遣いが重要視される。

CEI は Corporate Equality Index の略語で，「企業平等指数」と訳される。
もともとはアメリカの LGBTQ+ の平等と多様性に関する指標であり，主に企業が

LGBTQ+ の従業員に対して採用や労働条件，福利厚生などをどの程度尊重しているか，人権キャンペーン（Human Rights Campaign）が報告書にまとめ評価・発行している。

企業は CEI の数値により自社の平等と多様性を外部にアピールできるが，逆に数値が低ければ平等と多様性に欠ける企業とされる。

CEI を常に意識する姿勢が，企業には求められる。

一方，ESG は Environmental, Social, and Governance の略語で，「環境，社会，企業統治」と訳される。

企業が持続可能性と社会的責任をどのように統合しているかを評価するためのフレームワークで，投資家が投資先の選定において，財務指標だけでなく環境への影響や社会への貢献，そして企業統治の質をも考慮することを促す。

ESG の考え方は，SDGs（Sustainable Development Goals；持続可能な開発目標）とも密接に関連しており，気候変動や人権，労働慣行，反腐敗などの社会問題を広くカバーしている。

大まかに，ESG を推進するための根本概念が DEI で，指標として用いられるのが CEI といえるだろう。

DEI，CEI，SEG を重視する社会への移行により，言葉も大きく変化している。

一例として，代名詞を挙げよう。代名詞は男性の場合 he（彼），女性の場合 she（彼女）と習ったはずだ。

しかし現在は，性自認に合わない場合や個人が異なる代名詞を好む場合，その個人が preferred pronoun（希望する代名詞）の使用を選べるようになっている。

he/she を選ばない場合，中立的な代名詞として they/them や ze/zir が好んで使われる。これにより個人の性自認を尊重し，適切に表現できる。

そのため自己紹介の際に，What's your preferred pronoun?（あなたの希望する代名詞は何ですか？）と聞くのも一般的になっている。

DEI，CEI，SEG の観点から，次のような新語が使われている。

最近の新語はカタカナ読みのまま使われる例が多いが，ぜひ正しい意味も理解しておきたい。

《新語の意味を理解する》

新語	日本語訳（意味）
ableism	エイブル主義（障害に基づく差別）
accessibility	アクセシビリティ （障害者が情報，資源，機会にアクセスできるようにすること）
affirmative action	アファーマティブ・アクション（歴史的に不利な立場にある集団の機会を積極的に増やすことを目的とした政策）
ageism	エイジズム（年齢による差別）
allyship	アライシップ（疎外されたグループや，彼らの正義と平等を求める運動を積極的に支援すること）
aromantic	アロマンチック（恋愛感情を持たない人）
asexual	エイセクシャル（無性愛者：性的魅力を感じない人）
belonging	帰属意識（コミュニティや組織の一員として評価され，尊重され，受け入れられていると感じること）
bipoc	バイポック（black, indigenous, and people of color の略語で黒人，先住民，有色人種のこと）
cisgender	シスジェンダー（出生時に割り当てられた性別を自認する人）
culturally competent	文化的能力 （異文化の人々と効果的に交流するための知識と技能を持つこと）
deadnaming	デッドネーム （死語：新しい名前に移行した後，以前の名前を使うこと）
gender spectrum	ジェンダー・スペクトラム（男性と女性という二元的なカテゴリーを超えたアイデンティティの範囲）
genderfluid	ジェンダー・フルイド（性自認が時間とともに変化する人）
genderqueer	ジェンダークィア（伝統的なジェンダー規範や期待に挑戦する人）
inclusive design	インクルーシブデザイン （誰もが使いやすい製品，サービス，環境の設計）
mentorship	メンターシップ （社会的地位の低い人々に指導や支援を提供すること）
microaggression	マイクロアグレッション（疎外された集団に対する，微妙で意図的ではないが重大な否定的発言や行動）
microaggression	マイクロアグレッション（疎外された集団の経験を排除したり，無効にしたりするような微小な攻撃）
microaggression training	マイクロアグレッション・トレーニング（マイクロアグレッションを識別し，回避する方法について個人を教育すること）
misgendering	ミスジェンダー（その人のアイデンティティに合わない代名詞や他の用語で誰かを指すこと）

neurodiversity	神経の多様性（多様な神経症状や考え方の認識と尊重）
non-binary	ノンバイナリー（男性でも女性でもない人）
outing	アウティング （LGBTQ+ のアイデンティティを本人の同意なしに共有すること）
pansexual	パンセクシュアル（性自認に関係なく人に惹かれる人）
power dynamics	パワー・ダイナミクス（社会または組織内の権力と影響力の配分）
psychological safety	心理的安全（誰もが安心して自分を表現し，発言できる環境を作ること）
reverse mentoring	逆指導（代表的でないグループの人々が，権力のある立場の人々を指導すること）
systemic oppression	組織的抑圧（特定の集団を不利にする体系的な構造や政策）
unconscious bias	無意識的偏見（意図せずに行動や意思決定に影響を及ぼす可能性のある暗黙の偏見）
universal design	ユニバーサルデザイン （可能な限り幅広い人々が使用できる製品や環境を設計すること）
visible minority	ビジブル・マイノリティ （社会内で優勢でない人種または民族グループ）

　新しい英語は，用語レベルにとどまらず，英文法までをも変える勢いとなっています。男性は He，女性は She としていた代名詞も，数年後には差別表現の烙印を押されるかもしれません。

　「言葉は生き物」です。英語が日本語に翻訳されるのを待っていたら，時代に取り残されてしまいます。

　英語を英語のまま見聞きし，「生きた英文」から最新の情報を入手するようにしましょう。

05 カジュアルな表現とフォーマルな表現

日本語から直訳してしまうとカジュアルすぎたり，逆にフォーマルすぎたりする英語になってしまうことがある。また，文語的だと思っていた単語が，意外にカジュアルな言い方である場合もある。ここでは，表現の選び方によってカジュアル／フォーマルの度合いが変わってしまう例を取り上げる。

「…のおかげで」を表す thanks to . . . はカジュアル

「…のおかげで」を英語にするとき，決まって thanks to . . . を使ってはいないだろうか。日本語の「…のおかげで」はそれほどカジュアルではないが，英語の thanks to . . . はビジネスなどフォーマルな場面で用いるにはくだけすぎた表現である。以下に示す言い換え表現を使うことをおすすめしたい。

「あなたのアドバイスのおかげで時間通りに終わらせることができました」

△ Thanks to your advice, we were able to finish on time.

○ Your advice made it possible for us to finish on time.

「おかげさまで楽しい時間が過ごせました」

△ Thanks to you, we had a wonderful time.

○ Thank you so much for the wonderful time.

また，日本語の「…のおかげで」同様，以下のように thanks to . . . も皮肉で使うことがある。

○ Thanks to you, we lost over $5,000.
（おかげさまで，5,000 ドル以上も損をしたよ）

○ Thanks to the poor economy, we had to close three factories.
（不景気のおかげで，工場を 3 つ閉鎖するはめになった）

日本人には書き言葉で nowadays をよく使う傾向が見られるが，この語は口語的であり，「昔は良かったのに最近は…」などと愚痴をこぼすのに使われることが多い。ビジネスなどのフォーマルな文章では使うべきではない。以下のような例で使うのが適切である。

- ○ Nowadays, you don't know who to trust.
  （最近じゃあ，誰も信用できないよねえ）
- ○ Kids nowadays don't respect their elders.
  （近頃の子供は年長者を尊敬しない）

単に「最近」と言う場合に適した表現は，in recent years「近年」や recently である。ただし下に示すように，recently は文頭よりも文中で用いた方がいい。

- ○ In recent years, the price of air travel has increased.
  （近年は航空運賃が上昇している）
- ○ Recently, the price of air travel has increased.
- ☆ The price of air travel has recently increased.
  （最近は航空運賃が上昇している）

この国の呼称はいくつかあるが，それぞれフォーマルさの度合いが異なることを覚えておきたい。

① The United States of America
これが正式名称だが，**法律文書などで使われる用語**で，特にフォーマルな場合を除いてはあまり使われない。

② the USA
フォーマルな場でも使えるが，ブルース・スプリングスティーンの曲 "Born in the

U.S.A." を想起させ，ちょっと威張っているようなニュアンスがある。政治家のスピーチなどでは使われるかもしれないが，普通の文書や会話ではあまり使われない。

③ United States

フォーマルすぎず，柔らかすぎない，ベストな表現。

④ US

カジュアル／フォーマルを気にせずに使える，標準的な言い方。

⑤ America

America という語は North America「北米」，Central America「中米」，South America「南米」すべてを含むアメリカ大陸を指すのに使われるが，一般的には「米国」を表す（カナダ人が I'm a North American. と言うことはあるかもしれないが，I'm an American. と言うことはありえない）。フォーマルな場でなければ America という語を用いても構わないが，フォーマルな場であれば，先に紹介した4つの表現を用いた方が不要な誤解が生じる恐れがない。

⑥ States

会話や，カジュアルなEメールでのみ使われている表現。文脈や状況から米国のことを指していると類推できる場合に限って，使うことができる。

「イギリス連邦」の呼称の使い分け

アメリカと同様，この国に対する呼称は複数ある。それぞれのニュアンスの違いについてまとめておこう。ちなみに England という言い方は PC 表現ではないので，用いない方が安全である。

① Britain

英国全体を指す言い方で，特に口語では好んで用いられている。

② England

この呼称は、本来イングランド地域のみを指す言い方なので使わない方がいい。特にイングランド以外の人たちは、この言い方を好まない。

③ Great Britain

英国全体を指す呼称としても用いられているが、厳密にはイングランド・ウェールズおよびスコットランド、つまりブリテン島のことを指している。**全体を指すことを明確にしたい場合は United Kingdom という呼称の方がいいだろう。**ちなみに ISO の国コードでは "UK" ではなく、Great Britain の略形である "GB" が使われている。

④ the United Kingdom of Great Britain and Northern Ireland

正式名称「グレートブリテン及び北アイルランド連合王国」だが、あまりにも長いので**通常は使われない。**

⑤ the United Kingdom / UK

正式名称を略した言い方。この言い方ならば、英国全体を指していることが分かる。カジュアル／フォーマルを問わず広く用いられる。

カジュアルな E メール、フォーマルな手紙の文体

日本語に敬語があるように、**英語でも同じ内容を伝えるのに、カジュアルな書き方とフォーマルな書き方がある。**手紙では、表現だけでなくスタイルも変わってくる。そこで、同じ趣旨のビジネス文書 3 例を使って、カジュアルな書き方、フォーマルな書き方の違いを見てみよう。以下❶〜❸はいずれも、新工場の完成セレモニーへの招待文である。

❶ カジュアルな E メール

Hi Bill,

How's it going?

I think I told you we were building a new factory. Well, it's finished! Can you come to the opening ceremony on the 5th from 4:00? (Map attached.) Love to have you. Let me know if you can make it.

Thanx,
Kazuhiro

やあ，ビル

元気？

前に僕らが工場を新設するって言ったと思うけど，完成したよ。

5 日の 4 時からオープニングセレモニーをするんだけど，来てくれないかな？（地図を添付してある）ぜひ来てよ。来られそうなら連絡ちょうだい。

じゃあ。

和弘

❷ カジュアルな手紙または E メール

Dear Bill,

It's been quite a long time since we last met, so I hope everything is going well for you. I think I told you that we were building a new factory. Well, we've finally finished it and were planning to have an opening ceremony on April 5. (I've attached a map.)

I was wondering if you'd be interested in coming. It will start at 4:00 PM and there'll be drinks and lots of good food. It may give us an opportunity to talk about ways that we can work together in the future. I'd also like to introduce you to a few people on my staff.

Please let me know if you can make it, but if you're busy on the 5th, I hope we can get together soon.

Thanks, Kazuhiro Tanaka
ABA Manufacturing

ビルへ

ごぶさたしていますが，お元気にされていることと思います。前に私たちが工場を新設することを話したと思いますが，ついに完成し，4月5日にオープニングセレモニーを開く予定にしています。（地図を添付しました）

そこで，ぜひビルに参加してもらえたらと思っています。開始は午後4時で，飲み物やおいしい料理も用意しています。今後の仕事の進め方などを話すいい機会になるでしょう。うちのスタッフで紹介しておきたい者も何人かいますし。

来られるようならご連絡ください。5日が空いていなければ，また近いうちに会いましょう。

よろしくお願いします。 ABA 製造

田中和弘

❶と❷を比べると分かるように，同じカジュアルな内容でも，相手との関係によって言い回しを変える必要がある。❷は，日本語で言う「敬語」に近いニュアンスで書かれている。文章が長くなることが多く，Can you come to . . . ? が I was wondering if you'd be interested in coming. になったり，Let me know の前に Please が付いたりするのが特徴だ。I was wondering if . . . は「…していただけないでしょうか」の意味で，過去形を用いることによりダイレクトさを避けた，柔らかい言い回しになっている。

❸ フォーマルな手紙

Dear Mr. Harris,

It is with great pleasure that I inform you that ABA Manufacturing has completed construction of our new factory. Consequently, we would be honored by your presence at the Opening Ceremony to be held on the fifth of April at 4:00 PM. (See the enclosed map for directions.)

Please RSVP by March 20th, 2018.

Sincerely yours,

Kazuhiro Tanaka

ABA Manufacturing

ハリス様
このほど，ABA 製造では新工場が竣工の運びとなりましたことを謹んでお知らせいたします。つきましては，4 月 5 日の午後
4 時より開催のオープニングセレモニーにご出席いただければ光栄に存じます。（場所については同封の地図をご参照ください）
2018 年 3 月 20 日までにお返事をいただけますよう，お願い申し上げます。
ABA 製造
田中和弘

---

❷とは逆に，非常にフォーマルな文章の❸では，手紙全体が短くなっている。これは，正式なビジネス文書では用件だけをまとめることがいいとされるからだ。It is with great pleasure that . . . . や we would be honored . . . などの形式ばった表現で書いているのも特徴だ。

手紙の起句 (salutation) と結句 (complimentary close) にはフォーマル度による使い分けがある。前項の手紙 3 例を参照してほしい。

起句は, ❶から順に, Hi Bill → Dear Bill → Dear Mr. Harris となっていた。親しい間柄でなければ, Dear Mr. ～ 使いたい。相手が女性の場合, 特にビジネスでは, Miss や Mrs. ではなく, 既婚・未婚の区別をしない **Ms.** を使うのが適している。相手の性別・名前が分からない場合は, **Dear Sir/Madam** とする。カジュアルな E メールで相手の性別・名前が不明な場合は, 単に **Hi** や **Hello** でいいだろう。

結句は, ❶から順に, Thanx → Thanks → Sincerely yours となっている。**Sincerely yours** はビジネス文書で最も一般的に用いられるものだ。カジュアルな文書では, Thanx の他にも, See ya (= See you) や Luv ya (= Love you), ttyl (Talk to you later) など, 略した書き方をすることも多い。以下, よく使われる結句の例を, フォーマル度別にあげておく。

フォーマル	ややフォーマル	カジュアル, E メール
Sincerely yours	Best regards	Yours
Yours sincerely	Regards	Thanks
Sincerely	Best wishes	Bye
Respectfully yours	All the best	Later
Yours respectfully	Many thanks	Love
Truly yours		
Yours truly		
Yours faithfully		

Chapter 3

句読法編

きちんとした英文を書く際に注意しなければならないのが，本章で紹介する句読法（punctuation）である。決められたルールに従って，整った文章を書くように心掛けたい。

句読法とは，カンマ・ピリオド・クエスチョンマーク・コロン・セミコロンなどの記号の使い方に関する一般的な取り決めのことで，括弧や引用符などの用法もこれに含まれる。論文などでは学問分野によって，独自のルールが存在する場合もあるが，ここで紹介するのはオーソドックスなスタイルなので，幅広く活用できる。

01 ピリオド | period

その日本語訳「終止符」からも分かる通り，ピリオド〈．〉の最も基本的な用法は文を終わらせるということである（文の終わりには疑問符 [question mark] や感嘆符 [exclamation mark] がくることもあるが，これについては後述する）。ここでは，これ以外のピリオドの用法及び使用上の注意点について見ていく。

省略を表す

単語を省略 (abbreviation) して示す場合，その語のあとにピリオドが用いられる。(international を int'l とするなど，アポストロフィを使って単語を省略する場合があるが，これはフォーマルな文書では避けられることが多い)

- Dr.＊ (← doctor)
- Mr.＊ (← Mister)
- etc. (← etcetera)
- Sep. (← September)
- E. M. Forster（人名）

＊イギリス英語では，Dr. や Mr. / Ms. / Mrs. など，元の語尾が活きている場合には，ピリオドを付けない方が好まれる。なお，Miss は省略表現ではないのでアメリカ英語・イギリス英語ともピリオドはいらない。

USA などの頭字語 (acronym) の場合は，ピリオドは付けないのが一般的である。

- USA　　△ U.S.A. (← United States of America)
- NASA　△ N.A.S.A. (← National Aeronautics and Space Administration)

ピリオドの付いた略語のあとに単語や数字が続く場合は，**半角1字分スペースを空ける。**

- Mr. Smith
- p. 16

ピリオドの付いた略語のあとの句読点

ピリオドの付いた略語で文が終わる際にピリオドを2つ連続して使ってはいけない。

- We went to Thailand, Taiwan, India, etc.
- × We went to Thailand, Taiwan, India, etc..

疑問文や感嘆文の文末にピリオド付きの略語がきた場合は，ピリオドと疑問符・感嘆符を並べて使ってもよいが，見た目にはあまり良くない。頭字語のピリオドは先に述べたように省いた方がいいものだし，また略語は省略しない形で使うなどして，**ピリオドと疑問符・感嘆符の連続はなるべく避けるべきである。**ピリオド付きの略語の直後にカンマを使う場合も同様。

- △ Are you working for ABC Corp.?
- Are you working for ABC Corporation?

- △ I'm working for ABC Corp., Inc.
- I'm working for ABC Corporation, Inc.

リストの連番

リストや項目の連番に，数字あるいはアルファベットを用いるが，その後ろにはピリオドを使う。**受けの丸括弧 ") " は普通使わない。**

○ I. Planning
    A. Cost
       1. Materials
       2. Location
        ⋮

△ I) Planning
    A) Cost
       1) Materials
       2) Location
        ⋮

英語におけるスタンダードな連番の方式は以下の通り。

❶ **大項目**：ローマ数字 (Roman numerals)
      I. II. III. IV. V. VI. VII. VIII. IX. X. XI. など
❷ **中項目**：アルファベット大文字
      A. B. C. D. E. など
❸ **小項目**：数字
      1. 2. 3. 4. 5. 6. など
❹ **それ以上必要な場合**：アルファベット小文字
      a. b. c. d. e. など

数字の表記で使うピリオド

小数点や通貨の単位，章節項などを表す際にピリオドを使う。

○ 12345.6789（小数点）

○ $10.25（10 ドル 25 セント）

○ 3.2.5（第 3 章第 2 節第 5 項，または第 3 幕第 2 場 5 行目など）

また，国によっては数字の桁を区切って示す際にピリオドを使うところもあるが，英語ではカンマを使う。（詳しくは「カンマ」P.206 参照）

- ○ 123,456,789 （区切り）
- × 123.456.789 （区切り）

依頼する文

相手に頼みごとをするときなど，形式上は疑問文でも，依頼や命令の意味をはっきりさせたい場合には，疑問符ではなくピリオドを付けることがある。

- ★ Could you arrange to have the book sent to my office?
- ○ Could you arrange to have the book sent to my office.

- ★ Would you mind postponing your trip until next week?
- ○ Would you mind postponing your trip until next week.

文末のピリオドのあとのスペース

ピリオド・疑問符・感嘆符を付けて文を終え，その後ろに新たに文を続ける際に空けるスペースは，半角1字分である。出版物によっては半角2字分のスペースを慣習的に入れてあるものもあるが，これは昔のタイプライター時代のやり方である。

- ○ We opened the site in 2015. It has only gone down one time.
- △ We opened the site in 2015. It has only gone down one time.

カンマ | comma

カンマ〈 , 〉は文章中において意味の切れ目を示すものである。英文を書く際にカンマは欠かすことができないが，多用すると読みにくくて分かりにくい文章になってしまいがちである。読みやすさを第一に考慮した上で，適切に使いたい。以下，カンマの使い方のポイントを見ていく。

and / or とともに語句を列挙する

2 つの語句を並べるだけならば A and B とすればいいが，3 つ以上を並べる場合，カンマを用いて **A, B, C and D** のようにする。切れ目が分かりにくくなってしまうような場合には，接続詞 and の前にカンマを置いて A, B, C, and D とするといいだろう。

- ★ Our schedule includes stops in Osaka, Kobe and Nagoya.
- ○ Our schedule includes stops in Osaka, Kobe, and Nagoya.
- × Our schedule includes stops in Osaka and Kobe and Nagoya.

- ★ The bar menu will include soft drinks, wine and beer.
- ○ The bar menu will include soft drinks, wine, and beer.

or の場合も同様である。

- ★ The convention will be held in Atlanta, Denver or Las Vegas.
- ○ The convention will be held in Atlanta, Denver, or Las Vegas.

下の文では ham and eggs がひとまとまりの名詞句となっていることを明確にするために，and の前にカンマを入れた方がいい。

★ We will have pancakes, cereal, and ham and eggs for breakfast.

○ We will have pancakes, cereal and ham and eggs for breakfast.

また，主語が共通している 3 つ以上の短い節をつなげてひとつの文にするときも，同様に and の前にはカンマを置く。以下のような場合はカンマと and を使ってひとつの文にした方が適切である。

○ Attend the meeting, state our position, take a lot of notes, and then report back to me.

△ Attend the meeting. State our position. Take a lot of notes. And then report back to me.

but や and などの接続詞

独立した節と節とを but / and / or などの接続詞を用いてつなげるときは，通例カンマを置くが，以下の例文程度の短い文の場合はどちらでもいい。

○ The memo was sent, but he hasn't responded.

○ The memo was sent but he hasn't responded.

○ The memo wasn't sent, and he hasn't been contacted.

○ The memo wasn't sent and he hasn't been contacted.

○ He didn't get the message, or he hasn't responded yet.

○ He didn't get the message or he hasn't responded yet.

○ He doesn't have enough time, nor does he have enough experience.

○ He doesn't have enough time <u>nor</u> does he have enough experience.

○ He hasn't seen the latest report, <u>so</u> his figures are off.
○ He hasn't seen the latest report <u>so</u> his figures are off.

一方，接続詞に続く節で，前の節の主語を流用している場合は，カンマを入れない。

○ We checked all the boxes, <u>but</u> we couldn't find the manual.
○ We checked all the boxes <u>but</u> couldn't find the manual.

○ We checked with several realtors, <u>but</u> we couldn't find a good space.
○ We checked with several realtors <u>but</u> couldn't find a good space.

○ I asked several agents for bids, <u>and</u> then I changed my mind.
○ I asked several agents for bids <u>and</u> then changed my mind.

○ I had to move to London, <u>or</u> I had to find another job.
○ I had to move to London <u>or</u> find another job.

また，文頭に but や and, so を置く場合にはあとにカンマを入れてしまいがちだが，これは誤り。

○ <u>But</u> I do know that he is not happy with his new job.
✕ <u>But,</u> I do know that he is not happy with his new job.

○ And there's another reason we feel our product is the best on the market.

× And, there's another reason we feel our product is the best on the market.

because / when / if などの接続詞

because / when / if などの接続詞を用いた従属節を文の後半に置く際に，その前にカンマを入れるネイティブもいるが，これは置かない方がいい。

○ He can't attend the meeting because he will be in Chicago on that day.

△ He can't attend the meeting, because he will be in Chicago on that day.

逆にこうした従属節を文の前半に置く場合は，従属節の終わりにカンマを入れる。ただし，従属節を後置してカンマを省いた形が最も読みやすい。

× When you arrive at the airport please give me a call.

○ When you arrive at the airport, please give me a call.

★ Please give me a call when you arrive at the airport.

× If you are not interested please ignore this request.

○ If you are not interested, please ignore this request.

★ Please ignore this request if you are not interested.

前置きとして語句を置く場合

主文の前に，文頭の前置きとして語句を置く場合に，カンマを用いる。ただし，あまり長い句を前置きに用いるのは避けた方がいい。

- ○ We were planning to tour your facilities when we visit in April. <u>Unfortunately,</u> our schedule will not permit it this time, but we are still interested.
- ○ <u>No later than May 7, 2018,</u> we will need to make a Power Point presentation outlining the new process.

また，前置きになる句が短く，かつあとに来る文がそれほど長くない場合は，次の例のようにカンマを省いてしまうこともある。なお，次の例のような場合，In August を前に置くと「他の月ではなく8月」と強調しているようにもとれるため，カンマを省いて後置するのが最も適切である。

- ○ <u>In August,</u> the company president will travel to Japan.
- ○ <u>In August</u> the company president will travel to Japan.
- ★ The company president will travel to Japan <u>in August</u>.

倒置構文

倒置により，副詞的修飾語句などを文頭に置く場合，その語句の後ろにカンマを入れてはならない。

- ○ <u>In this paragraph</u> is the revised figure.
- × <u>In this paragraph,</u> is the revised figure.

- ○ <u>Attending the meeting</u> was a representative of X company.
- × <u>Attending the meeting,</u> was a representative of X company.

both A and B / either A or B などの接続詞句

both A and B / not only A but also B / either A or B / neither A nor B などの、2つの語句の等位関係を表す表現を**相関接続詞**というが、これらの and, but, or, nor などの前にはカンマを付けない。

- ○ The company was battered <u>not only</u> by the recession <u>but also</u> by a wave of new competitors.
- ○ I can make time to meet you <u>either</u> on Wednesday <u>or</u> Thursday.
- ○ Please inform Ms. Tanabe <u>whether</u> you need extra materials <u>or</u> not.

独立節をカンマだけではつなげない

それぞれ独立した2つの節をカンマだけでつなぐことはできない。接続詞を使わないでつなぐには、カンマではなくセミコロンを用いる。それぞれが長い節の場合、2つの文に分けることもできる。

- × Three of our branches are still hiring, two others are fully staffed.
- ○ Three of our branches are still hiring; two others are fully staffed.

- × The last person to talk to him was Becky, she should have checked his schedule.
- ○ The last person to talk to him was Becky; she should have checked his schedule.

- × We could not come to a consensus in the meeting, we definitely need to reconvene within a couple of days.

- We could not come to a consensus in the meeting; we definitely need to reconvene within a couple of days.
- We could not come to a consensus in the meeting. We definitely need to reconvene within a couple of days.

- ✗ He patented his method in 2003, he established this company two years later.
- He patented his method in 2003; he established this company two years later.
- He patented his method in 2003. He established this company two years later.

等位構造の文の並列で and の代わりに使う

同じような構造の文を並列する場合，カンマを用いて and を省いた表現が可能になる。

- Eight of our sales staff met their quotas and seven didn't.
- Eight of our sales staff met their quotas, seven didn't.

- She paid for drinks and I paid for dinner.
- She paid for drinks, I paid for dinner.

so ~ that ... における that の代わりに使う

so ~ that ... 構文では，カンマを that の代わりに使うことができる。

- We were so busy that we didn't stop for lunch.
- We were so busy, we didn't stop for lunch.

接続副詞 (句)

moreover や therefore, otherwise といった接続副詞 (句) は, 文頭・文末に置く場合のカンマの使用についてはあまり決まっていないが, **文中に置く場合は前後にカンマを置くことが多い** (however は文頭でも文中でも通常カンマを使う)。また, **セミコロンで文を区切ったあとに接続副詞 (句) を置く場合は, 必ずカンマを打つこと。**

- The case, for example, is cracked and the buttons don't work.
- The contract was specific on this point; therefore, we needed to share the loss.
- The contract is not specific on this point; however, we do not think we will be held liable.

以下に, カンマとともに使う接続副詞 (句) をあげておく。

accordingly	したがって
after all	とにかく, とどのつまり
all in all	結局のところ
also	また, その上
altogether	全体的に見て
as a result	その結果
besides	その上
but at the same time	しかしやはり
consequently	その結果
even so	たとえそうだとしても
for example	例えば
for instance	例えば
hence	それゆえに
however	しかしながら
in brief	つまり

in conclusion	要するに，結論として
in contrasl	対照的に
in fact	実際は，つまり
in other words	言い換えると
in particular	特に
in short	つまり
in summary	要約すると
indeed	実は
nevertheless	それにもかかわらず
notwithstanding	それにもかかわらず
of course	もちろん，当然のことながら
on the contrary	逆に
on the other hand	一方
on the other side	一方
on the whole	概して
otherwise	でなければ
specifically	具体的には
still	それでもなお
that is	すなわち
then	それで
therefore	それゆえ
thereupon	そこで
though yet	しかしながら
thus	こうして
to illustrate	例えば
to put it differently	言い換えれば
to summarize	要約すると
truly	実を言えば
yet	しかしながら

形容詞を重ねる場合

形容詞を重ねて名詞を修飾する場合，カンマで区切る。

- ○ The <u>huge, square</u> box over there contains important documents.
- × The <u>huge square</u> box over there contains important documents.

- ○ Jane is a <u>patient, understanding</u> counselor.
- × Jane is a <u>patient understanding</u> counselor.

次の例文の technical problem のように，〈形容詞＋名詞〉でひとつの名詞句として捉えられる場合，technical problem の 2 語を small が修飾していると考えるのでカンマは用いない。

- ○ We have just one <u>small</u> technical problem.
- × We have just one <u>small,</u> technical problem.

- ○ I need you to review this <u>lengthy</u> historical article before the meeting.
- × I need you to review this <u>lengthy,</u> historical article before the meeting.

副詞を重ねる場合

副詞を重ねる場合，あるいは副詞と形容詞を並べる場合は，副詞と副詞，また副詞と形容詞の間にカンマを入れないこと。

- ○ <u>Quite interestingly,</u> we found that production speed had not increased.
- × <u>Quite, interestingly,</u> we found that production speed had not increased.

○ I want to work for a <u>rapidly growing</u> company.

✕ I want to work for a <u>rapidly, growing</u> company.

○ This is an <u>astonishingly complex</u> situation.

✕ This is an <u>astonishingly, complex</u> situation.

引用文の導入

引用文を導入するときは，特に引用文が長い場合以外は，コロンではなくカンマを用いるべきである。（引用文導入の際のコロンについては，P.227 を参照）

○ Ms. Davis said, "I'm thinking of moving to the private sector."

✕ Ms. Davis said: "I'm thinking of moving to the private sector."

短い引用文の場合，カンマを省くこともある。また，文の一部だけを引用するときは，前にカンマを置かない。

○ His reply to my offer was, "I need to discuss it with my boss."

○ His reply to my offer was "I need to discuss it with my boss."

○ Mr. Brown said that we needed more time" to review all our options."

✕ Mr. Brown said that we needed more time," to review all our options."

引用元を示すフレーズを引用文のあとや途中に置く場合には，引用の終わりには（文末であっても）カンマを用いる。

○ "Sales," said Mr. Green, "will start to pick up mid-quarter."

○ "Sales will start to pick up mid-quarter," Mr. Green said.

× "Sales will start to pick up mid-quarter." Mr. Green said.

タイトルなどの導入

引用符で囲んだタイトルを導入する際，その前にカンマは置かない。

○ The show was called "Titanic."

× The show was called, "Titanic."

○ The show was called "The Producers."

× The show was called, "The Producers."

日付

日と年との間をカンマで区切る。月と年の間にカンマは置かない。

○ I started working for him on August 15, 2015.

○ I joined this company in August 2015.

× I joined this company in August, 2015.

住所・地名

住所は番地などの小さい区分から書き始め，郵便番号以外はカンマで区切る。

○ My address is 123# Rockwell, Phoenix, Arizona 87122-2333.

○ Our address is Matakura 301, 4-5-4 Takashima, Bunkyo Ward, Tokyo 111-2222.

「神奈川県川崎市」や「テネシー州メンフィス」のように，文中で市と県，市と州など
を書く場合，より小さい区分の方を先に記し，カンマを付ける。

- ◎ We will move to Kawasaki, Kanagawa next month.
- ◎ I was an office manager in Chicago, Illinois.
- ◎ We will be holding our convention in Atlanta, Georgia this year.
- ◎ We have offices in Peoria, Illinois, Memphis, Tennessee, and Louisville, Kentucky.

数字の桁を示す

4桁以上の数字では，3桁ごとにカンマを入れて見やすくする。

- ◎ 4,567,215 shares
- ◎ a total of $6,153,400

ただし，番地や頁，西暦などを表す数字では4桁以上でもカンマは用いない。

- ◎ 444111 Samaritan Way
- ✕ 444,111 Samaritan Way

- ◎ page 1256
- ✕ page 1,256

- ◎ I was born in 1980.
- ✕ I was born in 1,980.

小数点を示すときは，カンマではなくピリオドを用いる。また少数点以下が4桁以
上でもカンマで区切ることはしない。

- 〇 12.345
- × 12,345

- 〇 16.422221
- × 16.422,221

肩書きや年齢，人名

職業や称号，学位，その他の**肩書き**を人名のあとに続けて書く場合はカンマを置く。

- 〇 Beth Sheridan, Ph.D., was on the panel.
- 〇 Beth Sheridan, President of ABC, was on the panel.

また，人名のあとに**年齢**を続けるときもカンマを使う。カンマの代わりに丸括弧を用いることもあるが，普通カンマの方が好まれる。

- 〇 Fred Johnson, 65, and Nancy Smith, 63, will be retiring this month.
- △ Fred Johnson (65) and Nancy Smith (63) will be retiring this month.

ラストネームを先に書く場合にも，カンマを用いる。

- 〇 Thayne, David
- 〇 Boerger, Andrew

手紙の起句・結句

Dear . . . といった**手紙の起句** (salutation) にはカンマを付ける。カンマの代わりにコロンを使うとフォーマル度が高くなり，ビジネスレターでは通常コロンを用いる（これはアメリカ式で，イギリス式では常にカンマを用いるのが一般的）。また Sincerely などの**結句** (complimentary close) にもカンマを付ける。

- Dear Mike,_
- Dear Mr. Nash,_
- Dear Mr. President:_

- Sincerely,_
- Yours truly,_
- Love,_

呼びかけ

主語や目的語としてではなく，**呼びかけ表現 (vocative)** として文中に人名を置く場合，カンマで区切ること。

- Good luck,_Paul.
- × Good luck Paul.

- Hi,_Paul.
- × Hi Paul.

＊Eメールの宛名では，人名の前にカンマを入れずに Hi Paul, とする方が自然な表記になる。

文の終わりに付けて，その文が疑問文であるということを示すのが疑問符〈？〉の役割である。ここでは注意すべきポイントをあげていく。

平叙文に付ける

疑問文は本来，疑問詞から文が始まっているか，または主語と助動詞の倒置がされているものだけである。しかし実際は，単に疑問符を付け加えるだけでどんな文でも疑問文にすることができる。ただしこれは，ライティングにおいてはカジュアルな文書でのみ許容されるもの。フォーマルな文書では避けた方がいい。

- △ The meeting is going to be on February 17? 〈カジュアル〉
- ○ Is the meeting going to be on February 17?

また，ライティングでも以下の例文程度の短い文章ならば多くの場合に許容される。付加疑問文の場合は当然，疑問符を付けなければならない。

- ○ What day is it today? Thursday or Friday?
- ○ Please check the list one more time, will you?

疑問符を重ねて使う

疑問の度合いが高いことを示すためにカジュアルな文で使われることがあるものの，フォーマルな文書では疑問符を重ねて用いない方がいい。強い疑念を抱いているような，失礼な感じに響く場合もある。

- △ Do you think the report is incorrect???
- ○ Do you think the report is incorrect?

確信のなさを示す

固有名詞や数字などについて確信が持てない場合に，その語句の後ろに丸括弧に入れた疑問符を置くことがある。現実にはよく使われているが，どの部分に対して確信がないのか分かりにくいため，なるべく文章で表現した方がいい。

- △ They have decided to open branches in Paris and London (?).
- ○ They have decided to open branches in Paris and perhaps London.

間接疑問文で疑問符は付けない

間接話法で疑問文を従属節とする場合を含め，あくまで主文は平叙文であるため，文末に疑問符を付けてはならない。

- ✕ The client asked us where they could buy the part?
- ○ The client asked us where they could buy the part.

文中で疑問符を使う場合

ややくだけた文章においては，次のように文の途中でも疑問詞（および感嘆符）を用いることが可能である。

「どれくらいかかるのか？ と思うかもしれない」

- ○ How long will it take? you might wonder. 〈カジュアル〉
- △ "How long will it take?" you might wonder.

文末の疑問符のあとのスペース

ピリオドと同様，疑問符とそれに続く文との間隔は半角1字分である。

◎ Have ayou sent the package?_If not, please do it today.

△ Have you sent the package?__If not, please do it today.

04 感嘆符 | exclamation mark

書き手の感情を表すのが感嘆符〈！〉である。強い感情を表すものだけに，感情を込めずに書くべきビジネス文書などでは多用は避けた方が賢明。なおラテン語で「叫び」を意味する inclamatio(n) という語の最初の i と最後の o をとり，上下に重ねたのが由来である。

感嘆符を使う文

以下の文は，感嘆符を用いても，ピリオドを用いてもいい。ニュアンスが異なってくるので，あまり感情的にしたくない場合はピリオドにするといいだろう。

- ○ I can't believe it!
- ○ I can't believe it.
- ○ My final answer is no!
- ○ My final answer is no.
- ○ Congratulations on your success!
- ○ Congratulations on your success.

〈How ＋形容詞〉の文の場合，感嘆符かピリオドかによってかなり違った意味合いになる。

- ○ How tempting! (すごい)
- ○ How tempting. (いいかもね〈ちょっと冷めた感じ〉)

また，以下のように習慣として必ず感嘆符を使う表現もある。

「すごくおいしい！」
- ○ How delicious!
- ×How delicious.

Chapter 1 文法編　Chapter 2 語法編　Chapter 3 句読法編　Chapter 4 アメリカ英語とイギリス英語　Chapter 5 ITを活用したライティング術

感嘆符と疑問符を同時に用いる

疑問と驚きを同時に表すために，感嘆符と疑問符を同時に用いる場合がある。正しい順序は〈疑問符＋感嘆符〉。

- ○ What makes you think that way?!
- × What makes you think that way!?

- ○ Where did you put the file?!
- × Where did you put the file!?

ただし，このような用法は少々くだけた印象を与える。特にビジネス文書では，疑問符のみにしておいた方がいいだろう。

感嘆符を重ねて使う

強調のために感嘆符を連続して使用するのは，カジュアルな E メールなどなら構わないが，一般の文書では避けた方がいい。

- ○ You did a great job!
- △ You did a great job!!!

- ○ We haven't received the shipment yet!
- △ We haven't received the shipment yet!!!

文末の感嘆符のあとのスペース

ピリオドや疑問符と同様，感嘆符とそれに続く文の間のスペースも半角 1 字分にする。

- ○ We haven't received the shipment yet! Please send it today.
- △ We haven't received the shipment yet! Please send it today.

05 省略符号 | ellipsis

ピリオドを 3 つ並べたものが省略符号〈 . . . 〉で，文の一部を省略するときに用いる。文末を省略するときには，文末のピリオドを含めて 4 つにする〈 . . . . 〉のが正式だが，最近は文末でも 3 つとする場合が増えてきている。また，前後の単語との間と，ピリオドひとつひとつの間は半角 1 字分のスペースを空けるのが基本だが，最近の傾向としてはそれぞれの間隔を空けずに〈...〉とすることも多い。

引用文中に省略符号を使う場合

非常に長い文を引用するのでなければ，引用文の文頭，文中，文末いずれでも省略符号を使うことは避け，全文引用を検討すべきである。

- △ The contract states, ". . . may cancel any order . . . ."
- ○ The contract states, "Party A may cancel any order that is delivered more than two days late."

文の終わりを濁す

単なる省略ではなく，ためらいを示すときなど，文の終わりを濁すように省略することをトレイルオフ (trail off) と言うが，ビジネスなどの正式な文書ではあまり使われない。下の例の場合，正式な文書では The order was sent on Friday, but it didn't arrive until Wednesday. のように最後まで書こう。なおトレイルオフするときは，省略符号のあとにピリオドを付けない (＝ 4 つにはしない) のが原則。

- ○ The order was sent on Friday, but . . .
- △ The order was sent on Friday, but . . . .

ハイフン〈-〉は複合語（compound word）を作ったり，また改行時に 1 単語を 2 行に分けて書く場合などに用いる。挿入句を示すダッシュ（"–" または "—"）と間違えないようにしたい。

2 つ以上の語から作る複合語

son-in-law「義理の息子」などの複合語で，ハイフンが使われる。複合語は shoe string〈2 語〉→ shoe-string〈ハイフンでつながれている〉→ shoestring〈1 語〉と，時を経て変化していくもの。今現在どの段階にあるのかを判断するのはネイティブでも困難なので，必ず辞書で調べるようにしたい（辞書によって記述が異なることもある）。

■ 複合語の例

break-in「不法侵入」/ great-grandson「（男の）ひ孫」/
do-it-yourself (=DIY)「日曜大工」/ passer-by「通行人」

アルファベット 1 文字を付けた複合語

アルファベット 1 文字を，「…字形の」と形を表す修飾語として別の単語と組み合わせたり，頭文字をとった略語として別の単語と組み合わせたりする場合，ハイフンで結ぶ。

○ T-bone steak（形を表す）

○ U-turn（形を表す）

○ e-mail*（= electronic mail）

　＊この語は，"email" とハイフンなしで表記される場合も多い。

○ H-bomb（= hydrogen bomb「水爆」）

2 語を組み合わせて修飾語句とする場合にハイフンでつなぐ。ただしこれは名詞を修飾する場合であり，補語になるときはハイフンでつながない。

- ○ This is not a <u>user-friendly</u> system.
- ○ This system is not <u>user friendly</u>.
- × This system is not <u>user-friendly</u>.

ただし以下のように "-ly" で終わる副詞が前にくる場合は，ハイフンは付けない。

- × They have a <u>beautifully-designed</u> logo.
- ○ They have a <u>beautifully designed</u> logo.

なお，ハイフンの後ろが同じである複合語を 2 つ続けて用いるときは，次のようにハイフンは省かない。

- ○ I revised the <u>mid- and long-term</u> budget.
- ○ I revised the <u>mid-term and long-term</u> budget.
- × I revised the <u>mid and long-term</u> budget.

接頭辞を付けた語

接頭辞 (**prefix**) の付いた単語は，postmodernism (post-「あとの」＋ modernism「モダニズム」) や unconscious (un「…でない」＋ conscious「意識のある」) のようにハイフンを使わない語が多いが，以下のような場合には接頭辞のあとにハイフンを使う必要がある。

❶ 数字や大文字で始まる固有名詞，月名などに接頭辞を付ける場合

- ○ pre-19th century
- ○ post-1990

○ anti-American

❷ **接頭辞が母音で終わり，あとに続く語が同じ母音で始まる場合など，区切りを入れて読みやすくする必要のある場合**

ただし最近ではこのような場合にもハイフンを付けないものが多いため、最新の辞書で確認するようにしたい。

○ anti-infective

○ semi-independent

○ co-owner

○ non-naturalism

❸ **以下の接頭辞が付く場合**

○ ex- 「前の…」: ex-husband, ex-president など

○ self- 「自己…」: self-conscious, self-evident など

○ all- 「すべて…」: all-electric, all-purpose など

○ great- 「1 親等離れた…」: great-grandchild, great-grandparent など

○ vice- 「副…」: vice-chancellor, vice-consul など

○ quasi- 「疑似…」: quasi-legislative, quasi-quotation など

○ pseudo- 「偽の…」: pseudo-event, pseudo-mutuality など

2 者の関係を示す

共有関係や対立関係など，2 者の関係を示す場合にハイフンが使われることがある。対立関係を表すA vs. B という言い方は法律関連やスポーツの分野に限られ，また特に見出しなどでしか使われないため，**通常の文章中ではハイフンを用いるようにする。**

○ the Omnicom-Publicis merger （オムニコムとピュブリシスの合併）

○ the Akebono-Sapp fight （曙対サップの試合）

△ I watched the Akebono vs. Sapp fight.

数の表記

数を表すとき，以下のような場合にはハイフンを用いる。(P.267 〜 272 も参照)

❶ 21 から 99 までの数字・序数をスペルアウトする場合
- twenty-nine, thirty-seven, ninety-nine
- twenty-fifth anniversary

なお，文章中では 0 から 10 まではスペルアウトし，それ以上の数については数字にするのが適切（ルールによっては，0 から 9 としているものもある）。ただし，表や図中，またページ数を示す場合 (page 5) や，単位などの省略形を伴う場合 (7 kg / 120 km / 10 p.m. など) は数字のままにする。また，数詞が文頭にくる場合は，数の大小にかかわらずスペルアウトする方がいい。

- Five h2undred and seventy-two people responded to the survey.
- △ 572 people responded to the survey.

- Three thousand and forty-two companies have already placed orders.
- △ 3,042 companies have already placed orders.

❷ 単位を表す語と組み合わせて名詞を前から修飾する場合
この場合，数が 2 以上でも，単位を表す語は単数形になることに注意。

- a three-week vacation
- a 25-kilo package
- a 3-million yen check
- an 80-yen stamp

❸ **分数を表す場合**

- two-thirds of the budget
- one-tenth of the day

❹ **「…から〜まで」と範囲や期間を表す場合**

「A から B まで」を表すとき，A-B とハイフンを使うことも可能だが，語で書き表して **from A to B** とした方がいい。日本語で使う「〜」は使ってはならない。

- January 7-March 6
- ★ January 7 to March 6
- ★ from January 7 to March 6
- ✕ January 7 〜 March 6

- 9:00 a.m.-5:00 p.m.
- ★ 9:00 a.m. to 5:00 p.m.
- ★ from 9:00 a.m. to 5:00 p.m.
- ✕ 9:00 a.m. 〜 5:00 p.m.

ちなみに上記のような範囲を表す表現は，連続した 2 つの数に対しては使うことができないので，and を使って表す。

- 2019 and 2020
- ✕ 2019-2020
- ✕ 2019 to 2020
- ✕ from 2019 to 2020

改行時のハイフン

長い単語が行末にきて 1 行に収まらない場合，ハイフンを使って 1 語を 2 行に分けて書くことができる。ハイフンを入れる箇所は音節の切れ目でなくてはならない。

音節の切れ目がどこであるかは，辞書等でチェックする。タイプライターの時代は苦労させられたが，現在のワープロソフトでは自動で正確にハイフンを入れる機能があるし，またハイフンを入れずに，単語間・文字間の幅を調整して両端を揃える「ジャスティファイ (justification)」をかけることもできる。しかし，学術論文の場合，ジャスティファイも改行時のハイフンの使用も禁止されていることがある。その場合は「左揃え (align to left)」にし，右端ででこぼこになっても構わない。

改行するときのハイフンに関する注意は以下の通り。

❶ 2 行以上連続してハイフンを使わない。これはワープロソフト上でも設定できる場合がある。また連続していなくても，右端にハイフンがたくさん並んでいるような文章は好ましくない。

❷ 固有名詞にはハイフンを使わない。固有名詞が行末に収まらない場合，文章を変更するなどして調整する。

❸ 次の行頭が "-ed" や "-ing" などの接尾辞 (suffix)，あるいは 2 文字以下になってしまう場合はハイフンを使わない。

❹ 2 つ以上の語が合わさってできた語は，本来の意味の切れ目の位置にハイフンがくるようにする。例えば butterfly なら，but-terfly ではなく butter-fly となるようにする。複合語の場合も，当然その切れ目にハイフンがくるようにする方が読みやすい。

ハイフンの前後のスペース

ハイフンは単語と単語のつながりを示すものなので，前後にスペースは入れない。ただし，ハイフンのあとで共通の複合語を列挙する場合は別 (P.216 参照)。

- ○ This is not a user-friendly system.
- × This is not a user - friendly system.

ダッシュ | dash

> ダッシュは，語句を挿入したり付加したりする場合，また文末でためらいを示す場合に用いられる。タイプライターがメインの時代，ハイフンを2つ続けること〈--〉でダッシュを意味していたが，現在は1本の線になっているダッシュ〈–〉または〈—〉をワープロソフトなどで使えるようになっている。

文中に挿入する

文中で補足的な説明を挿入したり，具体例を列挙したものを挿入したりする場合にダッシュを用いることができる。

- ○ We really need to come up with a new marketing strategy—a strategy that will take recent consumer preferences into account.
- ○ Relevant personnel—sales managers, marketing directors and key R&D staff—will need to attend this seminar.

挿入句を用いる際には，以下のように**丸括弧やカンマ**を使って表現することもできる。丸括弧は補注的なニュアンスもあるので，下の例ではあまり好ましくない。カンマは OK だが，ダッシュなら「索引までなくなってしまった」という強調のニュアンスを込めることができるので最適である。

- ★ The entire document—even the index—was lost.
- ○ The entire document, even the index, was lost.
- △ The entire document (even the index) was lost.

カンマを使いすぎている場合などには，ダッシュを用いるといい。ただし，ダッシュも使いすぎるとあまり良い文章ではなくなってしまうので注意したい。

前の文に対して，要点を述べたり補足説明をする場合，また言い換えたり訂正したりする場合にもダッシュを使う。

- The ABC company will be careful not to make the mistake that doomed its competitors—it will not misrepresent the product's usefulness.
- He was the most popular HR director ever in our company—he was the first to allow child-care leave for male employees.

省略符号のように，ためらいを示すときなど文末にダッシュを置いて文の終わりを濁すように省略することがある。これも省略符号と同様，ビジネスなどの正式な文書では使われない。

- My timing might be a little off but—
- My timing might be a little off, but China's economy is on schedule to surpass Japan's in the next ten years.

ダッシュの前後にはスペースを入れないのが普通。短いダッシュ〈 – 〉を使う際にはスペースを入れるケースもあるが，入れない方が正式である。長いダッシュ〈 — 〉の場合は，前後のスペースを空けてはいけない。

- The entire document was lost–even the index.
- The entire document was lost—even the index.
- △ The entire document was lost – even the index.
- × The entire document was lost — even the index.

2つの節を区切る際に，カンマより区切りをはっきりさせ，またピリオドよりはつながりを持たせたいというときに使うのがこのセミコロン〈;〉である。日本人にとってはあまりなじみがなく，使いにくい記号である。特にコロンとの混同に注意したい。

同等の関係にある2つの節をつなぐ

2つの独立した節を，同一文中で and などの**等位接続詞**を使わずにつなげるために用いる。この場合，セミコロンではなくダッシュを使うこともできる。ただしセミコロンが使えるのは，下の例のように2つの節の関係が同等な場合のみである。あとの節が前の節の説明や具体例になっている場合は，セミコロンではなくコロンを使うことに注意したい。(P.225 〜 226 参照)

- ○ George thinks quality is dropping; he's probably right.
- ○ George thinks quality is dropping—he's probably right.
- × George thinks quality is dropping: he's probably right.

カンマの代わりに使う

文中で語句を列挙するときは本来カンマを使うが，それぞれの語句の中にカンマが含まれる場合，**区切りを明確**にするために代わりにセミコロンを用いる。下の例では，Jack Smith, one of our engineers「エンジニアのジャック・スミス」，Mary Brown, an inspector「検閲のメリー・ブラウン」，Bill Lee, a company executive「代表取締役のビル・リー」の3つの語句がセミコロンで区切られている形だ。

- ○ The specifications were sent to Jack Smith, one of our engineers; Mary Brown, an inspector; and Bill Lee, a company executive.

接続副詞（句）とともに使う

however「しかしながら」/ moreover「さらに」/ whereas「一方」などの接続副詞（句）で2つの独立した節をつなぐ場合，セミコロンを用いることがある。本来ピリオドを付けて別々の文に分けることのできる独立した節なので，カンマで代用することはできない。接続副詞（句）については，P.201〜202も参照。

○ You said that the design would be finished on January 3; however, it is already March 1.

セミコロンの前後のスペース

セミコロンとその直前の単語との間にはスペースを入れない。直後の単語との間には半角1字分のスペースを空ける。

○ George thinks quality is dropping; he's probably right.

× George thinks quality is dropping;_he's probably right.

× George thinks quality is dropping_; he's probably right.

コロン〈 : 〉は，前に述べたことに関して具体例や説明などを付け加えるときに用いる。大まかなことを述べたあとで，コロンに続いて細かい情報が述べられることになる。例えば時刻は 3:20 a.m. のように表記するが，これは "3" が大まかな時間，"20" がさらに細かい時間を表しているのである。すべてのコロンはこの基本的用法に基づいている。

詳しく述べたり説明したりする

前文の大まかな情報に続いて細かい情報を述べる文を付け加えるためにコロンを用いる。下の例では「商品に満足していない」という概要が前半で述べられ，後半では「ひび割れやラベルの間違い」という詳細な理由が述べられている。また，下の例のようにコロンのあとが独立した節の場合は大文字で始める。

○ We are not satisfied with this product: It was cracked and mislabeled.

細目を列挙する

概略を述べたあとで，具体的な細目を列挙するときにもコロンを使う。やはりこれも基本用法の発展形である。

○ Two employees had to be dismissed: Linda Lee and George Smith.

次の例文のように，コロン以下がないと不完全な文になってしまう場合は，実際にはよく使われているものの，コロンの使用は推奨されない。

△ The steps are: Turn off the water. Connect the hose. Open the valve.

○ The steps are as follows: Turn off the water. Connect the hose. Open the valve.

語句を定義する

頭字語が何の略なのかなど，**語句の定義を示す際にコロンを用いる**。その場合，コロンのあとは大文字にし，最後にピリオドは付けない。列挙する場合には，**コロンのあとの語句は先頭の位置を揃えた**方が見やすい。

○ FAQ:　Frequently asked questions
○ FYI:　For your information

× FYI:　for your information
× FYI:　For your information.

また，**省略符号やハイフン，リーダーケイ（........）等は使わない**。

× FYI . . . For your information
× FYI- For your information
× FYI........For your information

表やグラフなどの内容を示す

表やグラフが何に関するものかを示すときに以下のように用いる。単位が何であるか，また担当者が誰であるかなどを示す際にも使う。

○ Table 5: 2017 Monthly sales figures
○ Figure 1: Correspondence costs
○ Unit: 1,000 tons
○ Sales: Sally Jackson

引用文を導入する

引用符を用いて引用する場合，その**引用部への導入**としてカンマを用いることができるが，長い引用の場合にはコロンを用いた方がいい。またカンマでなくコロンを用いると，特に「原文のまま」であることを強調できる。

○ The report states: There have been a number of large companies who at one time had a large share of their markets, but eventually failed. The reasons for failure include a belief that they did not have to try hard to satisfy customers and failure to monitor the competition.

△ The report states, "There have been a number of large companies who at one time had a large share of their markets, but eventually failed. The reasons for failure include a belief that they did not have to try hard to satisfy customers and failure to monitor the competition."

以下のように導入する部分がそれだけで**完全な文になっている場合は，カンマを使ってはならない**。必ずコロンを用いる。

○ Here is what the report says: There have been a number of large companies who at one time had a large share of their markets, but eventually failed. The reasons for failure include a belief that they did not have to try hard to satisfy customers and failure to monitor the competition.

✕ Here is what the report says, "There have been a number of large companies who at one time had a large share of their markets, but eventually failed. The reasons for failure include a belief that they did not have to try hard to satisfy customers and failure to monitor the competition."

コロンとその直前の語の間にスペースは入れない。コロンのあとは半角1字分のスペースを空けること。2番目の例のように2スペース空けてはならない。
(ただし時刻を表す場合は，前後ともスペースを空けない)

○ The envelop includes the following: budget proposal, cost estimate, tax form and application.

× The envelop includes the following: budget proposal, cost estimate, tax form and application.

× The envelop includes the following : budget proposal, cost estimate, tax form and application.

✎ ライティングのポイント

ワープロソフトの引用符・アポストロフィ

引用符 (ダブル・クォーテーションマークおよびシングル・クォーテーションマーク) やアポストロフィには，実は2種類あることをご存じだろうか。下の2つをよく見比べてみてほしい。

A. I said, "I'm not hungry."
B. I said, "I'm not hungry."

Aの方は straight quotes と呼ばれるもの。名前の通り，「直線」の形になっているタイプである。これに対し，Bの方は curly quotes または typographer's quotes と呼ばれるタイプ。おそらく多くの人が，Bの方が「かっこいい」と思うのではないだろうか。

ほとんどのワープロソフトでは，入力時に引用符やアポストロフィを自動で curly に変更する機能が付いていると思われるので，もし straight になってしまっている人がいたら，一度調べてみることをおすすめしたい。

引用符は，自分の言葉ではなく引用であること，また誰かの発話であるということを明確にするために使用されるのが基本用法である。本の章タイトルや新聞記事のタイトルなどを囲んだり，強調したい語句を囲んで示したりする際にも用いられる。

引用符にはダブル・クォーテーションマーク〈" "〉とシングル・クォーテーションマーク〈' '〉があるが，前者を用いるのがアメリカ式で，イギリス式では後者を使用する傾向がある。本書ではアメリカ式を正用法としている。

文の一部を引用する場合

文の一部，あるいは単語を1語だけ引用する場合にも引用符を用いることが可能である。なお，Eメールでは引用箇所を＜＞で表現する人もいるが，あまり一般的ではない。

- Your instructions did not mention the word "specifications."
- You said that specifications "have to be clarified by October 21."

引用元を示すフレーズの位置

「誰が言ったのか」や「誰が書いたのか」「どこに書いてあったのか」などを示すための，"... says / said / wrote" などの表現は，引用のあとに置くこともできる。

- "Something has to be done rather urgently," she said.
- She said, "Something has to be done rather urgently."

引用のあとに置く場合，例えば "Kevin said" など主語が代名詞ではないときは

"said Kevin" のように倒置することもある。特に名前のあとに出身地，職業や年齢などを付け加える場合には**倒置させた方がいい**。

- ○ "Our employees will need additional training," said David Green, president of ABC.
- ○ "Our employees will need additional training," said David Green, 56.
- △ "Our employees will need additional training," David Green, president of ABC said.

引用元を示す動詞

引用元を示す際に使われる動詞は多数あるが，ビジネス文書や一般的な文書では，**said**（話し言葉＝音声からの引用）や **wrote**（書かれたものからの引用）などが最も幅広く用いられる。もちろん内容によって，explained や answered，asked を使うこともできる。

なお，insisted / stated / commented / screamed / laughed / giggled / protested といった言い回しは文学的な文章では用いても構わないが，それ以外においては使用を避けること。

引用文における大文字・小文字

引用部分は，**文の単位で引用する場合は大文字で始め，語句の単位で引用する場合は小文字で始める**。（厳密に原文通りの引用を要求される文書で原文と大文字・小文字を変える場合には，角括弧を使って変更を示す。P.241 を参照）

- ○ In his speech, he said, "We made a fatal mistake."
- × In his speech, he said, "we made a fatal mistake."

- ○ In his speech, he said that we had made a "fatal mistake."
- × In his speech, he said that we had made a "Fatal mistake."

ただし，引用文の間に引用元を示す言葉を挿入する場合は，あとの引用部分を大文字で始めないこと。

- ○ "Without your help," the president said, "we would have failed."
- ✕ "Without your help," the president said, "We would have failed."

なお，上の例文で "without your help" の部分が直接の引用ではない場合は，あとの直接の引用部分は大文字で始める。

- ○ Without your help, the president said, "We would have failed."

引用文における略語

発話を引用した文中では，基本的には略語を用いてはいけない。ただし，Mr. / Mrs. / Jr. / Dr. などの敬称，および etc. は例外となる。

- ✕ In his speech, he said, "My Assist. made improvements in design, production, and sales."

- ○ In his speech, he said, "My assistant made improvements in design, production, and sales."

- ○ In his speech, he said, "Dr. Smith made improvements in design, production, sales, etc."

本や文書などの書かれたものから引用するときは，原典で略語が用いられていた場合，それをそのまま用いる。

- ○ In his report, Dr. Smith wrote, "My Assist. made improvements in design, production, and sales."

頭字語は，発話を引用する場合でもそのまま表記するのが正しい。何の略なのかを

示すには，引用符の内側に入れる場合は角括弧を用い，引用符の外側に示す際は丸括弧を用いる。

- In his speech, he said, "The VII [Very Important Issue] section was deleted from the site."
- In his speech, he said, "The VII section was deleted from the site." (Very Important Issue)

引用文における数字

引用文に数字が入っている場合，発話を引用する場合は数の大小にかかわらずスペルアウトし，書かれたものからの引用では原文通りに表すこと。

《発話からの引用》
- Mary said, "Forty-five homes were destroyed in the fire."
- × Mary said, "45 homes were destroyed in the fire."
- Mary said, "Fifteen minutes until the doors open."
- × Mary said, "15 minutes until the doors open."

《書かれたものからの引用》
- The magazine says, "45 homes were destroyed in the fire."〈原文のまま〉
- The sign said, "15 minutes until the doors open."〈原文のまま〉

タイトルの表記

以下のようなタイトルを表記する際は，引用符で囲む。タイトルのイタリック表記については，P.251 を参照。

《短編小説や書籍中の章のタイトル》

The editor asked me to rewrite the chapter called "Improving production speed" in *Production Efficiency*.

《短い音楽作品やアルバム中の曲のタイトル》
"Tomorrow Never Knows" was the most progressive song from *Revolver*.

強調する

皮肉やひねった言い方など, 一見文脈にそぐわないと思われるような特殊表現を引用符で囲み, 意図的に使用しているということを強調して示す場合がある。ただし, あまり使用しすぎない方がいい。

- ○ This product might sell well in the big cities, but we won't sell many on "main street."
- ○ The "discussion" ended up in spilled glasses and hoarse throats.

また, 「…という語」という意味で単語や句などに言及する際, 強調したい語句を引用符で囲んで示す。ただし, 特に単語 1 語を強調する場合は, イタリックにする方が一般的である (P.250 〜 251 参照)。

- ○ I wanted to find the origin of the word "strawberrry."
- ★ I wanted to find the origin of the word *strawberrry*.

ニックネーム

フォーマルな文章ではあまり使われないが, ニックネームをファーストネームとファミリーネームの間に挟む場合に, 引用符で囲む。有名なニックネームであれば, 引用符で囲まないこともある。

- ○ Hideki "Godzilla" Matsui
- ○ Michael "Air" Jordan
- ○ Michael Air Jordan

ピリオド・カンマと引用符

ピリオドとカンマを引用符の内側に置くか，それとも外側に置くかはしばしば問題となるが，アメリカ式では**内側**，イギリス式では**外側**というのが一般的。大事なのは，同一文書の中で統一をとるということである。本書ではアメリカ式を正用法とする。

🇺🇸 In his letter, he wrote, "The deadline was on January 19."

🇬🇧 In his letter, he wrote, "The deadline was on January 19".

🇺🇸 The sign above the door says, "Danger."

🇬🇧 The sign above the door says, "Danger".

🇺🇸 "Without your help," the president said, "we would have failed."

🇬🇧 "Without your help", the president said, "we would have failed".

アメリカ式であっても，**引用文中の文末にＥメールアドレスがくる場合**など，ピリオドを例外的に外に出すことがある（最後のピリオドまでがアドレスだと誤解されないため）。

△ He said, "Please e-mail to XXXXX@yyyy.zzz."

○ He said, "Please e-mail to XXXXX@yyyy.zzz".

セミコロン・コロンと引用符

セミコロン・コロンの場合は，下の例のように**引用符の外に出す**。

○ The magazine gave three reasons for the success of "Titanic": the story, the scale, and the acting.

○ The sign read "Danger"; however, it was not large enough.

疑問符と引用符

主文が引用で終わり，その引用が疑問文になっている場合，**引用符の中に疑問符を収め，主文の文末のピリオドは付けない**のが正しい。

- ○ One client asked, "Why does delivery take three weeks?"
- × One client asked, "Why does delivery take three weeks"?
- × One client asked, "Why does delivery take three weeks?".

疑問文である主文が引用で終わり，かつその引用が疑問文になっている場合，**主文の文末の疑問符は省略**する。

- ○ Why did you ask me, "Who has the bank record?"
- × Why did you ask me, "Who has the bank record?"?

引用符の中でさらに引用符を使う場合

引用文の内側にさらに引用文が入る場合，**アメリカ式ではシングル・クォーテーションマークを，イギリス式では逆にダブル・クォーテーションマークを使う**。その中にさらに引用文を取り込む場合は，アメリカ式ではダブル・クォーテーションマークを，イギリス式ではシングル・クォーテーションマークを用いるが，これはなるべく避けた方がいい。

- According to the newspaper, "When the President was asked his opinion, he replied 'It doesn't matter.' "
- According to the newspaper, 'When the President was asked his opinion, he replied "It doesn't matter" '.

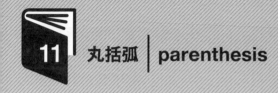

11 丸括弧 | parenthesis

情報を補足することが，丸括弧の主要な用法である。丸括弧は起こしの括弧 " (" と受けの括弧 ") " を必ずセットで用いる。1), a), A) などの表記は避けた方がいい（P.191 〜 192 参照）。

説明や具体的情報を補足する

説明や具体的な情報などを補足するために丸括弧を使用することができる。しかし，括弧を使わずに普通の文にできる場合はそうした方が望ましい。

- ◌ The stock market dropped sharply (by 12 percent) in only a week.
- ★ The stock market dropped by a sharp 12 percent in only a week.

具体例を列挙する

丸括弧の中に具体的な例を入れて，補足的説明とすることが可能である。for example / e.g. などを一緒に用いることもある。しかし，この場合もできれば丸括弧を使わずに自然な文を構成した方がより良い文になることが多い。

- ◌ Many factors can affect the stock market (for example, interest rates, employment figures and tax policy).
- ◌ Many factors can affect the stock market (interest rates, employment figures, tax policy, etc.).
- ★ Many factors can affect the stock market such as interest rates, employment figures and tax policy.

英訳を示す

英語以外の言語の英訳を丸括弧に入れて示すことがある。ただし2番目の例のように丸括弧を使わず or を用いて表すことができれば，このように書き換えた方がいい。

○ The "kanban" (just-in-time) system originated in Japan.

★ The "kanban" or just-in-time system originated in Japan.

略語を示す

略語のあとに，略さずに表記したものを示したり，またそれとは逆に，略さずに表記したもののあとに略語を示したりする際，丸括弧に入れる。固有名詞は別だが，略していない表記において頭文字を大文字にする必要は特にない。

○ The CES (customer evaluation survey) was discontinued.

○ The customer evaluation survey (CES) was discontinued.

△ The CES (Customer Evaluation Survey) was discontinued.

参照箇所を示す

別のページ，あるいは図や表などを参照してもらいたい場合に，当該ページや図などを丸括弧を使って示すことがある。この場合もやはり，括弧を用いないで書き換えることを検討した方がいい。

○ The stock prices climbed steadily in May (see figure on page 3).

★ The figure on page 3 shows that stock prices climbed steadily in May.

数字を示す

数字をスペルアウトしたあとに，数字を丸括弧に入れて示すことがある。これは，

フォーマルな文章で正確さを重んじるために行うもので、一般の文章ではほとんど使われない。

- As instructed, eighty-five dollars ($85) was deposited on January ten (10).

文中に連番を挿入する

複数の項目を並べる際に、丸括弧に数字を入れて順番を示す。1. / 2. / 3. とピリオドを使った表記も可能であるが、1) / 2) / 3) は認められない。

- Clients were divided into four categories: (1) large and active, (2) large but not active, (3) small and active, and (4) small but not active.
- Clients were divided into four categories: 1. large and active, 2. large but not active, 3. small and active, and 4. small but not active.

単数・複数が確定できないとき

ひとつなのか2つ以上なのか確定できないものについて言及する場合に、複数形の語尾 "-s" を丸括弧に入れることがある(名詞は「複数扱い」になる)。単複の区別を厳密に行う英語ならではの用法である。ただし、名詞が特定のものではなく不特定のものを指す場合は、数が特定できないときでもこのような表記はできず、単に複数形にしなければならない。

Make sure you give the invoice(s) to Bill Smith.
〈「それが1枚だったか複数枚だったかは知らないが」のニュアンス〉

Make sure you give all invoices to Bill Smith. 〈一般論〉

The employee(s) who talked to reporters will be punished.
〈「それがひとりか複数人数だったかは知らないが」のニュアンス〉

Employees who talk to reporters will be punished. 〈一般論〉

丸括弧の二重使用は避ける

丸括弧の中にもう1組丸括弧を使うことは避けた方がいい。どうしても用いる必要があるときは角括弧にするが，それよりも，**二重に括弧を使わないですむように書き換えるのが一番いい**。

- ▲ Both of my suggested (cutting costs and expanding the budget (included in my October 7 e-mail)) were rejected.

- ○ Both of my suggested (cutting costs and expanding the budget [included in my October 7 e-mail]) were rejected.

- ★ I suggested cutting costs and expanding the budget in my October 7 e-mail, but both suggestions were rejected.

ピリオド・カンマと丸括弧

丸括弧が主文に組み入れられている場合，ピリオド・カンマは丸括弧の外側に出すのが正しい。

- ○ We have decided to restart the CES (customer evaluation survey).

- ✕ Last year, we discontinued the CES (customer evaluation survey,) but it was restarted this year.

- ○ Last year, we discontinued the CES (customer evaluation survey), but it was restarted this year.

また，以下のように短い文章を丸括弧を用いて挿入する場合，**文として扱わずに主文に組み入れてもいい**。この場合，丸括弧内を小文字で始めて括弧の外にピリオドを付ける。主文のあとに独立した文として挿入する場合は，**主文にピリオドを打ったあとに丸括弧内を大文字で始め，括弧の中にピリオドを付けるのが適切である**。

- ○ The stock prices climbed steadily in May (see figure on page 3).

○ The stock prices climbed steadily in May. (See figure on page 3.)

△ The stock prices climbed steadily in May (See figure on page 3.).

丸括弧の前後のスペース

丸括弧の前後には，半角1字分スペースを空ける（ただし直後が句読点の場合はスペースを空けない）。丸括弧の内側にはスペースは入れないこと。

○ The stock prices climbed steadily in May (see figure on page 3).

× The stock prices climbed steadily in May (see figure on page 3).

✎ ライティングのポイント

parenthesis それとも parentheses??

「丸括弧」のことは，英語では parenthesis と言う。これは「単数形」であるため，本来「括弧の中」と言うときには，in parenthesis ではなく，複数形の in parentheses という言い方を用いるべきである。しかし，実際には，ネイティブは in parenthesis を使うことがとても多い。

in parentheses は，もともと「挿入句的に」「ついでに言えば」（= parenthetically）という意味のイディオムだったため，人によっては意識的にこちらの言い方を避けている可能性もある。

しかし，あくまでも「正しい」用法は in parentheses である。フォーマルなライティングでは，こちらを用いるように心掛けたい。

なお，例えば「丸括弧の中に示した名前のリスト」を the names listed in parentheses / the names listed in parenthesis と言う代わりに，the parenthetical list of names のように表現することで，この区別をなくすこともできる。

角括弧 | brackets

角括弧は，丸括弧よりも優先度が低く，丸括弧だけでは足りなくなったときに使われる。引用符で囲まれた引用文中で，補足的情報を示す際にも角括弧が用いられるが，あまり多用されることはない。

引用文中に補足的説明を加える

人名や商品名などの固有名詞について，原文には入っていない情報を補足して説明するために用いられる。

○ According to his letter, "George Hanson [a government inspector] will arrive on Monday."

○ The report states, "All parts except No. 454 [door handle] were carefully inspected."

また引用文中で，補足的説明がないと理解が困難だと思われる語句に対して意味を補うためにも使われる。

○ His letter stated, "All boxes [containing defective merchandise] must be returned."

○ The article said, "Los Angeles [in Mexico and not California] is a fishing village."

引用文中の誤りの明記や訂正

引用する文にスペルミスなどの誤りがあった場合，間違いを訂正せずに [sic] を該当する語のあとに付ける。この sic はもともとラテン語で「そのまま」という意味で，原文そのままの引用であることを表す。角括弧でなく丸括弧を用いる場合もある。

- The sign above the door read, "Only authorized personnel allwed [sic]."
- Page 7 of the contract states, "Defective merchandise must be returnd [sic] within ten days."

誤りをそのまま引用するのではなく，訂正して引用する場合にも，角括弧を用いて以下のように表記する。

- The sign above the door read, "Only authorized personnel all[o]wed."
- Page 7 of the contract states, "Defective merchandise must be return[e]d within ten days."
- The sign above the door read, "Only authorized personnel will [be] allowed."
- Page 7 of the contract states, "Defective merchandise must [be] returned within ten days."

また特殊な例として，法律文書などのような一語一句違わぬ引用をする必要がある場合に，小文字・大文字を変えなければならないときは以下のようにする。

- The judge wrote, "[T]he jury reached a verdict after two hours of deliberation."

英訳であることを明示する

引用文が外国語から英語への訳文である場合，そのことが明示されていなければならない。角括弧を用いて，[Translated from ....] と引用文の直後に表示する（.... に該当する外国語を入れる）。同様の引用が複数ある場合には，最初の引用文の直後で [All quotes translated from ....] と明記すれば，それ以降も同じであることが分かる（文書の冒頭に丸括弧で囲んで表示してもいい）。なお，[Translated from ....] / [All quotes translated from ....] は引用符の外に出すことに注意する。

- Page 7 of the contract states, "Defective merchandise must be returned." [Translated from Japanese.]
- According to Hiroshi Tanaka, "Not a single word in the article is true, and it's likely that anyone familiar with the case will realize this." [All quotes translated from Japanese.]

ピリオド・カンマと角括弧

角括弧が主文に組み入れられている場合, ピリオド・カンマは角括弧の外側に出す (ただし, [etc.] のような略語のピリオドは別)。また, 角括弧内を大文字で始まる独立した文とする場合には, ピリオドは角括弧の内側に付ける。

- According to Hiroshi Tanaka, "Not a single word in the article is true" [direct translation], but I think that Mr. Tanaka is wrong.
- According to Hiroshi Tanaka, "Not a single word in the article is true." [Translated from Japanese.]

角括弧の前後のスペース

丸括弧と同様, 角括弧の前後には半角1字分スペースを空ける (ただし直後が句読点の場合はスペースを空けない)。角括弧の内側にはスペースは入れない。

- According to his letter, "George Hanson [a government inspector] will arrive on Monday."
- ✗ According to his letter, "George Hanson [a government inspector] will arrive on Monday."
- According to the report, "The letter was sent directly to George Hanson [a government inspector]."

ただし, 引用文中の単語の一部を訂正して示す場合は, 角括弧の前後ともスペースを入れない (P.241 〜 242 参照)。

13 アポストロフィ | apostrophe

アポストロフィ〈'〉の役割は 2 つある。まず, 名詞に〈アポストロフィ＋s〉を付けることによって「所有格」を作ること。もうひとつは it's / we're などのように,「短縮形」を作るという役割である。

所有格を作る

名詞のあとに〈's〉("-s" で終わる名詞の場合は〈'〉のみ) を付けることによって, その名詞を所有格に変え, 所有を表す。

- the report's title
- Frank Smith's company
- students' hall

所有を表すには, ❶アポストロフィを使う (company's president), ❷ of を用いる (president of the company), ❸名詞を形容詞的に用いる (company president) の 3 つの方法がある。

❶ アポストロフィを使う

人による所有を表す際に最適な表現である。例えば, the book of John と言うよりは, John's book とした方が自然である。しかし, 無生物について用いると不自然になることもある。book's cover とするよりは, book cover とした方が自然である (ただし, to your heart's content のような慣用句など, 無生物について〈's〉が使われることも決して珍しくはない)。

❷ of を用いる

of のあとに「所有者」を置く表現で, 人や物はもちろん, 抽象概念に至るまで様々な所有関係を表すことができる。しかし, このような言い方を多用するとスマートな文章にならない。

❸ **名詞を形容詞的に用いる**

無生物に関して用いるのに最も適した表現。2語でひとつの名詞句として捉えられる。

短縮形を作る

助動詞（あるいは be 動詞）と not，主語と助動詞（あるいは be 動詞）を結び，短縮形（contracted form）を作るときに使う。以下にあげる短縮形は，ビジネス文書を含む様々な一般的文書で広く使うことができる。（ただし，フォーマルな招待状や学術論文など，短縮形は一切使わないとする場合もある）

《助動詞・be 動詞と not》

- will not → won't
- can not → can't
- should not → shouldn't
- would not → wouldn't
- could not → couldn't
- do not → don't
- does not → doesn't
- did not → didn't
- is not → isn't
- are not → aren't
- was not → wasn't
- were not → weren't

《主語と助動詞・be 動詞》

- I would → I'd
- I will → I'll
- I am → I'm

＊I 以外の主語と助動詞・be 動詞の短縮形はカジュアルな印象を与える場合もある。

Chapter 1 文法編　Chapter 2 語法編　Chapter 3 句読法編　Chapter 4 アメリカ英語とイギリス英語　Chapter 5 ITを活用したライティング術

アポストロフィを用いて**単語の途中を省略**することができるが，フォーマルな文書では避けた方がいい。ピリオドを使って単語の後半部を省略した略語は，比較的許容される。

★ continued	department	international
○ Cont.	Dept.	Int.
△ Cont'd	Dep't	Int'l

4 桁の西暦をアポストロフィを用いて 2 桁に省略することがあるが，これもフォーマルな文章では避けた方がいい。また 1900 年代の話をしているのか，2000 年代の話をしているのか混乱する可能性もある。

○ 2020

△ '20

「2010 年代」などの表現は，**アポストロフィは使わず "-s" だけを付けて** 2010s と表記するのが正しい。

○ 2010s

△ 10s

× 2010's

× 10's

× '10's

14 スラッシュ | slash

フォーマルなライティングでは、スラッシュ〈 / 〉を使うことはほとんどない。固有名詞やトレードマークをそのまま引用するなどのケースを除き、他の書き方に変更するのが望ましい。多くの場合はスラッシュを使わない、より分かりやすい表現に書き換えられる。

「あるいは」を表すスラッシュ

「あるいは」の意味でスラッシュが使われることがある。例えば、性差別を避けるために、不特定の人を指す単数の代名詞として he/she「彼または彼女」という表現が使われることがある (s/he という表記もよく目にする)。しかしこうしたケースでは、スラッシュを使わずに or で書き表すか、文全体を書き直した方がいいだろう。

- △ If we hire a new accountant, <u>he/she</u> will need computer skills.
- ○ If we hire a new accountant, <u>he or she</u> will need computer skills.
- ★ A new accountant would need computer skills.

- △ Please write <u>yes/no</u> at the bottom of the page.
- ○ Please write <u>yes or no</u> at the bottom of the page.

また、and/or「両方、またはいずれか」という表現もある (このスラッシュを or で書き換えることはできない)。ただし、この表現は極めて厳密な記述が必要とされる法律文書などでのみ使われるもので、一般の文書で使う必要はない。通常は単に and とするといいだろう。

- △ Please mail me additions, corrections <u>and/or</u> comments.
- ○ Please mail me additions, corrections <u>and</u> comments.

詩や劇，歌詞などの改行を示す

詩や劇，歌詞などを引用するとき，スペースの都合上，改行位置をスラッシュを用いて示す場合がある。このような場合に限り，スラッシュの前後は半角1字分のスペースを空ける。

◎ My heart leaps up when I behold / A rainbow in the sky: / So was it when my life began; / So is it now I am a man; / So be it when I shall grow old, / Or let me die! / The Child is father of the Man; / I could wish my days to be / Bound each to each by natural piety.

数字とともに使う場合

分数や比率を表す際に，スラッシュを使うことができるが，通常はスラッシュを用いずに書き表した方がいい。

- △ 2/5
- ◎ two fifths
- △ $100/month
- ◎ $100 a month

また年月日を数字とスラッシュを使って表記することもあるが，アメリカ式とイギリス式とで方法が異なり紛らわしいので，避けた方がいい。(5/10/2018 は，アメリカ式では 2018 年 5 月 10 日，イギリス式では 2018 年 10 月 5 日と読めてしまう)

スラッシュと大文字使用

スラッシュを挟んだ 2 つの語が文頭にくるときは，どちらも大文字で始めた方が自然である。できればスラッシュを用いずに or や and などの語を用いるか，あるいは別の語で書き換えるのが一番いい。

△ We will be hiring a new accountant. <u>He/she</u> should have at least two years of experience.

○ We will be hiring a new accountant. <u>He/She</u> should have at least two years of experience.

★ We will be hiring a new accountant. <u>Applicants</u> should have at least two years of experience.

✎ **ライティングのポイント**

「頭字語」を表すスラッシュ

スラッシュには,「頭字語」(acronyms) を表す用法もある。本書 P.342 ～ 354 に「略語」をリストアップしてあるが, その中にも I/O (← input and output) や c/o (care of) などの例を見出すことができる。スラッシュを用いるのが一般的な頭字語の例を, 他にも見ておこう。

24/7	twenty-four-seven (24 時間年中無休で)
A/G	air-to-ground (〈軍事用語〉空対地の)
B/E	bill of exchange (為替手形)
B/L	bill of lading (船荷証券)
B/U	backup (バックアップ)
D/P	documents against payment (手形支払書類渡し)
L/C	letter of credit (信用状)
P/E ratio	price-earnings ratio (株価収益率)
a/c	air conditioning (空調, エアコン)
b/c	because (〈インターネット用語〉なぜなら)
T/C	traveler's check (旅行者用小切手)
w/	with
w/c	wheelchair (車いす)
w/i, w/in	within
y/o	years old (…歳)

15 イタリックと下線 | italics and underlining

> イタリックと下線は，どちらもタイトルを示すときなどに用いられる。どちらを用いるかは書き手の好みによるところが大きい。より見た目が整って見えるのは，イタリックであろう。肉筆・タイプ原稿の場合は下線を使うしかないが，ワープロではイタリックを使うことをおすすめする。（ただし，イタリックや下線はデータのやりとりで設定が消えてしまうこともあるため，引用符や "< >" で代用される場合もある）

強調する

「…という語」という意味で単語や句などに言及する場合，強調したい語（句）をイタリックにする。引用符が用いられることも多いが，**イタリックの方がより適切**である。なおこの場合には下線の使用は誤りである。

- ★ *Powerlunch* refers to lunches where business deals are negotiated.
- ○ "Powerlunch" refers to lunches where business deals are negotiated.
- × <u>Powerlunch</u> refers to lunches where business deals are negotiated.

- ★ Recently, the word *synergy* is often used in business discussions.
- ○ Recently, the word "synergy" is often used in business discussions.
- × Recently, the word <u>synergy</u> is often used in business discussions.

また，ある語句について特に注意を喚起する場合に，イタリック（または下線）に

することがある（音読するときにも，そこは強く読む）。すべて大文字にしても同様の効果が得られるが，フォーマルな文章では避けたい（P.264 参照）。

○ Mr. Davis strongly recommend not making *any* changes.

○ Mr. Davis strongly recommend not making <u>any</u> changes.

△ Mr. Davis strongly recommend not making ANY changes.

○ I couldn't believe he spoke that way in front of *his* mother.

○ I couldn't believe he spoke that way in front of <u>his</u> mother.

△ I couldn't believe he spoke that way in front of HIS mother.

タイトルの表記

書籍や映画，音楽作品などのタイトルを書く際にはイタリック（または下線）にする。

《書籍のタイトル》

Do you know who wrote *Of Mice and Men*?

《映画のタイトル》

I met the director of *Night Moves*.

《音楽作品（オペラ・音楽アルバムなど）のタイトル》

I would like to invite you and your wife to a production of *Aida*.

The band's third album is called *Just Like Yesterday*.

《新聞・雑誌など定期刊行物のタイトル》

This data was obtained from an article in *the Chicago Tribune*.

The advertisement will be carried in the March issue of *Newsweek*.

作品・乗り物・ソフトウェアなどの名称の表記

芸術作品や，船・列車などの乗り物，ソフトウェアなどの名前を表記するときには
イタリック（または下線）を用いる。

Michelangelo's *David* is my favorite sculpture. (彫刻作品)

Which *Apollo* mission was the first to land on the moon?
(宇宙船)

Will you take the *Shinkansen* to Sendai? (列車)

We are planning to install an anti-virus program called
Cure-All. (ソフトウェア)

外国語（英語以外）の表記

外国語を使用する場合，その語をイタリック（または下線）にする。例えば日本語
の場合，ローマ字表記にした上でイタリック（または下線）にする。

- Where can I buy a *kotatsu*?
- *Maneki-neko* is believed to bring luck to the owner.
- *Okonomiyaki* is a specialty of the Kansai region.

ただし，以下のように英語の辞書にのっているような，英語で一般的に使われてい
る外来語は，すでに「英語化」していると考えられるためイタリック（または下線）
を用いてはならない。

- cliché / détente / et al. / etc. / genre / versus
- × *cliché / détente / et al. / etc. / genre / versus*

擬音語の表記

臨場感を出すために，擬音語（onomatopoeia）をイタリック（または下線）で
表すことがある。改まった文章では，他の単語で置き換えることを検討した方がい

いだろう。

▲ The coffee spilled over and made a *psssf* sound on the heater.

○ The coffee spilled over and made a hissing sound on the heater.

＊psssf / hissing sound は「シューという音」のこと。

大文字の使用に関するルールは一見単純なようで，実は意外に注意を要するものである。基本的に大文字にするのは「文の最初の単語の1文字目」と「固有名詞の最初の1文字」，それに1人称の代名詞のIであるが，ここではその他の細かい用法について詳しく解説する。

肩書きや呼称

Mr. などの敬称以外にも，一般名詞を肩書きあるいは呼称として用いる場合には大文字で始める。

- Everybody knows Aunt Mary makes the best pies!
- My aunt made this pie.

- Can I ask you a question, Dad?
- I asked my dad for his help.

- I heard President Clinton attended the ceremony.
- The president did not attend the ceremony.

- Do you know that Professor Wilder's lectures are quite popular?
- The professor gave an interesting lecture.

- Has Senator Bates seen the report?
- Senator Bates, have you seen the report?
- Has the senator seen the report?

○ According to the news report, Mayor Alvarez will hold a press conference later today.

○ The mayor will hold a press conference later today.

下の例のように，一般的な職業を説明する語の場合は，大文字にして肩書きや呼称にすることはできない。

○ Do you know the film director Francis Parchese?

× Do you know the Film Director Francis Parchese?

複数の肩書きを示す場合

「首相であり，かつ党首の…」のように，ひとりの人物に複数の肩書きが付く場合は小文字を用いる。また，略語は略さない形にして表記する。

○ I spoke to Prime Minister Bruce Albridge.

○ I spoke to Party Leader Bruce Albridge.

○ I spoke to prime minister and party leader Bruce Albridge.

× I spoke to Prime Minister and Party Leader Bruce Albridge.

○ I have an appointment with Dr. Parrish.

○ I have an appointment with Mayor Parrish.

○ I have an appointment with doctor and mayor Parrish.

× I have an appointment with Dr. and Mayor Parrish.

人名の中の小文字

人名は大文字で始めるのが基本であるが，外国語の名前の場合など，小文字から始まる部分が含まれる場合はその通りに記すこと。

○ Rene du Buffet

- Heinrich von Mueller

■ 人名中でも小文字で始まる語

イタリア語	del, della, di
オランダ語	de, den, der, in't, ten, ter, van, van't
スペイン語	de, de la, de las, de los, y
ドイツ語	van, vom, von, vor
フランス語	de, de la, de l', des, du
ポルトガル語	da, de

また，英語にも McCartney / McDonald / McCarran などの変則的つづりがあるので注意したい。

月・曜日・祝日

月や曜日，祝日は常に大文字で始める。ただし，季節には大文字を用いない。

- January, February, March . . .
- Monday, Tuesday, Wednesday, Thursday, Friday, Saturday, Sunday
- Christmas, New Year's Day, Thanksgiving Day など

- winter, spring, summer, fall
- × Winter, Spring, Summer, Fall

団体名／学校名／会社名／建物名／公園名など

団体名や建物の名前などの固有名詞は大文字で始める。

- the New York Stock Exchange

- the Waldorf Astoria Hotel
- Paramount Pictures
- Hyde Park
- Marble Cliff Junior High School
- Columbia University

Oxford University と Cambridge University のように共通する名詞を含む固有名詞を列挙する場合，共通する部分には小文字を用いて以下のようにする。

- ○ Oxford and Cambridge universities
- ✕ Oxford and Cambridge Universities

社内組織の名称など

社内組織名には会社ごとの慣習がある。公式な名称であるとはっきり分かっている場合には大文字で始めるのが正しいが，確信が持てない場合は小文字を使って表した方が安全である。

- ○ Lisa works in the accounting department at SAP.
- △ Lisa works in the Accounting Department at SAP.

以下の例のように製品名などについても同様である。正式な呼称だと確信が持てなければ，小文字を使っておいた方がいい。

- ○ The price of the R4 computer system is dropping.
- △ The price of the R4 Computer System is dropping.

学校の講座名

学校などの教育機関の講座名は大文字で始める。講座の内容自体を指す場合は小文字である。

- I took Physics 200 with him.
- I met him in a physics class.

- I signed up for History of Art 101.
- I signed up for an art history class.

地名は通常大文字で始める。

- London
- the Ginza shopping district
- Los Angeles

lake / mountain / river / park などの一般名詞が固有名詞の一部として機能している場合，大文字で始める。固有名詞に先行してこれらの名詞がくる場合は，小文字にするのが普通。

- the Great Salt Lake
- the Yellowstone National Park
- the Great Canyon

- the Amazon River
- the river Amazon

県や州などの行政区分を表す場合も大文字で始める。the state of ... のように県や州の名前を後置する場合は，state などの語は大文字にしても小文字のままでもいい。

- Washington State
- × Washington state

○ the State of Washington / the state of Washington

○ Kanagawa Prefecture
× Kanagawa prefecture
○ the Prefecture of Kanagawa / the prefecture of Kanagawa

North / South / East / West

「北の方」「南向き」のように大まかに東西南北を表す際，通常は小文字のまま表記する。大文字にするのはコンパス上の正確な方角を指す場合や, 固有名詞 (の一部) となっている場合である。

《大まかな方角》

○ He was heading north in a van.
○ I want an apartment that faces south.

《正確な方角》

○ The sun sets in the West.

《固有名詞》

○ The Vietnam War ended when the North overran Saigon.
＊the North は「北ベトナム」を表す。

○ Many people in the US military are from the South.
＊the South は「南部アメリカ」を表す。

歴史上の出来事・時代

歴史的な出来事は大文字で始める。また「…時代」と言う場合も大文字を使用する。

○ the Baroque Period
○ the Enlightenment

- the Second World War
- the Industrial Revolution
- the Meiji Period

天体

天体の名称を書くときは大文字で始める。地球に関しては，単に天体のひとつとして捉えられている場合にのみ大文字で始める。他の天体と並べて「固有名詞」的な扱いを受ける場合を除き，太陽・月については常に小文字にする。

- Jupiter is the largest planet in our solar system.
- Mars is the closest planet to Earth.

- Where on earth did you get that idea?

＊on earth は「いったい」という意味の慣用表現。

- I stared at the moon for a minute or two.
- × I stared at the Moon for a minute or two.

- The sun hardly came out at all yesterday.
- × The Sun hardly came out at all yesterday.

ブランド名・メーカー名など

ブランド名やメーカー名などは，すべて大文字だったり，小文字で始めて表記しているものも多い。文章中では，小文字から始まっているものは大文字から始め，すべて大文字のものは，1文字目だけを大文字にした方がいいだろう。

- Adidas
- ▲ adidas〈オフィシャル表記〉

- ○ Nike
- △ NIKE 〈オフィシャル表記〉

通常の英文では避けるべきだが，ブランド名などに用いる場合に限り，and を意味する 'n' や & はオフィシャル表記にしたがってそのまま用いても構わない。

- ○ Click & Shop E-tailors
- ○ Click 'n' Shop E-tailors

ブランド名の中に一般名詞が含まれている場合，それがブランド名の一部であると分かっているならば大文字で始める。**分からなければ小文字を用いること。**

- ○ Folger's Coffee
- ○ SoNice Chocolates
- ○ Chevy Truck

- ○ Quik-Slik printers
- ○ Timex watch
- ○ Texas Instruments calculator

「インターネット」を表す語

Internet という語はアメリカ国防省が開発したネットワークであるため固有名詞扱いになり，**本来は大文字で始めるのが正しいが**，最近は一般名詞化し，小文字になっている場合が多い。インターネットという意味で net や web を使う場合も同様に，大文字にすることが多い。ちなみに，イントラネット（intranet）は固有名詞ではないので小文字のまま用いる。

- ○ the Internet / the Net / the World Wide Web / the Web
- ○ the internet / the net / the world wide web / the web

- ○ the intranet
- ✕ the Intranet

賞やメダルなど

賞やメダル，勲章などの名称は大文字で始める。

- ○ He won the Oscar for Best Director.
- ○ He was nominated for the Nobel Peace Prize.
- ○ Her building design won the Grand Prix.

言語・国籍・人種

言語，国籍，人種を意味する言葉は大文字で始める。ただし，white や black など肌の色を表わす言葉は大文字で始めないこと。

- ○ English
- ○ Japanese
- ○ French
- ○ Egyptian
- ○ European
- ○ Eskimo
- ○ white
- ○ black

宗教

宗教，宗教的思想，信者，神の名を表す名称は大文字で始める。

- ○ the Roman Catholic Church, Catholicism, Catholic

- Shinto, Shintoism, Shintoist, Buddhism, Zen Buddhism
- Judaism, Jewish synagogue, American Jewry

特定の神ではなく，複数の神を指していたりあるいは一般的に「神」と言う場合には小文字を使用する。

- A majority of people believe in some form of god.
- The Arab prince was used to being treated like a god.
- The ancient Greeks believed the gods lived on Mount Olympus.

神に対する呼びかけ，及び神を表す代名詞は大文字で始める。

- The priest said, "We must thank God for His great kindness."
- The girl said, "Please, God, help Mom get better."

タイトル

本，映画，レポートなどのタイトルを表記する際，下にあげている語以外は大文字で始める。（前置詞はすべて小文字とするルールもあるが，本書では4文字以上の前置詞は大文字で始めるルールを採用している）また，下にあげた語も，タイトルの先頭あるいは最後にくる場合は大文字にするのが通例。

冠詞	a, an, the
前置詞	at, as, by, for, in, of, on, to
接続詞	but, and, or

- Little House on the Prairie
- In the Name of Love
- From Here to Eternity

- ○ Shine On

数字によって特定・限定されている語は大文字で始める。

- ○ See Figure 7.
- △ See figure 7.
- ○ Refer to the figure on the right.

- ○ The meeting is in Banquet Room 3.
- × The meeting is in banquet room 3.
- ○ Our hotel has several banquet rooms.

- ○ I will be arriving on Flight 818.
- × I will be arriving on flight 818
- ○ I had to cancel my flight.

ただし，対象が次のように**複数である場合は小文字のまま**にする。

- ○ This feature is explained in figures 6-1 and 6-2.
- × This feature is explained in Figures 6-1 and 6-2.

また **line / page / paragraph** は，数字で限定されていても小文字のままにしなければならない。

- ○ The answer is on page 33.
- △ The answer is on Page 33.

- ○ Please note the changes to line 17.
- △ Please note the changes to Line 17.

○ Refer to paragraph 4.

△ Refer to Paragraph 4.

複合語に使うアルファベット1文字

アルファベット1文字を，形を表す修飾語として，また略語として用いて複合語を作る場合に大文字にする。ただし「Eメール」など，今では小文字を使う方が普通になっているものもある。「ハイフン」(P.215) も参照のこと。

○ I would love a T-bone steak.

○ Make a U-turn at the second stoplight.

○ e-mail

△ E-mail

手紙の起句・結句

手紙の起句および結句は大文字で始める。「カンマ」(P.208〜209) も参照のこと。

○ Dear Mark,

○ Dear Ms. Suzuki:

○ Dear Aunt Betty,

○ Sincerely,

○ Best regards,

○ Truly yours,

すべて大文字表記の語句を引用する場合

すべて大文字で表記されたものを忠実に引用するには，そのまま引用符で囲むのではなく，別の言葉で説明したあとに丸括弧に入れて引用するといい。

Chapter 1 文法編 ｜ Chapter 2 語法編 ｜ Chapter 3 句読法編 ｜ Chapter 4 アメリカ英語とイギリス英語 ｜ Chapter 5 ITを活用したライティング術

○ If this happens, push the emergency button (<u>HOT BUTTON</u>).

△ If this happens, push the "<u>HOT BUTTON</u>."

忠実な引用が必須でなければ，下の例のように省いてしまうのが一番いい。

○ If this happens, push the emergency button.

すべてを大文字表記にするのを避けるのは，以下のように**怒りを表現する手法**として用いられることがあるためだ。したがってフォーマルなライティングではもちろんのこと，E メールなどすべて大文字で書いたりしない方がいい。

△ I want you to do it <u>TODAY</u>.

△ I said <u>GET OUT</u>!

17 インデント | indent

インデントとは「字下げ」のことで、段落を新しく始める際に、始まりが分かりやすいようにするためのものである。

インデントを使う場合

ビジネス文書を除き、一般の文書では段落の書き出しを通例半角5字分字下げする。

> Most hankos are slightly thicker than a pencil and are about five centimeters long. The owner's name is carved into the end so that they can use it as a stamp. Japanese people usually use their *hanko* instead of signing by pen for their names.
>
> Some hankos are made from wood or plastic and don't cost very much, but some of them are very expensive. People usually have one special *hanko* that is registered with the city office. This hanko is used for official purposes only, and if someone steals it, they might be able to withdraw money from your bank account or sell your property.
>
> Most *hankos* that Japanese people carry are in kanji. But when foreigners live in Japan, they often make a *hanko* with their name written in katakana instead of kanji.

ブロックスタイルとは，インデントを用いずに段落を続けていく方法で，ビジネスレターやEメールでは一般的である。ブロックスタイルの場合，**段落の間を1行空け**ることによって切れ目を表す。

Dear Ms. Smith:

It has been quite a while since I met you at the London Book Fair. Since then, I heard that Mike Jones has unfortunately left the company.

When we meet at the June 10 conference, I hope we will have time to discuss this and other issues. I'll call your office as soon as I arrive in Rome.

Sincerely yours,

Makoto Suzuki

Makoto Suzuki

長い文章を引用する場合

概ね 3 行以上の文章を引用する場合にインデントを用いる。この場合，引用部の前
に 1 行スペースを設け，左右両側を半角 5 字分インデントする。

Hankos are widely used and play an important role in
Japanese society, as indicated in The Japan Magazine:

Some hankos are made from wood or plastic
and don't cost very much, but some of them
are very expensive. People usually have one
special hanko that is registered with the city
office. This hanko is used for official purposes
only, and if someone steals it, they might
be able to withdraw money from your bank
account or sell your property.

18 数の表記

ビジネスや学術文書では，数字の間違いが致命的なミスとなることが少なくない。そのため，数字の表現に関しては，基本からしっかりと覚えておくことがとても大切である。特に，「大きな数字」については，瞬時に理解できるように感覚を鍛えておくようにしたい。

スペルアウトするか否か

英文を書く場合，数字をスペルアウトするかどうかの判断で頭を悩まされることがよくある。P.218 でも触れたように，一般的な文書の場合，**10 未満，あるいは 11 未満の数字**はスペルアウトして示すことが多い。しかし，これはあくまでも一般原則にすぎないので，論文などを書く場合は，その学会のハウスルールを必ず守らなければならない。

少し堅めのビジネス文書においては，**99** まではスペルアウトすることが多い。3 桁からはアラビア数字を用いることになる。

また，P.237 〜 238 でも触れたように，法律文書などの正式な書類では，スペルアウトしたあとに丸括弧の中にアラビア数字を書く形になる。

なお，％や＄などの通貨記号，あるいは単位を伴う数字をスペルアウトする場合は，**記号も同様にスペルアウト**しなければならない。ただし，15 dollars（15 ドル）のように，「スペルアウトしない数字」と「スペルアウトする記号」の組み合わせは問題ない。

- ✗ nine% / nine km
- ○ nine percent / nine kilometers
- ○ 20 percent / 20 kilometers
- ○ 20% / 20 km

記号・単位のスペルアウトに関しては，一般的な文書ではスペルアウトするのが好ましいとされているが，ビジネス文書では見やすさや簡潔さを優先させて記号や簡略化した単位が使われることも多い。

また，数字を伴わなければ，スペルアウトは必須となる。

○ Do you accept money orders in U.S. <u>dollars</u>?
（US ドル建ての郵便為替は受け付けていますか）

英語の数字の基本

英語の数字に は，「基数」（cardinal numbers）と「序数」（ordinal numbers）が存在する。「序数」は first, second, third . . . のように「順序」を数えるときに用いられる表現形式であるが，ここでは基数の方を見ておこう。

英語の基数は，1（one）〜 20（twenty）までは個別に覚えておく必要がある。これらがすべての基本になるからだ。なお「ゼロ」は，**zero** あるいは **nought**（イギリス）である。そして，21 以上の数字には「規則性」が存在する。例えば，「31」であれば，thirty-one のように「ハイフン」を使ってつなげなければならない。（P.218 参照）

20	twenty	31	thirty-one
56	fifty-six	68	sixty-eight

3 桁以上の基数

3 桁，つまり「百の位」が入ってくると，例えば456 なら「400 ＋ 56」のように区切る。「＋」の部分は and と読むが，アメリカ英語ではほとんどの場合省略される。なお，hundred は複数の **hundreds** という形にはしてはならない。これは thousand「千」や million「百万」などの場合も同様である。

123 one hundred (and) twenty-three
252 two hundred (and) fifty-two 800 eight hundred

なお，one の代わりに不定詞を用いて a hundred (and) twenty-three のように言うこともできるが，こちらの方がカジュアルな言い方である。また，a を使った方が「大ざっぱな数字」という印象が強くなる。

4 桁以上の基数

英語の数字が「ややこしく」なってくるのは，4 桁以上の場合。慣れないと，結構混乱してしまうことが多い。とにかく「3 桁ごと」に区切るということが大切である。英文に数字を入れる場合，以下のように，3 桁ごとにカンマを入れて表記することが多い。なお，あまり大きい数字をスペルアウトする必要が生じることはないだろうが，「読む」(read aloud) ための訓練として，瞬間的にスペルアウトできるようになっておいた方がいいだろう。

1,534　one thousand, five hundred (and) thirty-four

3,658　three thousand, six hundred (and) fifty-eight

5 桁の場合も「1000」で区切るということは変わらない。12345 は「12 × 1000」で区切る。つまり twelve thousand, three hundred (and) forty-five である。

46,585　forty-six thousand, five hundred (and) eighty-five

90,572　ninety thousand, five hundred (and) seventy-two

さらに増やして，6 桁にしてみよう。123456 なら，「123 × 1000」で区切る。one hundred (and) twenty-three thousand, four hundred (and) fifty-six のようになる。

549,543 (54 万 9543)

five hundred (and) forty-nine thousand, five hundred (and) forty-three

999,999 (99万9999)

nine hundred (and) ninety-nine thousand, nine hundred (and) ninety-nine

＊zero point nine, nine million . . . と言うこともできる。

「百万」よりも大きい数字

7桁を超えると，今度は **million** を使うことになる。「1000000」（百万）で区切り，次に「1000」（千）で区切るのだ。

1,234,567 (123万4567)

one million, two hundred (and) thirty-four thousand, five hundred (and) sixty-seven

＊one point two-three million . . . と言うこともできる。

12,345,678 (1234万5678)

twelve million, three hundred (and) forty-five thousand, six hundred (and) seventy-eight

＊twelve point three-four million . . . と言うこともできる。

なお，日本語の「億」に相当する単語が英語には**存在しない**ということに気を付けたい。英語で「億」を言う場合は，"hundred million" と言わなければならない。

123,456,789 (1億2345万6789)

one hundred (and) twenty-three million, four hundred (and) fifty-six thousand, seven hundred (and) eighty-nine

million の次の区切りの単位は **billion** である。「百万の 1000 倍」なので「十億」である。

1,234,567,891 (12 億 3456 万 7891)

one billion, two hundred (and) thirty-four million, five hundred (and) sixty-seven thousand, eight hundred (and) ninety-one

＊one point two billion . . . と言うこともできる。

12,345,678,912 (123 億 4567 万 8912)

twelve billion, three hundred (and) forty-five million, six hundred (and) seventy-eight thousand, nine hundred (and) twelve

＊twelve point three billion . . . と言うこともできる。

123,456,789,123 (1234 億 5678 万 9123)

one hundred (and) twenty-three billion, four hundred (and) fifty-six million, seven hundred (and) eighty-nine thousand, one hundred (and) twenty-three

次の切れ目は「10 億の 1000 倍」であるから「1 兆」。trillion である。

1,234,567,891,234 (1 兆 2345 億 6789 万 1234)

one trillion, two hundred (and) thirty-four billion, five hundred (and) sixty-seven million, eight hundred (and) ninety-one thousand, two hundred (and) thirty-four

12,345,678,912,345 (12 兆 3456 億 7891 万 2345)

twelve trillion, three hundred (and) forty-five billion, six hundred (and) seventy-eight million, nine hundred (and) twelve thousand, three hundred (and) forty-five

123,456,789,123,456 (123 兆 4567 億 8912 万 3456)

one hundred (and) twenty-three trillion, four hundred (and) fifty-six billion, seven hundred (and) eighty-nine million, one hundred (and) twenty-three thousand, four hundred (and) fifty-six

目のくらむような巨大な数字になってきたが，次の切れ目は「1 兆の 1000 倍」で **quadrillion**「**1000 兆**」。

1,234,567,891,234,567 (1234 兆 5678 億 9123 万 4567)

one quadrillion, two hundred (and) thirty-four trillion, five hundred (and) sixty-seven billion, eight hundred (and) ninety-one million, two hundred (and) thirty-four thousand, five hundred (and) sixty-seven

さらに上に, quintillion があるが, これは「1000 兆の 1000 倍」, つまり「**100 京**」。その上は sextillion で, こちらは「10 の 21 乗」である。ちなみに, 「数えきれないぐらい多い数字」は, zillion と呼ぶ。

19 英語では使用されない記号

日本語で使われている記号はたくさんあるが，その中には英語で使用することのできないものが多くあるので注意が必要である。なお，英語の文章を書く場合，■ / ● / △ / ・なども含めた日本語のフォント（いわゆる全角文字）は，文字化けする（get garbled）することもあるため使ってはならない。

～

日本語で「A から B」を「A ～ B」と表記することがよくあるが，この〈～〉という記号は英語では使用できない。ハイフン，あるいは前置詞の to を用いて，以下のようにする（「ハイフン」P.219 ～ 220 参照）。

- ✗ The campaign will go from November 28 ～ December 10.
- ○ The campaign will go from November 28-December 10.
- ★ The campaign will go from November 28 to December 10.

※

日本語では，全角の米印〈※〉やアスタリスク〈＊〉を箇条書きの際に使うことがあるが，英語ではハイフンを使う。

- ✗ Four topics will be discussed at the meeting:
    - ※ Budget changes
    - ※ Product designs
    - ※ Production figures
    - ※ Sales forecast

- Four topics will be discussed at the meeting:
  - Budget changes
  - Product designs
  - Production figures
  - Sales forecast

○と×

このような全角文字を英文ライティングの際に用いてはならない。特に「×」は，英語で「はい」を意味するチェックマークと混同され，まったく逆の意味に取られる可能性があるので絶対に用いてはならない。英語では，チェックマークとして "X" を以下のように使う。

- Please mark X next to your name if you can come to the meeting.
- Put an X-mark next to the items you are interested in.

"<"と">"

日本語ではこの記号を括弧として使用することがあるが，本来この記号は以下のように使われる**数学記号**である。

- The formula that you need to use is $a_1x_1 + a_2x_2 < b$.

ただしイタリックや下線を表示できないEメールにおいてのみ，この記号（または引用符）が使われることがある。

- The main purpose of this e-mail is to tell you about the report titled <Increasing Production Speed>. 〈Eメールのみ〉

{ }

このスタイルの括弧 (curly brackets) は，以下のように使用する**数学記号**なので，文章を書く際に使わない方がいい。

○ { − i (L 3 [L 4 , L 5] + T) } = 0

〔 〕, 《 》, 【 】, 「 」, 『 』

亀甲括弧や鍵括弧など，上記のような**日本語に特有な括弧を英語で流用してはい**けない。

〒

この記号は英語では使われていない。郵便番号を示す場合，以下のように単に番号のみを書くこと。

× My zip code is 〒 115-1212.
○ My zip code is 115-1212.

→, ←, ↑, ↓

矢印を文中で用いるということは，英語ではほとんどない。ハイフンと "<" や ">" を組み合わせて，"<--" または "-->" にすることもあるが，正式な方法ではなく，あくまで補助手段にすぎない。

Chapter 4

アメリカ英語と
イギリス英語

アメリカ英語とイギリス英語には文法，つづり，そして語いに関してそれぞれ違いがある。日本人の書く英語は，アメリカ英語とイギリス英語がかなり混在しているというのが実情である。アメリカ英語とイギリス英語の違いを認識し，どちらかに統一するようにしたい。

01 文法の違い

特に書き言葉においてはそれほど大きな文法上の差異はないものの，注意を要する点がいくつかある。以下にあげる例も，「アメリカ英語」「イギリス英語」という厳密な区別ではなく，ほとんどは「よりアメリカ英語らしい」「よりイギリス英語らしい」という指針にすぎない。

have の用法

have「持っている」を使った疑問文・否定文には以下の3つの形がある。a は英米共通であるが，b と c はイギリス英語特有の言い方である。b は特に形式ばった言い方で，c はややくだけた言い方である。

- a. Do you have a car?—Yes, I do. / No, I don't.
  I don't have a car.
- b. Have you a car?—Yes, I have. / No, I haven't.
  I haven't a car.
- c. Have you got a car?—Yes, I have. / No, I haven't.
  I haven't got a car.

got / gotten

動詞 get の過去分詞形の用法に違いがある。イギリス英語では常に got のみが使用されている。アメリカ英語では，下の例のように have become「…になる」という意味のときには gotten が使われている。

- It's <u>gotten</u> so cold all of a sudden.
- It's <u>got</u> so cold all of a sudden.
  （急にとても寒くなった）

🇺🇸 I didn't realize you've <u>gotten</u> so busy.

🇬🇧 I didn't realize you've <u>got</u> so busy.
（君がそれほど忙しくなっていたとは知らなかったよ）

just / already / yet と時制

アメリカ英語では just / already / yet などの副詞を用いて「完了」の意味を表す際に，現在完了形の代用として過去形を使うことができる。イギリス英語ではこれらの語を過去形とともに用いることはできない。必ず現在完了形とともに使う。

🇺🇸 Did you buy it <u>already</u>?

🇬🇧 Have you bought it <u>already</u>?
（それをもう買いましたか）

🇺🇸 He <u>just</u> went out.

🇬🇧 He has <u>just</u> gone out.
（彼は今出ていったところだ）

前置詞の違い

アメリカ英語は前置詞を「乱用」するのに対し，イギリス英語は「節約」するという一般的傾向があると昔から言われてきたが，一概にそうとも言えない。アメリカ英語で省いている前置詞を，イギリス英語では用いている例もある。どちらかが前置詞を省く傾向があるということではなく，場合によって両者の前置詞の使い方に違いがあるようだ。以下に，前置詞に違いの見られる主な表現をあげておく。

🇺🇸 Bush <u>met with</u> the queen.

🇬🇧 Bush <u>met</u> the queen.
（ブッシュは女王に謁見した）

🇺🇸 Is Mary home?

🇬🇧 Is Mary at home?
（メアリーは家にいますか）

	🇺🇸	🇬🇧
給仕する	wait on tables	wait at tables
週末に	on the weekend	at the weekend
通りに	on the street	in the street
Aが…するのをやめさせる	stop A from doing	stop A doing
…と違って	different from [than]	different to
…に抗議する	protest	protest (against)
…に手紙を書く	write	write to

副詞の違い

アメリカ英語（特に南部方言）では副詞の接尾辞 **"-ly"** を取り除き，形容詞と同じ形にして用いる傾向がある。フォーマルな文章では，このようなアメリカ式の用法は適切ではない。

🇺🇸 Hold your purse tight in the crowd. There may be pickpockets.

🇬🇧 Hold your purse tightly in the crowd. There may be pickpockets.
（人込みの中ではバックをしっかり持っていなさい。スリがいるかもしれないから）

🇺🇸 I'm real glad you told me that.

🇬🇧 I'm really glad you told me that.
（それを教えてくれて本当にうれしいよ）

定冠詞の扱い

アメリカ英語では定冠詞を付ける表現でも，**イギリス英語では定冠詞を省く場合が**ある。

	🇺🇸	🇬🇧
入院中で	in the hospital	in hospital
将来	in the future	in future
はじめは	the first time	first time
食事中で	at the table	at table

集合名詞の扱い

アメリカ英語では family「家族」/ government「政府」/ company「会社」/ team「チーム」などの集合名詞を単数扱いするのに対し，**イギリス英語では複数扱いする傾向がある。**

🇺🇸 His family lives in Japan.

🇬🇧 His family live in Japan.
（彼の家族は日本に住んでいる）

🇺🇸 The government is planning to promote job training.

🇬🇧 The government are planning to promote job training.
（政府は職業訓練を推進しようとしている）

shall / should の使い方の違い

❶ shall

アメリカ英語では shall はあまり使われない。Shall I . . . ? の代わりに Do you want me to . . . ? や Should I . . . ? を使い，Shall we . . . ? の代わりに Let's . . . . や Should we . . . ? を使う。

🇺🇸 <u>Do you want me to</u> open the window?

🇬🇧 <u>Shall I</u> open the window?

（窓を開けましょうか）

🇺🇸 <u>Let's</u> get something to drink.

🇬🇧 <u>Shall we</u> get something to drink?

（何か飲みませんか）

❷ should

suggest / request / order などの要求や提案，主張などの意味の動詞の目的語
となる節において，イギリス英語では should を用いるが，アメリカ英語では
should を省き，原形が用いられるという違いがある。

🇺🇸 I suggest that we <u>wait</u> here.

🇬🇧 I suggest that we <u>should wait</u> here.

（ここで待とうよ）

🇺🇸 He demanded that a meeting <u>be held</u> urgently.

🇬🇧 He demanded that a meeting <u>should be held</u> urgently.

（彼は緊急に会議を行うことを要求した）

動詞の活用変化の違い

ここでは，アメリカ英語とイギリス英語の動詞の活用変化の違いを紹介する。ただし，これも絶対的なものではなく，それぞれの一般的な傾向といった程度の違いである。

❶ -ed / -t

過去形および過去分詞形の "-ed" が，イギリス英語で "-t" とつづられる動詞がある。このような違いは，ごく一部の動詞に限られる現象である。

	原形	過去形	過去分詞形
🇺🇸	burn	burned	burned
🇬🇧	burn	burnt	burnt
🇺🇸	dream	dreamed	dreamed
🇬🇧	dream	dreamt	dreamt
🇺🇸	leap	leaped	leaped
🇬🇧	leap	leapt	leapt
🇺🇸	learn	learned	learned
🇬🇧	learn	learnt	learnt
🇺🇸	spell	spelled	spelled
🇬🇧	spell	spelt	spelt
🇺🇸	spoil	spoiled	spoiled
🇬🇧	spoil	spoilt	spoilt

❷ 不規則変化 / 規則変化

アメリカ英語では不規則変化する動詞が，イギリス英語では規則変化する場合がある。

	原形	過去形	過去分詞形
🇺🇸	fit	fit	fit
🇬🇧	fit	fitted	fitted
🇺🇸	forecast	forecast	forecast
🇬🇧	forecast	forecasted	forecasted
🇺🇸	wed	wed	wed
🇬🇧	wed	wedded	wedded
🇺🇸	strive	strove	striven
🇬🇧	strive	strived	strived

03 つづりの違い

アメリカ英語とイギリス英語の違いの中で，最も目につくのがつづりの違いである。アメリカ式のつづりは単語の発音をそのまま表しているのに対し，イギリス式のつづりは語形成や歴史的起源に忠実なものが多く，つづり通りに発音できないこともある。どちらのつづり方を使用しても間違いにはならないが，大事なことは文章の中でどちらを使うか統一するということだ。

アメリカ英語とイギリス英語のつづりの違いに関する法則をまとめておくことにしよう。左がアメリカ英語，右がイギリス英語のつづりである。

❶ -or / -our

アメリカ英語の "**-or**" はイギリス英語では "**-our**" とつづられる。

color	colour
humor	humour
neighbor	neighbour

❷ -og / -ogue

イギリス英語では語末に "**-ue**" という黙字が付く。

analog	analogue
catalog	catalogue

❸ -ck [-k] / -que

イギリス英語では語末の [k] の音が "**-que**" とつづられることがある。

bank	banque
check	cheque

❹ -ense / -ence

これは名詞として使われる場合で、名詞と同じ形が動詞として使われる場合は，イギリス英語でも "-ense" となる。同様の例として，アメリカ英語では名詞も動詞も practice だが，イギリス英語では名詞が practice，動詞は practise とつづる違いがある。

🇺🇸 defense	🇬🇧 defence
license	licence

❺ -ze /-se

イギリス英語には "-ze / -se" の両方のつづり方があるのに対し，アメリカ英語は "-ze" のみ。

🇺🇸 analyze	🇬🇧 analyse
apologize	apologise
generalize	generalise
organize	organise
specialize	specialise

❻ -er / -re

"-re" はフランス語と同じ方式のつづりなので，アメリカでも洒落た感じを出すために theatre などとつづることがある。

🇺🇸 caliber	🇬🇧 calibre
center	centre
liter	litre
saber	sabre

❼ -e / -ae, e / oe

アメリカ英語の方が簡単なつづり方になる。

🇺🇸 anemia	🇬🇧 anaemia
anesthesia	anaesthesia
encyclopedia	encyclopaedia
medieval	mediaeval
estrogen	oestrogen

❽ -l- / -ll-

"-l" で終わる単語から派生語を作る場合，アメリカ英語では "-l-" になり，イギリス英語では "-ll-" となる。

🇺🇸 traveler	🇬🇧 traveller
traveling	travelling
counseling	counselling
equaling	equalling
marvelous	marvellous
modeling	modelling
quarreling	quarrelling

ただし "l" を含む音節にストレスが置かれる場合は，excelling や propelling のように英米ともに "-ll-" になる。-ing 形ではない excellent や propeller などの語も同様である。

❾ -ll- / -l-

前の例とは逆に，**語末が "l" で終わる単語**には，イギリス英語では "-l"，アメリカ英語では "-ll" になるものがある。

🇺🇸 enroll	🇬🇧 enrol
enthrall	enthral
fulfill	fulfil
instill	instil

以上の法則に当てはまらない違いも含めた，次のアメリカ英語とイギリス英語のつづり字対照表も参照のこと。

🇺🇸	意味	🇬🇧
aesthetic / esthetic	美的な	aesthetic
airplane	飛行機	aeroplane
aluminum	アルミニウム	aluminium
analyze	分析する	analyse
analog	アナログ	analogue
anemic / anaemic	貧血	anaemic
anesthesia	麻酔	anaesthesia
apologize	謝罪する	apologise
arbor	木陰，日よけの場所	arbour
archaeology / archeology	考古学	archaeology
argument	議論	arguement
armor	鎧，（戦車などの）装甲	armour
baptize	洗礼を施す	baptise / baptize
behavior	ふるまい，動作	behaviour
caliber	直径，能力	calibre
candor	率直さ，公平	candour
capsize	転覆させる [する]	capsise / capsize
catalog	カタログ	catalogue
center	中央，中心	centre
check	小切手	cheque
checker	格子縞	chequer
civilize	文明化する，礼儀正しくさせる	civilise / civilize
color	色	colour
connection	接続，関係	connexion
criticize	批評する，非難する	criticise
curb	（歩道の）縁石，へり	kerb
defense	防御	defence / defense

🇺🇸	意味	🇬🇧
demeanor	態度, 品行	demeanour
dialog	対話, 会談	dialogue
diarrhea	下痢	diarrhoea
disk / disc	円盤状のもの	disc
draft	線画, 草稿	draught
encyclopedia / encyclopaedia	百科辞典	encyclopaedia / encyclopedia
enroll	登録する	enrol
eon	非常に長い期間, 永劫	aeon
esophagus	食道	oesophagus
estrogen	エストロゲン	oestrogen
favor	好意	favour
favorite	お気に入りの	favourite
flavor	風味, 味	flavour
font	フォント, 書体	fount
fulfill	遂行する, (目的などを) 満たす	fulfil
gage	標準寸法, ゲージ	gauge
generalize	一般化する	generalise
glamor	魅力, 魅了する	glamour
goiter	甲状腺腫	goitre
gray	灰色 (の)	grey
gynecology	婦人科医学	gynaecology
gypsy	ジプシー	gipsy
harbor	港	harbour
hauler	運搬人	haulier
hemoglobin / haemoglobin	ヘモグロビン	haemoglobin
hemorrhage	大出血, 流出	haemorrhage / hemorrhage
honor	名誉	honour
humor	ユーモア	humour

🇺🇸	意味	🇬🇧
inflection	屈折	inflexion
inquire	尋ねる，調査する	enquire
jewelry	宝石	jewellery
judgment	裁判，審判，判断	judgement
labor	労働	labour
license	許可，許可証	licence
liter	リットル（単位）	litre
maneuver	巧妙な手段，策略	manoeuvre
medieval	中世の，中世風の	mediaeval
memorize	暗記する，記憶する	memorise
meter	メーター（単位）	metre
miter	司教	mitre
mold	鋳型，沃土，かび	mould
mustache	口ひげ	moustache
neighbor	近所，隣人	neighbour
odor	におい，香り	odour
offense	攻撃	offence / offense
omelet	オムレツ	omelette
organize	組織する，計画する	organise / organize
pajamas	パジャマ	pyjamas
pediatrician	小児科医	paediatrician
plow	鋤	plough
practice	実行する，練習する	practise
pretense	見せかけ，見栄	pretence
program	プログラム，計画	programme
rancor	怨恨	rancour
realize	悟る，実現する	realise / realize
reflection	反射，影響，熟慮	reflexion
rigor	厳格，厳密さ	rigour
routing	route「経路を定める」の -ing 形	routeing
saber	サーベル，サーベルで切る	sabre

🇺🇸	意味	🇬🇧
savior	救済者	saviour
skillful	熟練した	skilful
specialize	専門にする	specialise
specialty	専門，名物	speciality
specter	幽霊，恐ろしいもの	spectre
splendor	豪華さ，輝き	splendour
sulfur	硫黄	sulphur
sympathize	同情する	sympathise / sympathize
tabor / tabour	小太鼓，小太鼓を打つ	tabour
theater	劇場	theatre
tire	タイヤ	tyre
vapor	蒸気，気体	vapour
vise	万力，万力で締める	vice
visualize	心に描く，視覚化する	visualise / visualize

Chapter 1 文法編 ｜ Chapter 2 語法編 ｜ Chapter 3 句読法編 ｜ Chapter 4 アメリカ英語とイギリス英語 ｜ Chapter 5 ITを活用したライティング術

アメリカ英語の語彙とイギリス英語の語彙には様々な違いが見られる。アメリカ英語をイギリス人に対して使うと，失笑を誘ってしまうような例もある。有名な例として "I'm Randy." というのがある。アメリカ人が「私はランディーです」と自己紹介のつもりでイギリス人にこう言うと，そのイギリス人は笑いだすかもしれない。イギリス英語の randy は「みだらな」という意味である。もちろん逆のパターンもあるだろう（rubber「（米）コンドーム／（英）消しゴム」など）。ほとんどの場合，アメリカ英語とイギリス英語を混同しても文脈から分かってもらえるのでそれほど問題はないだろうが，以下のリストで確認しておこう。

🇺🇸	意味	🇬🇧
aisle	（劇場などの座席間の）通路	gangway
antenna	（テレビの）アンテナ	aerial
apartment	アパート	flat
automated teller machine (ATM)	（銀行の）ATM	cashpoint
baby carriage / buggy / stroller	乳母車	pram / push-chair
babysitter	ベビーシッター	childminder
backpack	リュックサック	rucksack
baked potato *皮をむかずに調理したじゃがいものこと。	ベイクドポテト	jacket potato
ball-point pen *Biro は商標。	ボールペン	Biro
Band-Aid *Band-Aid, Elastoplast は商標。	ばんそうこう	Elastoplast / plaster
bathroom	トイレ	toilet
be delayed	遅れている	be held up
be laid off	（一時）解雇される	be made redundant
bill	紙幣	note

🇺🇸	意味	🇬🇧
built-in	はめ込み式の，作り付けの	in-built
bulletin board	掲示板	noticeboard
bumper to bumper	車が数珠繋ぎで	nose to tail

＊渋滞して車が密集している状態を表した言い方。

🇺🇸	意味	🇬🇧
busy	（電話が）話し中の	engaged
cafeteria	（学校などの）食堂	canteen

＊イギリス英語の canteen には「（携帯用の）食器セット（箱）」の意もある。

🇺🇸	意味	🇬🇧
can	缶	tin
candy	甘いお菓子	sweets
cart	（ショッピングなどで使う）カート	trolley
cell phone / cellular phone	携帯電話	mobile (phone)
ChapStick / lip balm	リップクリーム	lipsalve

＊ChapStick は商標。

🇺🇸	意味	🇬🇧
cigarette	紙巻きたばこ	fag（口語）

＊fag はアメリカ英語のスラングでは「同性愛者」の意味で，侮辱的に使われるので注意。

🇺🇸	意味	🇬🇧
cinch	たやすいこと	piece of cake
clipping	（新聞などの）切り抜き	cutting
closet	洋服だんす，衣装部屋	wardrobe
clothespin	洗濯ばさみ	(clothes) peg
clumsy	不器用な	cackhanded（口語）
collect call	コレクトコール	reverse charge call
come by	ひょっこり現れる	pop round
commercial	広告放送，コマーシャル	advertisement
cornstarch	コーンスターチ	cornflour
cookie	クッキー	biscuit

＊アメリカ英語の biscuit は「スコーン」に近いものを指す。

🇺🇸	意味	🇬🇧
cop（口語）/ officer	警官	copper（スラング）
cord	（電気の）コード	lead [flex]
corn	トウモロコシ	maize
cotton candy	綿菓子	candy floss

＊転じて「魅力はあるが中身が伴わないもの」という意味もある。

🇺🇸	意味	🇬🇧
counterclockwise	反時計回り	anticlockwise

＊アメリカ人にとって anticlockwise は「時計に反対している」という意味に思えてしまうらしい。

crib	ベビーベッド	cot
crosswalk	横断歩道	pedestrian crossing
cupcake	カップケーキ	fairy cake
custom-made / tailored	注文の, カスタムメイドの	bespoke
daylight saving(s) time	夏時間	summer time
deck of cards	トランプ1組	pack of cards
dessert	デザート	pudding
detour	迂回路	diversion
diaper	おむつ	nappy
dirt road	舗装していない道路	dirt track
downtown	市街地	town centre
drug store	薬局	pharmacy / chemists（略式）
drunk	酔っぱらった	pissed

＊pissed はアメリカ英語では「(かんかんに) 怒った」の意味。

dull	鈍い	blunt

＊blunt は会話の切れの悪さについても用いられる。反意語は sharp。

duplex (house)	2軒1棟建ての住宅	semi-detached house
editorial	社説	leader
eggplant	ナス	aubergine
elevator	エレベータ	lift
engineer	(鉄道の) 機関士	engine driver
entrée	メインの料理	main course

＊イギリス英語の entrée は「オードブル」のこと。アメリカで「オードブル」は horsd'oeuvre と言う。

eraser	消しゴム	rubber
excise laws	(酒類販売の) 事業許可法	licensing laws
expensive	値段が高い	dear（略式）
eyeglasses	メガネ	spectacles / specs

＊glasses という言い方は英米共通。

🇺🇸	意味	🇬🇧
fall	秋	autumn
faucet	蛇口	tap
fava bean	ソラマメ	broad bean
fender	（自動車の）フェンダー	wing
field	（特にサッカーの）グラウンド	pitch
fire department	消防署	fire brigade
first floor	（建物の）1階	ground floor

＊イギリスでは「1階」を「0階」とカウントするのでひとつずつずれている。

flashlight	懐中電灯	torch
flatware / silverware	皿類，銀器	cutlery
flight attendant	スチュワーデス	air hostess

＊ただし PC 的には flightattendant が好まれる。

floor lamp	フロアランプ	standard lamp

＊家庭用の高いスタンド式照明器具のこと。

football	アメリカンフットボール	American football
freeway / expressway	高速道路	motorway
french fries	フライドポテト	chips
friction tape	絶縁テープ	insulating tape
friend	友達	mate
funeral director	葬儀屋	undertaker
garbage can	ゴミ箱	dustbin
garter belt	ガーターベルト	suspender (belt)
gas	ガソリン	petrol
gear shift	（自動車の）シフトレバー	gear lever
generator	発電機	dynamo
give . . . a call	…に電話をする	give . . . a ring
gizzards	臓物，あら	offal
golden raisin	干しぶどう	sultana
Good job!	よくやった！	Nice one!
goose bumps	鳥肌	goose pimples
graham crackers	全粒粉ビスケット	digestive biscuits

🇺🇸	意味	🇬🇧
grandfather clock	背が高い大型の振り子式箱時計	long-case clock
granola	ナッツなどの入った朝食用シリアル	muesli
ground	(電気の) アース	earth
gutter	排水溝, 側溝	gully
hamburger bun	ハンバーガー用のパン	bap
hardware store	金物屋	ironmonger
headlight	(自動車の) ヘッドライト	headlamp
heavy cream	乳脂肪分の高いクリーム	double cream
hood	(自動車の) ボンネット	bonnet
horny	みだらな	randy
hungry	おなかの空いた	peckish (口語)
industrial park	工業団地	industrial estate
installment plan	分割支払い	hire purchase
intermission	幕間	interval
＊イギリス人には intermission は古くさい感じがする。		
intersection	交差点	cross roads / junction
jack	電気製品のプラグ	socket
janitor	用務員	caretaker
Jell-O / jello	(果物などの) ゼリー	jelly
＊Jell-O は商標。		
jelly roll	ロールケーキ	Swiss roll
jump rope	縄跳びの縄	skipping rope
junior high school, high school	中学校・高等学校	secondary school
＊英米の教育システムの違いによる。		
kerosene	灯油	paraffin (oil)
kindergarten	幼稚園	nursery
Kleenex	ティッシュペーパー	tissues
＊Kleenex は商標。		
ladybug	テントウムシ	ladybird
last name	名字	surname

🇺🇸	意味	🇬🇧
laundry	洗濯物	washing
leash	（犬をつなぐ）革ひも	lead
legal age	成年	full age
legal holiday	法定休日	bank holiday
license plate	（自動車の）ナンバープレート	number plate
line	（順番待ちの）列	queue
liquor	蒸留酒	spirits

＊whisky / brandy / gin / vodka など。

liquor store	酒屋	off-licence

＊酒類販売免許を取得している店のこと。

locker room	更衣室，ロッカールーム	changing room
lost and found	遺失物取扱所	lost property office
lumber	材木，立木	timber

＊アメリカでは切り倒す前の木を timber，切り倒して加工された木材を lumber と区別する。

mail	（手紙を）投函する	post
mailbox	郵便受け	letter box
main street	町の目抜き通り	high street
(shopping) mall	ショッピングセンター	shopping centre
make a reservation	予約する	make a booking
master of ceremonies	ショー番組の司会者	compere
meat grinder	肉挽き機	mincer
military time 24	時間式時刻表示	24 hour clock
momentarily	ただちに	immediately

＊イギリス英語で momentarily は「少しの間」「しばらく」という意味になる。

movie	映画	film
movie theater	映画館	cinema

＊cinema は英米両方で「映画」の意味もある。

muffler	（自動車の）マフラー	silencer
mutual fund	投資信託会社	unit trust
napkin	ナプキン	serviette
narrow-minded	狭量な	blinkered

＊blinker とは競争馬の目のまわりに付けて，視野を狭めるもののこと。

🇺🇸	意味	🇬🇧
nightstick	警棒	truncheon
not to my liking	好みに合わない	not my cup of tea
notebook	メモ帳	jotter
oatmeal	オートミール	porridge
oh	ゼロ	nil

＊スポーツの点数の「0」の読み方。

🇺🇸	意味	🇬🇧
one-way ticket	片道切符	single ticket
on-ramp / off-ramp	高速道路のランプ（出入り口）	sliproad
operating room	手術室	operating theatre
orchestra (seat)	劇場の最前列の一等席	stalls
outlet	（電気プラグの）差し込み口	socket
overalls	オーバーオール（ズボン）	dungarees
overhead (expense)	間接費	on-cost
overpass	立体交差	flyover
pacifier	（赤ん坊の）おしゃぶり	dummy
paper towel	紙タオル	kitchen paper
parka	フード付きの防寒服，パーカー	anorak
parking lot	駐車場	car park
peanuts	落花生	monkey nuts
peek-a-boo	いないいないバー	peep-bo
pen pal	ペンフレンド	pen-friend
period	ピリオド	full stop
pharmacist	薬剤師	chemist
pickles	キュウリのピクルス	pickled cucumbers

＊イギリス英語の pickle はキュウリ以外のピクルスについても用いられる。

🇺🇸	意味	🇬🇧
pitcher	水差し	jug
plastic wrap	食品包装用のラップ	clingfilm
Popsicle	アイスキャンディー	ice lolly

＊Popsicle は商標。

🇺🇸	意味	🇬🇧
postage meter	別納郵便料金メーター	franking machine
pot holders / oven mitt	鍋つかみ	oven gloves

🇺🇸	意味	🇬🇧
potato chips	ポテトチップス	crisps
pound sign	シャープマーク (#)	hash sign [mark]
prenatal	出生前の，妊娠中の	antenatal
proctor	試験監督	invigilator
professor	大学の教員	lecturer

＊アメリカでは教授以外の教員も professor と呼ぶことがある。

public library	公共図書館	lending library
public school	公立学校	state school

＊イギリス英語の public school は一般に，エリートを養成する全寮制の「私立学校」を指す。

pulloff	道路の一時駐車所	lay-by
purse	(女性用) ハンドバッグ	handbag
railroad	鉄道	railway
raincoat	雨がっぱ	mackintosh / mac
rent	(物を短期間料金を支払って) 借りる	hire
repair	修理する	mend
retirement fund	退職手当	superannuation
(American) Revolutionary War	アメリカ独立戦争	American War of Independence

＊Revolutionary War「革命戦争」はアメリカの視点に立った言い方。

robe	部屋用ガウン	dressing gown
rotary	ロータリー (環状交差路)	roundabout
round-trip ticket	往復切符	return ticket
row house	長屋建て住宅	terrace house
rubber band	輪ゴム	elastic band
rubber boots	ゴム長靴	Wellington boots
run for office	選挙に立候補する	stand for election
running shoes / sneakers	スニーカー	trainers
sack lunch	軽めのお弁当	packed lunch
sales tax	売上税	VAT (value-added tax)
salesclerk	商店の店員	shop assistant

🇺🇸	意味	🇬🇧
sandbox	（公園の）砂場	sandpit
savings and loan association	（米）貯蓄貸付組合 / （英）住宅金融組合	building society
＊日本の住宅金融支援機構（Japan Housing Finance Agency）に相当。		
scallion	長ネギ	spring onion
schedule	時刻表，時間割	timetable
scholarship	奨学金	bursary
S-curve	S字カーブ	S-bend
security deposit	（借家人が払う）保証金，礼金	key money
sedan	（自動車の）セダン	saloon
Seeing Eye dog	盲導犬	guide dog
senior	年金受給者	pensioner
shade	（窓の）ブラインド	blind
shampoo	シャンプー	hair wash
sherbet	シャーベット	sorbet
shrimp	小海老	prawn
sidewalk	歩道	pavement / footpath
slipcover	（椅子などの）覆い布	loose cover
smoked herring	薫製ニシン	kipper
snap	スナップボタン（留め金）	press-stud
snow peas	サヤエンドウ	mangetouts
squash	カボチャ類，ウリ	vegetable marrow
＊squash は pumpkin / zucchini / cucumber などの総称。		
station wagon	ステーションワゴン（自動車）	estate car
stingy	けちな	mean
store	店	shop
stove	（料理用）こんろ	cooker / oven
straight	（飲み物が）水で割らない，ストレートの	neat
streetcar	路面電車	tram
stub	（小切手などの）控え，半券	counterfoil

🇺🇸	意味	🇬🇧
studio apartment	ワンルームのアパート	studio flat / bed-sitter

＊日本の「マンション・アパート」は，アメリカ英語では apartment，イギリス英語では flat。

| Styrofoam | 発泡スチロール | polystyrene |

＊Styrofoam は商標。

| subway | 地下鉄 | underground |

＊イギリス英語の subway は「横断地下通路」のこと。

sweater	セーター	jumper
switchblade knife	飛び出し式ナイフ	flick knife
switchyard	（鉄道の）操車場	marshalling yard
takeout	持ち帰り（の）	takeaway
talk show	（テレビの）トークショー	chat show
telephone	電話	the blower（口語）
telephone booth	電話ボックス	call box
telephone pole	（電話線の）電柱	telegraph pole
Thank you.	ありがとう	Cheers.

＊Cheers はカジュアルな手紙文の結びの文句として，また，会話では「乾杯！」「さようなら」といろいろな意味で使われる。

| thumbtack | 画びょう | drawing pin |
| tic-tac-toe | 3目並べ | noughts and crosses |

＊漢字の「井」に似た格子の形にマス目を引いて，交互に○と×を入れていく遊び。

tie	引き分け	draw
tie	（線路の）枕木	sleeper
toll free dial	通話料無料電話	Freephone / Freefone
toothpick	つまようじ	cocktail stick
traffic jam	渋滞	tailback
trailer	移動住宅	caravan
train station	電車の駅	railway station
transmission tower	送電塔	electricity pylon
trash / garbage	ゴミ	rubbish
pants	ズボン	trousers
truck	トラック	lorry
trunk	（自動車の）トランク	boot

🇺🇸	意味	🇬🇧
tube	真空管, 電子管	valve

＊tube はアメリカ英語のスラングで「テレビ」を指すこともある。

turn signals	（自動車の）ウインカー	indicators
turtle neck	タートルネック（のセーター）	polo neck
tuxedo	フォーマルな上着	dinner jacket

＊イギリス英語の tuxedo は「略礼服一式」の意味。アメリカ英語では上着のみを指す。

two weeks	2週間	fortnight

＊fortnight は fourteen nights を縮めたもの。

umbrella	かさ	brolly（口語）
vacationer	休暇中の人	holidaymaker
vacuum cleaner	掃除機	hoover
valance	カーテンレールを隠す掛け布	pelmet
vest	ベスト	waistcoat

＊イギリス英語で vest は「下着シャツ」という意味になる。

voucher	請求伝票, 領収書	chit
wake up	（人を）起こす	knock up

＊イギリス英語の knock up は「ドアをノックして（寝ている人を）起こす」という意味。アメリカ英語の
　スラングで knock up には「妊娠させる」という意味がある。

washcloth	浴用・洗顔タオル	facecloth / flannel
water heater	家庭用温水器	immersion heater / geyser
welfare	福祉援助（金）	benefit
What's your major?	大学では何を専攻していますか	What do you read at university?
windshield	（自動車の）フロントガラス	windscreen
wire	電報	telegram
wrench	スパナ	spanner
yard	庭	garden

＊イギリス英語の yard は, 民家に付属した舗装された場所のことを指す。

zip code	郵便番号	postcode
zipper	ファスナー, チャック	zip
zucchini	ズッキーニ	courgette

Chapter 5

ITを活用した
ライティング術

かつては，ビジネスドキュメントは「タイプライター」
などを使うのが主流であったが，今ではパソコンを
使って書くことが当たり前になっている。パソコンや
インターネットなどのITを活用したライティング術に
ついて，ここでは簡単に取り上げてみたい。

01 英語ライティングにパソコンを活用する

現行の TOEFL® テスト (iBT) のライティングでは，パソコンのタイピングによる入力形式になっている。このように，現代では「ライティング」イコール「タイピング」であると言ってもいいだろう。

タイピング速度

英語でタイピングの速度を考える場合，「**1分間あたりの単語数**」という意味の WPM (Words Per Minute) が基本の「単位」となる。一流のタイピストとなれば，100 WPM (つまり，1分間に 100 単語) 以上のスピードで入力できる人も珍しくないという。

非ネイティブの場合，ネイティブでは「かなり遅めのタイピスト」と言われる **20 WPM** を目指してみよう。これは要するに，「3秒で1単語」打つという計算だ。

タイピングとは，アタマの中に浮かんだ言葉を入力していくという作業である。そのため，タイピングがあまりに遅いと，そこが「ボトルネック」となってしまい，効率がとても悪くなってしまう。可能であれば，「**タッチ・タイピング**」(touch typing) ができればなおよい。

ワープロソフトを「フル活用」する

おそらく，ほとんどの読者は，パソコンのワープロソフトなどを使って英語のライティングを行っているだろう。ワープロソフトの代表格と言えばマイクロソフト社の Word であるが，Word には以下のような「お役立ち」機能が搭載されている。

● **スペルチェッカー**
  スペルチェック機能を ON にしておけば，スペルの間違いのある単語に波線が入る。これによって，単純なスペルミスを防ぐことができるため，大変便利な機能で

あると言えよう。

ただし，「アメリカ英語」と「イギリス英語」の違いには注意しておこう（Chapter 4も参考のこと）。以前，ある人から送られてきたファイルを加工していたら，"center" にスペルチェックがかかり，"centre" に直すように表示されたので「おかしい」と思って調べてみたところ，言語が「イギリス」に設定されていたことがある。誰かとファイルを共有して作業する場合などは，「言語」の設定には気を付けるようにしたい。

● **文法チェッカー**

ワードの「文章編集機能」はかなり多機能であり，最近は**「要約作成機能」**や**「翻訳機能」**（反転して「翻訳」を選べば自動翻訳の結果が表示される）までもが搭載されている。

その文章編集機能のひとつとして，「文法チェッカー」も搭載されている。これを使えば，Capitalization（大文字の使用）や Negation（否定），Questions（疑問文），Relative clauses（関係節）や Subject-verb agreement（主語と動詞の一致）などが正しいかどうかを自動でチェックしてくれる。

さらには，使いすぎることが推奨されない clichés（常套語句）や，PC 的に正しくない Gender-specific words（一方の性別に限定した言葉）などの指摘も可能である。

しかし，最近ではかなり精度が高まってはいるものの，過信はおすすめできない。例えば，受動態の文を右クリックすると能動態のリライト案が表示されるが，P.69〜73でも見たように，受動態を使った方がいい場合もあるので，**必ずしも文法チェッカーに常に従う必要はない**ということは覚えておこう。

● **類義語辞典**

類義語辞典も便利だ。英語を書く場合，「同じ言葉」を繰り返し用いることは推奨されない。そのため，**「類義語」(synonyms)** の知識が必要不可欠となる。Word では，単語をハイライトして右クリックすると，「類義語」を表示することが

できる。

この機能を活用すれば，自然と類義語の知識も増えていき，自然な英語が書けるようになるだろう。しかし，本書の Chapter 2 の「1. 間違えやすい類義語の使い分け」を読んでもらえば分かるように，それぞれの類義語の細かいニュアンスの違いには十分注意する必要がある。

マウスオーバー辞書

ワープロソフトの校正機能以外で，ライティングに役立つパソコンの活用法としては，「マウスオーバー辞書」が挙げられる。いろいろなタイプのものがあるが，例えば無料で使える weblio の「weblio ポップアップ英和辞典」(https://ejje.weblio.jp/chrome-extention/) には，以下の機能が搭載されている。

● マウスオン辞書
意味のわからない単語の上にマウスカーソルを合わせると，その意味がポップアップで表示される機能。「英単語を選択状態にして検索する」を指定すれば，熟語やイディオムなどを連語検索することも可能。

● マイ単語帳
覚えたい単語を，その場で「マイ単語帳」に登録でき，いつでも確認できる。
＊「マイ単語帳」を利用するには無料の会員登録が必要。

● 再検索
単語の意味や使い方のもっと詳しい説明を知りたいときは，ポップアップで表示された単語をクリックするだけで，Weblio の英和・和英辞典で再検索できる。

02 インターネットを使ったライティング法

> パソコンを使ったライティングでは，インターネットもぜひ活用してみよう。Google などのサーチエンジンや便利なウェブサイトを活用することで，かなり正確な英文を書くことができるのだ。

サーチエンジンを使う

英語は実質上，インターネットの「共通語」になっている。インターネット利用者の総数のうち，実に4分の1以上が英語を用いていると言われている。そのため，インターネットは英語の「例文」の宝庫なのである。うまく活用すれば，「ネイティブチェック」的な使い方ができるのだ。

サーチエンジン活用法❶「どちらの表現が正しいかチェックする」

これが，最も基本的な使用法となる。2つの表現のどちらが「正しい」かを調べたい場合，検索して「ヒット数が多い方」が「より正しい」と判断できる。

例えば "in the meantime" と "in a meantime" のどちらが正しいか分からないとしよう。Google で検索すると，"in the meantime" は約 63,200,000 件，"in a meantime" は約 46,200 件となった。このぐらいの大差がつけば「in the meantime の方が正しい」と結論付けても構わないだろう。

しかし，思ったほどの大差がつかないなど，有意な結果が得られないこともとても多い。そもそも，様々なレベルの英語があふれているので，インターネット上の英語は 100%「ネイティブライク」であるとは言えない。そのため，あくまでも「参考程度」にとどめるように心掛けたい。

なお，検索するときには，ターゲットフレーズを〈" "〉でくくる。〈" "〉なしの，例えば in the meantime と入れた場合，「in と the と meantime が1回以上使われているページ」を検索してしまう。〈" "〉でくくった場合は，"in the meantime" を「ひ

と固まり」として検索してくれる。

サーチエンジン活用法❷「ワイルドカードを使ってみる」

例えば，speak のあとにどんな前置詞がくるのかを知りたい場合を考えてみよう。これは要するに，"speak XXX him" や "speak XXX her" などの XXX の部分に何が来るのかを知りたいということ。この「知りたい部分」を**「アスタリスク」**〈**＊**〉**に置き換えて検索**してみよう。例えば "speak ＊ him" で検索してみると（この場合も〈" "〉でくくる），speak unto him / speak to him / speak against him / speak for him . . . などなど，様々なパターンを見ることができる。

このアスタリスクのような「変数」のことを**「ワイルドカード」**と呼ぶ。うまく使いこなせば，有益な情報を瞬時に取り出せるのだ。

ライティングに役立つ AI 活用法

今後はいかに AI を活用し，ライティングを正確かつスピーディーに仕上げるかが重要となる。AI は日々進化しているが，ぜひ代表的な使い方を覚えておきたい。

● 校正

英語として自然かを確認するには自分が書いた英文が英語として自然か，文法的に間違っていないかを確認するには，以下のやり方が便利だ。

① ChatGPT などの AI に，まず Is the following English sentence natural and standard English? If there is a more common expression with the same meaning, tell me what it is. (以下の英文は英語として自然ですか？同じ意味でもっと一般的な表現があれば，それを教えてください) などと入力してから，自分が書いた英文を入力しよう。

＊日本語で「以下の英文は英語として自然ですか？」と入力しても同様の結果となるが，英語に関する質問の場合，英語で聞いた方がより精度の高い回答になるとされる。

② 一般的な例文であれば，「文法的に正しいかどうか・英語として通じるかどうか」を AI が判断し，回答してくれる。複雑な内容の文章や，日本語的な表現

が含まれている文章以外は，ほぼAIの回答は正しいと考えていい。

③ AIの回答に疑問が残るようなら，同様に他のAIに聞いてみてもいいだろう。複数のAIを駆使することで，より精度の高い校正をすることが可能だ。

● 添削

同じ意味の表現でも，状況によりさまざまな言い回しが可能だ。

AIに，Is the following English appropriate for sending to an important business client? If there is a more common expression with the same meaning, tell me what it is. (以下の英文は，重要なクライアントに送るのにふさわしいですか？ 同じ意味でもっと一般的な表現があれば，それを教えてください) などと確認するといいだろう。ネイティブに質問するように，臨機応変な確認ができるのがAIのいいところだ。

短文であれば，複数の英文を挙げてくれるDeepLなどの翻訳アプリも有効だ。

● 要約

自分で英文を要約した場合，上記の方法でAIに校正・添削してもらうといい。

AIを使えば，そもそもの要約自体をAIにやってもらうことも可能だ。Please summarize the following sentences in about 100 words. The English should be easy for a Japanese 1st year junior high school student to read. (以下の文章を100文字程度に要約してください。日本の中学1年生が読みやすい英語で) などと指示して元の英文をコピペすれば，それに従って要約してくれる。

ただし，時々単語数が異なるもの，またAIが勝手に意訳している文なども出てくるので，必ず確認は必要だ。間違っていたら，上記のやり方で「自分が望む英文」に修正していこう。

● リライト

「中学英語レベルの英文にする」「論文として提出できるスタイルの英文にする」など，さまざまなリライトが必要になる。内容に応じて，Please rewrite the following English text to a Japanese 3rd year junior high school level. (以下の英文を日本の中学3年生レベルに書き直してください) などと指示すれば，そのように書き換えてくれる。

これもまた，AIが作った文章が絶対に正しいとは限らないので，自分で確認することが重要だ。AIは日々進化しているものの，まだ絶対ではない。また，自分の指示が間違っている可能性もある。人に出す文章は，自分が責任を持てる内容のものと確認してから送るのが，ライティングでAIを活用する鉄則だ。

AIに丸ごとお任せするのでなく，うまくAIを使いこなし，迅速かつより充実した内容の英文を書いてもらいたい。

「IT を活用したライティング」と言えば，やはり「E メール」は外せない。E メールは「手軽で簡単」なことが売りのコミュニケーションツールであるため，それほどフォーマットにこだわる必要はない。しかし，「手紙」から進化したということもあり，最低限の従うべきフォーマットは完成されている。

E メールのフォーマット

① Subject: Thank you for your hospitality

② Dear Mr. Fripp,

③ Thank you very much for all your help and hospitality during my stay in San Diego. I especially enjoyed having dinner with your family.

Please give my very best regards to your wife. I hope someday you'll come to Japan so I can return the kindness in some small way.

④ Best regards,

⑤ Nobutaka

件名：おもてなしに感謝いたします。フリップ様

サンディエゴ滞在中はいろいろお世話になり，またおもてなしいただいて，本当にありがとうございました。ご家族との夕食はとりわけ楽しかったです。

奥様にぜひよろしくお伝えください。いつか日本にいらしてください。ささやかなが

ら，何かお返しをしたいと思いますので。

敬具
ノブタカ

前ページに示したように，一般的なメールには①**メールの件名**/②**起句および宛名**/③**本文**/④**結句**/⑤**署名**という要素が入る。

Eメールの件名

P.22 でも述べたように，メールの「件名」(subject line) は非常に大切である。多忙なビジネスパーソンにはすべてのメールを律儀に読んでいる暇などない。件名から「重要でない」「読む必要はない」と判断されてしまったら，確実に読み飛ばされてしまうだろう。

メールの件名を決定する際には，念頭に置いておくべき「鉄則」がいくつか存在する。私自身が，メールの件名をつける際に，必ず考慮するようにしている「セインの鉄則」をいくつかご紹介しよう。**「やってはならないこと」**として，以下の5つを挙げておきたい。

❶ Don't allow your subject line to sound like the spam emails.
（スパムのような件名はつけてはならない）
メーラーの設定によっては，件名に "save (up to XXX%)" や "Free" などの言葉が入っている場合，「スパムメール」として認識されてしまうことがある。そのような危険性を避けるために，**スパムメールの件名でよく使われているような表現の使用は避けた方がいい。**

❷ Don't use subject lines that are too general.
（一般的すぎる件名はつけてはならない）
具体性に欠ける件名はやめておいた方がいい。例えば，"Party" とだけ書くのではなく，"John's farewell party"「ジョンの送別会」のような具体的な内容にした方が相手の目を引く。

❸ Don't capitalize all the words.

（すべての単語を大文字にしてはならない）

P.266 でも説明した通り，大文字は「怒り」を表すために用いられることが多い。すべて大文字の件名は，日本人が考えるよりも，ネイティブにとっては相当「うっとおしい」ものなのである。

❹ Avoid using "Hi" and "FYI".

（「こんにちは」「ご参考まで」のような件名は避けよ）

このような件名のメールを，私自身もしょっちゅう書いてしまっているが，避けた方がいいだろう。メールの件名だけで，大まかに**「何についてのメール」**なのかが**わからないと，相手にとってはかなりのストレスになってしまう**からだ。Hi という件名は，おそらく「何を件名にしていいかわからない」ので，「やむをえずつけた件名」である。ということは，「たいした中身のメールではない」と判断され，そのままゴミ箱に直行，ということも十分考えられよう。

FYI は For Your Information「ご参考までに」という，メールの件名でよく用いられる表現だが，「参考資料」に目を通す時間がないほど忙しい人だったら，たいてい読み飛ばしてしまうだろう（もちろん，出した本人も，「読み飛ばしてもらっても構わない」という意味を込めて，この件名を採用したのだろうが）。確実に読んでほしいメールの場合，FYI を用いることは避けるようにしよう。

❺ Don't use exclamation points or question marks.

（感嘆符や疑問符を用いてはならない）

感嘆符は「感情」を表すもの。ビジネス文書では，感情をあらわにすることは避けた方がいい。大文字の使用と同様，ネイティブにとっては感嘆符も「うっとおしい」と感じられるものである。

件名における疑問符の使用も推奨されない。"Are you free this afternoon?"「今日の午後，時間はありますか」のような件名がついている場合，件名「だけ」で完結してしまい，そもそも**「メール」で送る意味がなくなってしまう**。このような件名にするよりも，例えば "Possible meeting (this afternoon)" などのように書き，本文に詳細を書くようにした方がいい。

具体的にはどのような件名が好ましいのか，実例を通して考えてみよう。

　× Question「質問」

　○ Question about the year-end party「忘年会についての質問」

単に Question とだけ書いてあっても，相手には「何についての質問なのか」はまったく伝わらない。about ... や regarding ... などを併用し，具体性を持たせよう。

　× FYI「ご参考まで」

　○ FYI — our new retirement policy「ご参考まで（新退職制度）」

前述の通り，FYI を件名で使うことは避けるべきであるが，どうしても使いたい場合，このように「どのような内容なのか」をダッシュに続けて書いておくのが親切である。

　× This is Tanaka.「田中です」

　○ Thanks for your time last week.
　　「先週はお時間をとっていただきありがとうございました」

日本人はメールの件名に，「ABC 社の田中です」のように，自分の名前を入れることが多い。しかし，英語のメールでは，このような習慣はない。そもそも，自分の名前は "From:" のところに表示されるのであるから，余分な情報である。それよりも，もっと具体的な情報を入れた方が相手の役に立つ。例えば「お礼」のメールであれば，"Thank you" などと書いておくのがいいだろう。この場合も，「何に対するお礼」なのかを分かるようにしておくのがマナーである。

なお，確実に返事をもらいたい場合や，メールで指示している行動を確実に行ってほしい場合，以下のような件名を用いることもある。

　○ REPLY REQD: Friday Meeting「要返信：金曜日のミーティング」

○ ACTION REQD: Please forward this to John
「以下お願いします：本メールをジョンに転送してください」

REQD は required の略表記である。REPLY REQD なら「必ず返信してください」，ACTION REQD なら「必ず実行してください」という，差出人からのメッセージとなる。ただし，これらを多用しすぎると，やはり「うっとおしい」と思われてしまう可能性がある。ほどほどに使うようにしよう。

また，「返信不要」であることを明確に伝えたいなら，**No need to reply** や **No reply necessary** と書き添えておくとよい。カジュアルなメールなどでは，それぞれ NN2R / NRN などと略されることもある。

よく使う書き出しパターン

メールをいざ書いてみようとして，その「書き出し」で困ってしまう人が多い。
「書き出し」の頻出パターンをあげておくので，ぜひ活用してみてほしい。

● **「お世話になっております」的なもの**
日本語のビジネスメールでは，そのほとんどは「いつもお世話になっております」で始まる。しかし，英語のメールには，これに**相当する表現は存在しない**。どうしても「お世話になっています」に相当するものがないと落ち着かないと言う人は，以下の書き出しパターンを用いるといいだろう。

○ Thank you for your continued patronage.
（引き続きお引立ていただき，ありがとうございます）

○ I always appreciate your business.
（いつもお世話になっております）

● **軽い謝意を示す**
「メールをありがとうございました」のように，軽い謝意を示すことから始めるパターン。比較的よく使われている。

- Thank you for your email.
  （メールをありがとうございます）

- Thank you for your time at the March 20 meeting.
  （3月20日の打ち合わせでは時間をとっていただき，ありがとうございました）

- Thank you for taking the time out of your busy schedule to meet me the other day.
  （先日はご多忙の中，時間をおとりいただきありがとうございました）

- Thank you for your prompt reply.
  （早速のお返事，ありがとうございます）

- Many thanks for your email.
  （メールをありがとうございます）

● **軽い謝罪**

「お忙しいところすみません」，「返事が遅れてすみません」などのように，軽い「謝罪」から入るパターン。

- I'm sorry to bother you at such a busy time.
  （お忙しいところ，申し訳ございません）

- I'm sorry for not replying sooner.
  （返事が遅くなり，申し訳ございません）

- I'm sorry for the short notice, but . . . .
  （急な話で申し訳ございませんが…）

- Sorry for not getting back to you sooner.
  （返事が遅れて申し訳ございません）

よく使う「締め」の言葉

「書き出し」と同様，メールの「締め」の言葉でも，頭を悩ませてしまう人が多いようだ。いくつかの決まり文句を覚えておき，状況によって適切に使い分けるようにしよう。

● **「返事をお待ちしています」的なもの**

相手からの返信が必要な場合，やはり**「返事をお待ちしています」**という内容の言葉を「締め」に使うのが穏当であろう。

○ I look forward to your reply.
（お返事をお待ちしております）

○ I'm looking forward to your reply.
（お返事をお待ちしております）

○ I would appreciate hearing from you soon.
（早めに返事をいただけるとありがたいです）

○ I look forward to receiving a favorable reply from you.
（良いお返事をお待ちしております）

● **「会う」場合**

相手との打ち合わせなどが決まった場合には，**「お会いするのを楽しみにしております」**という内容がいいだろう。

○ See you on Wednesday.
（それでは，水曜日に）

○ I'm looking forward to seeing you in December.
（12 月にお会いするのを楽しみにしています）

○ I'll see you at the conference.
（それでは，会議で会いましょう）

● **今後の良好な関係を保つ**

「お世話になっております」に対応する「締め」の言葉は「よろしくお願いいたします」である。やはり，英語にはこれに完全に相当する言葉は存在しないものの，以下に示したような文を使うことによって，良好な関係の維持をこちらが望んでいるということを，先方に伝えることができるだろう。

○ Please let me know if there's anything we can do to help.
（お役に立てることがあれば，なんなりとお知らせください）

- If you have questions, do not hesitate to contact us anytime.
  (もし質問があれば，いつでもご連絡ください)

- It's always a pleasure to work with you.
  (一緒にお仕事をさせていただくことが，何よりの喜びです)

● その他の「締め」の言葉

以下のような言い方も，比較的よく見かける。

- We ask for your patience and your understanding in this matter.
  (この件につきましては，ご寛容とご理解をお願いいたします)

- We are really sorry to bother you, but please give this your consideration.
  (ご迷惑をおかけいたしますが，ご検討のほど，よろしくお願いいたします)

- Sorry we could not be of help to you on this.
  (これに関してお役に立てず，申し訳ございません)

Appendix

資料

英文を書くときのレファレンスとして役に立つ，
様々なリストを収載した。

「複雑な表現とシンプルな表現の使い分け」や
「〈動詞＋名詞〉の表現と動詞1語の使い分け」
などは，実際に文章を書く前にぜひ一読してい
ただきたい。また，略語や用語のリストも参考
になるだろう。

複雑な表現とシンプルな表現の使い分け

論文などの凝った修辞の必要とされる文章や，専門的な難しい文章を書くのでない限り，必要以上に長く複雑な言い回しは避け，短くシンプルな表現を用いるようにしたい。

意味	堅い語	平易な語
(…の) 間に	in the course of	during

The seminar will be held in the course of / during this week. (セミナーは今週開かれる予定だ)

(…の) あとに続く	follow after	follow

A series of aftershocks followed after / followed the initial earthquake. (本震のあとに一連の余震が続いた)

1 カ月後に	in a month's time	in a month

The project will be completed in a month's time / in a month. (そのプロジェクトは 1 カ月後に完了される予定だ)

(意見の) 一致	consensus of opinion	consensus

We must build a consensus of opinion / consensus among us. (私たちの間で意見を一致させなければなりません)

(…を) 受け取る	be in receipt of	receive

He was in receipt of / received the notice. (彼は通知を受け取った)

疑いない，疑いなく	beyond a shadow of a doubt	certain, no doubt

We know beyond a shadow of a doubt that the economy has recovered. / It's certain / There's no doubt that the economy has recovered. (景気が回復していることは疑いない)

疑いなく…である	there is no question that	unquestionably

There is no question that he told the truth. / He unquestionably told the truth. (彼は疑いなく真実を話した)

(…に) 影響する	have much impact on	influence

The bad weather had much impact on / influenced sales. (悪天候は売上に大いに影響した)

起こりうる，ありうる	within the realm of possibility	possible

Such terrible accidents are within the realm of possibility / possible. (そのようなひどい事故は起こりうる)

おそらく	in all probability	probably

In all probability the plan will fail. / The plan will probably fai l. その計画はおそらく失敗するだろう)

(…だと) 思う	be of the opinion that	believe, think (that)

The boss is of the opinion that she should be promoted. / The boss believes / thinks she should be promoted. (上司は彼女が昇進すべきだと思っている)

(…だと) 思う	it is my opinion that	I believe [think] (that)

It is my opinion that / I believe we should conclude the negotiation. (私たちは交渉を妥結すべきだと思う)

終わらせる	get . . . over with	finish

Why don't we get this project over with? / Why don't we finish this project? (その仕事を終わらせてはどうでしょう)

…かどうか	whether . . . or not	whether . . . , if . . .

Could you tell me whether you will come or not? / Could you tell me whether you will come? / Could you tell me if you can come? (あなたが来るかどうか教えていただけますか)

意味	堅い語	平易な語
（…に）関連して，（…と）ともに	in association with	with

We are working on this project in association with / with ABC. （ABC社と共同でこのプロジェクトに取り組んでいる）

（…に）関連して，（…と）ともに	in conjunction with	with

We'll be working in conjunction with / with experts overseas. （海外の専門家たちと一緒に仕事をしていくことになる）

（…に）関連して，（…と）ともに	in connection with	about

This is all I know in connection with / about that matter. （これが，その件に関して私が知っているすべてです）

（…と）期待している	it is our expectation that	we expect (that)

It is our expectation that / We expect that ABC won't turn down our offer.
（ABC社はこちらの申し出を断らないと期待している）

（…を）期待しない	have no expectation of	do not expect

I had no expectation of seeing her at the party. / I didn't expect to see her at the party.
（パーティで彼女に会えることは期待しなかった）

経済学（の分野）	the economics field	economics

Are you interested in the economics field / economics? （経済学に興味はありますか）

現在，目下	at present	now, today

At present, we are three days behind schedule. / We are three days behind schedule now / today.
（現在，予定から3日遅れている）

現在，目下	at the present time	now, today

We are not hiring new employees at the present time / now. （現在，新しい従業員は募集していない）

現在，目下	at this point	now, today

What is the biggest problem at this point / now? （今，一番大きな問題はなんですか）

現在，目下	at this time	now, today

At this time, no flights to New York are available due to a thunderstorm. / No flights to New York are available now due to a thunderstorm. （雷雨のため，現在，すべてのニューヨーク行きの便は利用できなくなっています）

現在，目下	currently	now, today

Currently, the police are investigating the murder case. / The police are investigating the murder case now.
（目下，警察はその殺人事件を調査中だ）

合法的に	according to the law	legally

XYZ is conducting business according to the law / legally. （XYZ社は法に則った経営をしている）

50ドルで	for the price of $50	for $50

I bought this chair for the price of $50 / for $50. （この椅子は50ドルで買った）

（…の額の）小切手	check in the amount of	check for

He wrote out a check in the amount of / check for $200. （彼は200ドルの小切手を書き出した）

これまでのところ	up to this point	so far

There haven't been any serious mistakes up to this point / so far. （これまでのところ，深刻な間違いは起こっていない）

混乱して	in a confused state	confused

All our executives seem to be in a confused state / confused. （役員たちはみな混乱しているようだ）

意味	堅い語	平易な語
最後に	last of all	last

Last of all / Last, please return the signed contract by the 20th.
(最後に，署名をした契約書を 20 日までにご返送ください)

意味	堅い語	平易な語
(…に) 際して	on the occasion of	on

Let me congratulate you on the occasion of / on the 20th anniversary of your school.
(貴校の 20 周年に際し，お祝いの言葉を申し上げます)

意味	堅い語	平易な語
最終的に，結局	in the final analysis	finally

In the final analysis / Finally, we went from the red to the black. (最終的には，赤字から黒字へと転じた)

意味	堅い語	平易な語
(…に) 先立って，(…の) 前に	in advance of	before

This information is required six weeks in advance of / before delivery to avoid delays.
(遅延を避けるため，納品の 6 週間前にはこの情報が必要だ)

意味	堅い語	平易な語
(…に) 先立って，(…の) 前に	preparatory to	before

Long discussions were held preparatory to / before the signing of the contract.
(契約にサインする前に，長時間の議論が行われた)

意味	堅い語	平易な語
(…に) 先立って，(…の) 前に	previous to	before

I read about the history of the company previous to / before the restructuring.
(再編成以前の会社の歴史について，本を読んで知識を得た)

意味	堅い語	平易な語
(…に) 先立って，(…の) 前に	prior to	before

Prior to / Before working at Bills and Dunn, I was an intern at a few companies.
(ビルズ・アンド・ダンで働く前は，いくつかの会社でインターンをしていた)

意味	堅い語	平易な語
さらに，また	in addition to	and

He got a new office in addition to a higher salary. / He got a higher salary, and a new office also.
(彼は給料が上がっただけでなく，新しいオフィスも手に入れた)

意味	堅い語	平易な語
(…に) 賛成して，味方して	in favor of	for

All the members of the board were in favor of / for his proposal. (委員会のメンバーは全員彼の提案に賛成した)

意味	堅い語	平易な語
(…に) 賛成する	. . . meet with my approval	I approve

Most of your proposals meet with my approval. / I approve most of your proposals.
(私はあなたの提案のほとんどに賛成です)

意味	堅い語	平易な語
事実	fact of the matter	fact

The fact of the matter / fact is that we have nothing to show for our work.
(これだけ働いても得たものは何もないというのが事実だ)

意味	堅い語	平易な語
…したいと望む	have a desire to	want to, desire to

My team members have a desire to excel in their work. / My team members want to /
desire to excel in their work. (私のチームのメンバーは，仕事で手腕を発揮することを望んでいる)

意味	堅い語	平易な語
実際	as a matter of fact	in fact

As a matter of fact / In fact, the printer you recommended doesn't cover the office needs.
(実際のところ，君が薦めたプリンタはオフィスのニーズを満たせていない)

意味	堅い語	平易な語
質の悪い	of poor quality	defective

These samples are of poor quality / defective. (これらのサンプルは質が悪い)

意味	堅い語	平易な語
十分な	a sufficient number [amount] of	enough

We have a sufficient amount of / enough paper to last through the month.
（これだけ紙があれば，今月いっぱいは十分足りる）

| 重要でない，些細な | not important | minor |

Issues that are not important will be dealt with later. / Minor issues will be dealt with later.
（重要でない案件については，のちほど扱います）

| 手段，方法 | ways and means | ways, means |

Some businesses use all ways and means to attract more customers. / Some businesses use all ways / means to attract more customers.（さらなる集客のために，あらゆる手段を講じているビジネスもある）

| 招待する | extend an invitation to | invite |

We would like to extend an invitation to / invite all our clients to join us for the luncheon.
（すべてのクライアントを昼食会に招待したいと思っています）

| （…を）所有する | be in possession of | have, possess |

He was found to be in possession of classified documents. / He was found to have / possess classified documents.（彼が機密書類を所持していることが発覚した）

| …進行中である | be in the process of doing | be doing |

We are currently in the process of doing / doing our taxes.（今，確定申告をしているところだ）

| （…に）深刻な被害を与える | cause serious damage to | seriously damage |

This incident could cause serious damage to / seriously damage our reputation.
（この事故は，会社の評判に深刻な被害を与えかねない）

| 数週間 | a period of several weeks | several weeks |

A period of several weeks / Several weeks passed before the broken door was fixed.
（数週間後，その壊れた扉は修理された）

| （…を）説明する | give an account of | describe |

Every month, trainees were expected to give an account of / describe their experience.
（研修生は毎月，自分の体験談を語ることが求められた）

| 説明する，言い表す | be a description of | describe |

This book is a description of / describes the workings of the transport business.
（この本は運送業の仕組みについて説明している）

| その結果… | with the result that | because |

The trains were delayed, with the result that many people didn't make it to work. / Many people didn't make it to work because the trains were delayed.（電車が遅れた結果，多くの人が仕事に遅刻した）

| そのとき（は） | at that point | then |

At that point / Then, it was clear that he had no intention of reforming.
（そのときは，明らかに彼には改革する意図はなかった）

| それぞれ | each and every | each, every |

Each and every one of us is responsible for our own actions. / Each / Every one of us is responsible for our own actions.（我々自身の行動に対しては，我々1人ひとりが責任を負っている）

| たくさんの（数） | a large number of | many, a lot of |

A large number of people waited for a chance to air their grievances. / Many / A lot of people waited for a chance to air their grievances.（かなりの人たちが，不満を訴える機会を待っていた）

意味	堅い語	平易な語
たくさんの（量）	a considerable amount of, a great deal of	much, a lot of

A considerable amount of / A great deal of time has been spent trying to salvage the situation. / Much / A lot of time has been spent trying to salvage the situation. (状況打開のために相当な時間が費やされている)

意味	堅い語	平易な語
（…を）訪ねる	visit with . . .（人） / visit at . . .（場所）	visit

I took the weekend off to visit with / visit my parents. / We are planning to visit at / visit the Mercedes Museum. (週末を利用して実家を訪れた／メルセデスミュージアムに行く予定だ)

意味	堅い語	平易な語
試す	try out	try

We encouraged employees to try out / try the new products. (社員にその新製品の試用を奨励した)

意味	堅い語	平易な語
（…する）ために	in order to	to

In order to / To reduce the congestion in the parking lot, an underground parking space was built. (駐車場での混雑を軽減するために，地下駐車スペースが設けられた)

意味	堅い語	平易な語
（…する）ために	with a view to (-ing)	to

The company conducted training with a view to improving / to improve customer service. (顧客サービスの質を向上させるために，会社は職員に対して研修を行った)

意味	堅い語	平易な語
（…の）ために	on behalf of	for

We're raising money on behalf of / for the tsunami victims. (津波の被害者のために，お金を集めています)

意味	堅い語	平易な語
（…〈目的〉の）ために	for the purpose of	for

Most employees eat lunch with their colleagues for the purpose of / for communication. (コミュニケーションを図るために，ほとんどの従業員たちは同僚と昼食を食べている)

意味	堅い語	平易な語
（…の）近くに	in close proximity to	close to, near

The buildings are in close proximity to / close to each other. (これらの建物は密集して建っている)

意味	堅い語	平易な語
（…の）近くに	in the proximity of	near

All areas in the proximity of / near the chemical plant are off limits. (化学工場の近辺はすべて立ち入り禁止だ)

意味	堅い語	平易な語
（…の）近くに	near to	near

The offices were moved to a place near to / near the city center. (オフィスが市の中心に近い場所に移転された)

意味	堅い語	平易な語
（…に）直面する	face up to	face

We must have the courage to face up to / face the challenges of the present age. (現代社会が抱えている課題に，我々は勇気を持って向き合わなければならない)

意味	堅い語	平易な語
通例，原則として	as a general rule	as a rule

As a general rule / As a rule, the last person to leave the premises should make sure all the doors are locked. (通例，現場から最後に帰る人がすべてのドアの施錠を確認することになっている)

意味	堅い語	平易な語
（…に）ついて	as regards, as to	about

As regards / As to the repeated computer crashes, the technical team will look into it before the end of the day. / About the repeated computer crashes, the technical team will look into it before the end of the day. (パソコンのクラッシュが頻発している件に関して，技術チームが今日中に調査を行う予定だ)

意味	堅い語	平易な語
（…に）ついて	in regard to	about

The human resources manager will speak to you in regard to / about your complaints of bullying. (いじめに遭っているという苦情について，人事部長があなたと話をします)

意味	堅い語	平易な語
(…に) ついて	in terms of	about, on

In terms of customer satisfaction, surveys show that we are not doing well. /
Surveys show that we are not doing well on customer satisfaction.
(顧客満足度については，我が社は優秀であるとは言えないということが調査によって判明している)

| (…に) ついて | in [with] reference to | about |

I would like meet with the board with reference to / about the new policies.
(社の新方針に関して，役員会と会合を持ちたい)

| (…に) ついて | in [with] respect to | about |

Accountants admitted they had concerns with respect to / about the handling of money by the executives.
(会計士たちは，役員たちによる資金の扱い方に不安を持っているということを認めた)

| (…に) ついて | on the subject of | about, on |

He gave a presentation on the subject of / on cleanliness at the workplace and its effect on productivity.
(彼は，職場をきれいに保つこととそれが生産性に与える影響についてのプレゼンを行った)

| (…に) ついて | pertaining to | about |

All questions pertaining to / about allocation of duties should be directed to the floor manager.
(業務の割り当てに関するすべての質問は，フロアマネジャーに尋ねてください)

| 続く，続ける | continue on | continue |

We will continue on / continue with structural adjustments until the end of the year.
(年末まで構造調整を続けていく予定だ)

| 出入り禁止にする | seal off | seal |

The area was sealed off / sealed prior to the demolition of the building.
(ビルの解体に先立ち，その一帯が立ち入り禁止となった)

| 同意する | be of the same opinion | agree |

I'm of the same opinion. / I agree with you. (あなたに同意します)

| (まったく) 同一の | one and the same | the same |

In this company, a data analyst and a technical advisor are one and the same / the same.
(この会社では，データ解析者と技術顧問は同一人物だ)

| 長い間 | a long period of time | a long time |

The managing director has been with us for a long period of time / a long time.
(その取締役は，この会社で長い間働いてきた)

| …なしで | in the absence of | without |

You are not permitted to make any major decisions in the absence of / without the supervisor.
(上司が不在の際に重大な決定をすることは許されていない)

| …なので | based on the fact that | because, since |

They moved their headquarters to the city based on the fact that their core market is there. /
They moved their headquarters to the city because / since their core market is there.
(そこが中核市場であるために，彼らは本社をその都市に移した)

| …なので | inasmuch as | because, since |

Inasmuch as you're the team leader, you're expected to assist your team members. / Because /
Since you're the team leader, you're expected to assist your team members.
(君はチームリーダーなのだから，チームのメンバーたちを支援することが期待されている)

意味	堅い語	平易な語
…なので	**on the grounds that**	because, since

He was fired <u>on the grounds that</u> / <u>because</u> he didn't get along with others.
（他の人たちとうまくやれなかったために，彼は解雇された）

意味	堅い語	平易な語
…にもかかわらず	**despite the fact that**	although

<u>Despite the fact that</u> / <u>Although</u> it was the company's largest, the factory was the first to be shut down.
（その工場は社で最大のものだったが，最初に閉鎖される工場となった）

意味	堅い語	平易な語
…にもかかわらず	**in spite of the fact that**	although

She received no credit for her contribution, <u>in spite of the fact that</u> / <u>although</u> she made a huge profit for the company. （多大な利益を会社にもたらしたのにもかかわらず，彼女はその功績を認められなかった）

意味	堅い語	平易な語
…にもかかわらず	**notwithstanding the fact that**	although

<u>Notwithstanding the fact that</u> / <u>Although</u> they had been warned repeatedly, neighbors parked their cars in the company parking lot.
（何度もそうしないように警告を受けていたのにもかかわらず，近所の人たちは会社の駐車場に自分の車を駐車した）

意味	堅い語	平易な語
（…を）除いて	**with the exception of**	except

The canteen will be open every day <u>with the exception of</u> / <u>except</u> the last Friday of the month.
（毎月最終金曜日を除き，社員食堂は毎日開いている）

意味	堅い語	平易な語
のちほど	**later on**	later

The website will be complete when the final touches are added <u>later on</u> / <u>later</u>.
（あとで最後の仕上げを行えば，ウェブサイトは完成する）

意味	堅い語	平易な語
速く	**at a rapid rate**	rapidly

The pigeons outside the office are multiplying <u>at a rapid rate</u> / <u>rapidly</u>.
（オフィスの外にいるハトの数は急激に増えている）

意味	堅い語	平易な語
（…の）前に	**not later than**	before, by

I expect to see your project proposal <u>not later than</u> / <u>by</u> Wednesday next week.
（来週水曜日までにはあなたの企画書を拝見できるものと期待しています）

意味	堅い語	平易な語
まず	**first of all**	first

<u>First of all</u> we need to evaluate the damage that was caused by the hurricane. / We need to <u>first</u> evaluate the damage that was caused by the hurricane. （まずは，ハリケーンによって生じた損害の評価をしなければ）

意味	堅い語	平易な語
満足のいくように	**in a satisfactory manner**	satisfactorily

We were somehow able to perform <u>in a satisfactory manner</u> / <u>satisfactorily</u> in the last quarter.
（最終四半期は，なんとか満足のいく業績を上げることができた）

意味	堅い語	平易な語
無料で	**free of charge**	free

If you place an order during the campaign, delivery will be <u>free of charge</u> / <u>free</u>.
（キャンペーン中にご注文いただいた場合，送料は無料となります）

意味	堅い語	平易な語
もうすぐ，近々	**before long**	soon

Unless something is done about the broken elevator, people will complain about sore legs <u>before long</u> / <u>soon</u>.
（壊れたエレベータをなんとかしなければ，そのうちみんなが足が痛いと文句を言い出すだろう）

意味	堅い語	平易な語
もうすぐ，近々	**in due course**	soon

Your business cards will be ready <u>in due course</u> / <u>soon</u>. （あなたの名刺はもうすぐ出来上がりますよ）

意味	堅い語	平易な語
もうすぐ，近々	**in the (very) near future**	soon

<u>In the (very) near future</u> / <u>Soon</u>, there will be no more need for paper in the office.
（そのうち，会社では紙がまったく必要なくなるだろう）

意味	堅い語	平易な語
もうすぐ，近々	in the course of time	soon

The employee lounge will be refurbished <u>in the course of time</u> / <u>soon</u>.
（従業員用のラウンジは，近々改装される予定だ）

| もし…ならば | assuming that | if |

The delivery will be made on Monday, <u>assuming that</u> / <u>if</u> the package is ready by then.
（梱包ができていれば，月曜日には納品できるでしょう）

| もし…ならば | if and when | if |

I'll inform you <u>if and when</u> / <u>if</u> I hear from the client.
（クライアントから連絡があった場合はお知らせするようにいたします）

| もし…ならば | in the event that | if |

<u>In the event that</u> / <u>If</u> something happens, contact one of our insurance specialists.
（何かが起こった場合は，弊社の保険スペシャリストに連絡してご相談ください）

| もし…ならば | on condition that | if |

You will be allowed to stay <u>on condition that</u> / <u>if</u> you agree to take full responsibility.
（自分ですべての責任をとるというのならば，このまま残ることが許されるだろう）

| もし…ならば | provided [providing] that | if |

They offer free delivery <u>provided that</u> / <u>if</u> you live in the city.
（市内に住んでいる場合は，配達サービスを提供してもらえる）

| (…に) 基づいて | on the basis of | based on, by |

We can't make a decision <u>on the basis of</u> / <u>based on</u> your argument. （あなたの意見に基づいた決定は下せない）

| (…の) ような | along the lines of | like |

The new design is <u>along the lines of</u> / <u>like</u> the one I suggested.
（その新デザインは，私の提案したデザインに似ています）

| (…する) ように | so as to | to |

We draw the blinds <u>so as to</u> / <u>to</u> keep the room cool. （部屋の涼しさを保つために，ブラインドを下ろした）

| (…に) よって | by means of | by, with |

They were charged with profiting <u>by means of</u> / <u>by</u> dishonesty.
（彼らは不正行為によってお金を得たことで告訴された）

| (…と) 呼ばれる | referred to as | called |

Sydney is also <u>referred to as</u> / <u>called</u> the gateway to Australia. （シドニーはオーストラリアの玄関口とも呼ばれている）

| (見たところ) …らしい | it appears that, it is apparent that | apparently |

<u>It appears that</u> / <u>It is apparent that</u> the new communication system is not as reliable as the old one. /
<u>Apparently</u>, the new communication system is not as reliable as the old one.
（新しい連絡システムは，古いものほど信頼性が高くないようだ）

| (…だと) 理解している | it is my understanding that | I understand (that) |

<u>It is my understanding that</u> / <u>I understand that</u> the operating hours will remain the same throughout the holiday season. （休暇シーズンでも，営業時間は変わらないと理解している）

| (…という) 理由で | by reason of | because of |

There will not be any bonuses this year <u>by reason of</u> / <u>because of</u> the drop in profits.
（減益のため，今年はまったくボーナスが出ない）

意味	堅い語	平易な語
（…という）理由で	for the reason that	for
He was suspended for the reason that he was dishonest. / He was suspended for being dishonest. （不正行為のため，彼は停職処分となった）		
（…という）理由で	on account of	because of
The bank agreed to extend the loan on account of / because of the credibility of the borrower. （借り手の信頼性が高いという理由で，銀行は融資期間の延長に同意した）		
（…に）隣接した	adjacent to	near
The post office is located adjacent to / near the library.（郵便局は図書館の隣にある）		
（…を）列挙する	make a list of	list
I would like you to make a list of / list all the workers who prefer to come in on weekends. （平日よりも週末の出社を望んでいる社員のリストを作ってほしいのですが）		

〈動詞＋名詞〉の表現と動詞1語の使い分け

〈動詞＋名詞〉の表現から動詞1語に置き換えると簡潔な文章になることがある。逆に，同じ動詞を繰り返し使うことを避けるために〈動詞＋名詞〉の表現で言い換えることもできる。

意味	堅い語	平易な語
現れる	put in an appearance	appear
Our director promised to put in an appearance / appear at the wedding.（部長は結婚式に顔を出すと約束した）		
（…を）援助する	give assistance to	assist
The supervisor offered to give assistance to / assist the new employees.（上司が新入社員の援助を申し出た）		
（…を）終わらせる	bring . . . to an end	end . . .
He brought the seminar to an end after thanking everyone for attending. / He ended the seminar after thanking everyone for attending.（彼は参加者に謝意を伝えてセミナーを終えた）		
終わる	come to a conclusion	conclude
The proceedings came to a conclusion / concluded at 5:00.（手続きは5時に完了した）		
終わる	come to an end	end
I hope that the stockholders' meeting comes to an end / ends without any problems. （株主総会が何事もなく終わるといいのだけれど）		
（…を）解決する	bring . . . to a resolution	resolve
Your duty is to bring all customer complaints to a resolution. / Your duty is to resolve all customer complaints. （君の職務は顧客の苦情をすべて解決することだ）		
会合を持つ	have a meeting	meet
We should have a meeting / meet to discuss the allocation of tasks. （仕事の配分について話し合うための会合を持つべきだ）		

意味	堅い語	平易な語
買い物をする	make a purchase of	purchase

They are interested in making a purchase of / purchasing a new assembly system.
（彼らは新型組立システムの購入に関心がある）

変わる	undergo a change	change

The organizational structure may undergo changes / change during the takeover.
（買収中に組織体系が変化するかもしれない）

（…を）強調する	place emphasis on	emphasize

Sales teams place emphasis on / emphasize teamwork for overall success.
（営業チームはチーム全体の成功のためにチームワークを強調する）

議論する	have a discussion on	discuss

We should have a discussion on / discuss this new rule to determine its usefulness.
（新規定の有効性を見極めるために議論するべきだ）

（…する）傾向がある	have a tendency to	tend to

Minor disputes have a tendency to / tend to escalate into serious arguments.
（ささいな議論が真剣な論争に発展する傾向がある）

決心する	make a decision	decide

The board will make a decision / decide on your promotion at their next meeting.
（重役会は次回の会議で君の昇進について決定する）

決定に至る	reach a decision on	decide

The court is yet to reach a decision on / decide the fate of the dishonest accountant.
（裁判所は不正を働いた会計士の行く末について、いまだ決定に至っていない）

（…を）研究する	make a study of	study

Researchers are gearing up to make a study of / study employee energy level before the holiday season.
（研究者らは、休暇シーズン前の従業員の活力レベルを研究する準備を整えている）

（…に）権限を与える，正当と認める	give authorization to	authorize

The employees were not given the authorization / authorized to leave work earlier than usual.
（従業員は早退する権限を与えられていなかった）

（…を）検査する	make an examination of	examine

Workers should make an examination of / examine the machinery if they suspect a malfunction.
（作業員は、機械に故障が疑われる場合には検査をするべきだ）

合意に達する	reach an agreement	agree

The brokers were hoping to reach an agreement / agree before other offers were made.
（仲買業者は別の申し出がある前に合意に達したいと考えていた）

（…を）考慮する	give consideration to	consider

I would like you to give consideration to / consider the proposal I submitted.
（私が出した提案を考慮していただきたいと思います）

（…を）好む	have a preference for	prefer

Before making the schedule, the shift manager asked if I had a preference for / preferred morning shifts.
（シフトマネジャーはスケジュールを組む前に，私が早番を好むかどうか尋ねてきた）

（…を）探す	make a search for	search for

When looking for our website, make a search for / search for Gateway Chemicals.
（我が社のウェブサイトを探す際は，Gateway Chemicals という言葉で検索してください）

意味	堅い語	平易な語
作用する	have an effect on	work

The antibiotics will begin to <u>have an effect</u> / <u>work</u> after three hours.
（抗生物質は 3 時間後に効果が表れ始めるでしょう）

意味	堅い語	平易な語
実現させる	bring to realization	achieve

Structural adjustments must be made for these plans to be <u>brought to realization</u> / <u>achieved</u>.
（これらの計画を実施するには，構造調整が必要だ）

意味	堅い語	平易な語
（…を）熟考する	take . . . into consideration	consider

<u>Take</u> their time management skills <u>into consideration</u> when evaluating applicants. /
<u>Consider</u> their time management skills when evaluating applicants.
（候補者を評価する際には，彼らのタイムマネジメント力も考慮してください）

意味	堅い語	平易な語
出発する	take one's leave	leave

After the final presentation, the guests <u>took their leave</u> / <u>left</u> at their leisure.
（最終プレゼンのあと，来賓は都合の良いときに出発した）

意味	堅い語	平易な語
（…の）準備をする	make preparations for	prepare for

The events committee has started <u>making preparations for</u> / <u>preparing for</u> the company expo.
（イベント委員会は企業エキスポの準備を始めている）

意味	堅い語	平易な語
譲歩する	make a concession	concede

For the deal to be fair, you will have to <u>make a concession</u> / <u>concede</u>.
（公正な取引をするために，君は譲歩せざるをえないだろう）

意味	堅い語	平易な語
推薦する	make a recommendation	recommend

I asked the section chief to <u>make a recommendation</u> for my promotion. / I asked the section chief to
<u>recommend</u> me for a promotion. （課長に自分の昇進を推薦してくれるよう頼んだ）

意味	堅い語	平易な語
（…と）声明する	make a statement that	state, say (that)

He <u>made a statement</u> / <u>stated</u> that he would never resign until the crisis is under control.
（彼は，危機的状況が沈静化するまで辞職するつもりはないという声明を出した）

意味	堅い語	平易な語
選択する	make a choice	choose

You will have to <u>make a choice</u> / <u>choose</u> between your family and your work.
（あなたは，家族と仕事のどちらかを選択せざるをえなくなるでしょう）

意味	堅い語	平易な語
（…を）注文する	place an order for	order

The customer <u>placed an order for</u> / <u>ordered</u> 20 printers. （その顧客はプリンタを 20 台注文した）

意味	堅い語	平易な語
（…する）つもりである	have the intention to	intend to

Some parents <u>have the intention to</u> / <u>intend to</u> pull their children from the school.
（子供を学校から呼び戻すつもりの親もいる）

意味	堅い語	平易な語
（…と）提案する	make a suggestion that	suggest (that)

Allow me to <u>make a suggestion that</u> / <u>I suggest that</u> we scrap the now defunct rule.
（現在では通用しない規定の廃止を提案させていただきます）

意味	堅い語	平易な語
（…を）認可する，認める	give recognition to	recognize

Always <u>give recognition to</u> / <u>recognize</u> employees who show initiative. （自発性を見せる社員を常に認めてください）

意味	堅い語	平易な語
始める	make a start on	start

When do you suppose we can <u>make a start on</u> / <u>start</u> this project? （このプロジェクトをいつ始められそうでしょうか）

意味	堅い語	平易な語
発表する	make a presentation	present
I was asked to make a presentation of the new budget. / I was asked to present the new budget. (新しい予算案について発表をするよう頼まれた)		
(…を) 発表する	make an announcement of	announce
He will make an announcement of / announce his resignation before the end of the day. (彼は今日中に引退を発表するつもりだ)		
(…を) 評価する	perform an evaluation of	evaluate
Workers perform an evaluation of / evaluate each other's performance at the end of every year. (従業員たちは毎年末に互いの仕事ぶりを評価する)		
(…を) 分析する	perform an analysis of	analyze
Financial experts will perform an analysis of / analyze the decline of the company. (金融専門家たちはその企業の衰退について分析するだろう)		
見積もりを出す	make an estimate of	estimate
Could you make an estimate of / estimate the amount of time you need to get this done? (あなたがこれを済ませるのに必要な時間の見積もりを出していただけますか)		
見る	take a look	look
Please take a look / look at these figures for the last quarter. (最終四半期についてはこちらの数字を見てください)		
約束する	make a promise	promise
The new recruits made a promise / promised to uphold the statutes of the organization. (新入社員はその組織の信用を守ることを約束した)		
やめる，終わらせる	make an end of	end
You need to make an end of / end this endless disagreement. (あなたはこの延々と続く対立を終わらせるべきです)		
(…から) 利益を得る	make a profit from	profit from
It's unfortunate that the business will not make a profit from / profit from online marketing. (残念なことにその企業はオンラインマーケティングからは利益を得ないでしょう)		
(…と) 連絡を取る，接触する	make contact with	contact
Be sure to make contact with / contact potential clients after a first meeting. (初会合のあとには必ず，潜在顧客に連絡を取るようにしなさい)		

堅い語と平易な語の使い分け

目的に応じて，堅い語と平易な語を使い分けるようにしよう。

意味	堅い語	平易な語
空ける，立ち退く	vacate	leave
Offenders will be asked to vacate / leave the premises immediately. (違反者たちは，ただちにその土地から立ち退くよう求められるだろう)		

意味	堅い語	平易な語
あとに続く，次の	pursuant to	following

Pursuant to / Following our agreement of 2018, the lease will be extended automatically.
（2018 年の合意によって，賃貸借契約は自動的に延長される）

意味	堅い語	平易な語
現す，示す	reveal	show

These graphs reveal / show that, despite stable growth, we have been unable to catch up with our competition.
（これらのグラフは，我が社が安定して成長しながらも競争についていけていないことを示している）

意味	堅い語	平易な語
(…の) 位置を突き止める	locate	find

We are still trying to locate / find a suitable area for the new plant.
（私たちはいまだに新工場にふさわしい場所を見つけようとしている）

意味	堅い語	平易な語
(…) 以上	in excess of	over, more than

The well-received book sold in excess of / over / more than six-million copies worldwide.
（その評判の高い本は世界中で 600 万冊以上を売り上げた）

意味	堅い語	平易な語
今までは	heretofore	up to now

The boundary between the two plots of land has heretofore not been disputed. /
The boundary between the two plots of land has not been disputed up to now.
（今までは，その 2 区画の土地の境界線について対立は見られなかった）

意味	堅い語	平易な語
受け取る	receive	get

Please tell me when we receive / get an invoice from our supplier.
（供給会社から請求書を受け取ったら私に知らせてください）

意味	堅い語	平易な語
得る	acquire, obtain	get

It has taken him six years to acquire / obtain / get a business license（. 彼は営業許可を取るのに 6 年かかった）

意味	堅い語	平易な語
延期する	postpone	put off

We had to postpone / put off the end of year party when half the staff caught the flu.
（スタッフの半数がインフルエンザにかかったので，年末のパーティを延期せざるをえなかった）

意味	堅い語	平易な語
終える	terminate	end

After years of faithful service, they terminated / ended his employment on account of age.
（彼らは，長年にわたり忠実に勤めた彼を高齢のために解雇した）

意味	堅い語	平易な語
送る	transmit	send

We no longer use fax machines to transmit / send urgent messages.
（私たちは緊急のメッセージを送るのにファックスをもはや使いません）

意味	堅い語	平易な語
行う	perform	do

You need to perform / do your duties whether or not the supervisor is present.（上司がその場にいてもいなくても，自分の職務を行わなければなりません）

意味	堅い語	平易な語
起こる	eventuate, occur, transpire	happen

The riots occurred / transpired / happened after the union leader was fired. /
The firing of the union leader eventuated in riots.（労働組合のリーダーが撃たれて，暴動が起こった）

意味	堅い語	平易な語
(…だと) 思う	deem	believe, think

Feel free to adjust the data if you deem it necessary. / Feel free to adjust the data if you believe / think that it is necessary.（その必要があると思った場合はデータを自由に調整してください）

意味	堅い語	平易な語
開始	commencement	start

No changes can be made after the commencement / start of the contract.
（契約開始後は一切変更することができない）

意味	堅い語	平易な語
開始する	commence	begin, start

The meeting will commence / begin / start when all stakeholders are present.
（すべての出資者がそろったら，会合が始まるでしょう）

概念	concept	idea

They came up with a new concept / idea while trying to find alternatives.
（彼らは代替案を見つけようとするうちに，新たな概念を考え出した）

書き込む	complete	fill out

You are invited to complete / fill out the survey form when you have a minute.
（お時間がありましたら，調査用紙に記入しにお越しください）

獲得する	procure	get, take

If you're not careful, rivals will procure / get / take your ideas and use them.
（気を付けておかないと，ライバルたちが君のアイデアを奪って使ってしまうよ）

活動的にする，作動させる	activate	begin, start

We have finally activated / began / started an emergency response system.
（私たちはついに緊急対応システムを作動させた）

可能な，実行できる	feasible	possible

This back-up plan is not feasible / possible even in the most favorable of circumstances.
（この代替案は最も順調な条件下でさえ，実行できるものではない）

観察する	observe	watch

The trainees observed / watched the experienced workers as they went about their work.
（実習生たちはベテラン社員が仕事に精を出す姿を観察した）

供給する	furnish	give

I will furnish you with the details as soon as I acquire them. / I will give you the details as soon as I acquire them.
（詳細を把握したらただちにお伝えします）

(…と) 協力する	cooperate with	work with

We look forward to cooperating with / working with you on this venture.
（この事業で御社と協力することを楽しみにしております）

警告	caveat	warning

The company was once again issued with a caveat / warning against discriminatory practices.
（その会社は再度，差別行為に対する警告を受けた）

購入する	purchase	buy

Should you decide to purchase / buy our top-quality products, we guarantee satisfaction.
（私どもの最高品質の製品をご購入されるのであれば，ご満足いただけることをお約束します）

公平な	equitable	fair

An employee representative will be chosen using equitable / fair means.
（社員代表は公平な手段によって選ばれるでしょう）

公約	commitment	promise

When you become a lawyer, you make a commitment / promise to serve justice.
（弁護士になるときは，正義に尽くすことを誓う）

試みる	attempt	try

The janitor attempted / tried to fix the broken radiator, but he couldn't.
（その用務員は故障した暖房器の修理を試みたができなかった）

意味	堅い語	平易な語
それゆえに	thus	so

The board could not select a replacement for the retiring president; <u>thus</u> / <u>so</u> the position is yet to be filled.
（重役会は引退する社長の後任者を選出できなかったので，社長のポストはまだ空席だ）

これからは	henceforth	from now on

<u>Henceforth</u> / <u>From now on</u>, you will be required to apply for leave at least two months in advance.
（これからは最短でも2ヵ月前には休暇を申請しなければなりません）

最後から2番目の	penultimate	next to the last

This book is the <u>penultimate</u> / <u>next to the last</u> installment in a series of 12 books.
（この本は12巻シリーズの最後から2巻目のものだ）

最終的な	ultimate	last

That will be our <u>ultimate</u> / <u>last</u> strategy in a bid to get this deal.
（それが，この取引をものにするための最終的な戦略となるだろう）

最適の，最高の	optimum	the best

They were seeking advice on how to boost their earnings with <u>optimum</u> / <u>the best</u> results.
（彼らは最高の結果を出して収入をアップさせる方法について助言を求めている）

債務	financial obligation	debt

Three years after declaring bankruptcy, he still has <u>financial obligations</u> / <u>debts</u>.
（破産を宣告してから3年が経っているが，彼は今でも債務を負っている）

(Aに…) させる	permit A to do	let A do

On the day of the tragedy, the administration <u>permitted</u> workers <u>to go</u> home to their families early. /
On the day of the tragedy, the administration <u>let</u> workers <u>go</u> home to their families early.
（惨事が起こった日，経営陣は従業員を家族の元へ早く帰宅させた）

妨げる	militate against	prohibit

The evidence of his involvement <u>militated against</u> / <u>prohibited</u> his release.
（彼には関与の証拠があったため釈放されなかった）

参加する	participate	take part

It is always advisable to <u>participate</u> / <u>take part</u> in company events whenever possible.
（会社のイベントには可能な限り参加するのが賢明だ）

しかしながら	nevertheless	but, however

There are only two weeks left. <u>Nevertheless</u>, / <u>But</u> / <u>However</u>, we need to get this done in time.
（2週間しか残っていないのにもかかわらず，これを時間内に終わらせなければならない）

(…に) したがって，(…に) よって	as per	according to

Offices in the new building will be allotted to workers <u>as per</u> / <u>according to</u> their positions in the organizational structure.（新築ビルのオフィスは従業員の組織における地位に応じて割り当てられる）

実行可能な	viable	workable

This doesn't look like a <u>viable</u> / <u>workable</u> solution.（このソリューションは実行可能なものには見えない）

実行する	execute	do

The experiment will be <u>executed</u> / <u>done</u> in front of cameras.（実験はカメラの前で行われる予定だ）

支払いを受ける	receive remuneration	get reimbursed, get paid

To <u>receive remuneration</u> / <u>get reimbursed</u> / <u>get paid</u> for the cost of the trip, you need to keep your records.
（旅費の支払いを受けるには，記録をとっておく必要がある）

意味	堅い語	平易な語
示す	evidence	show

ABC is rapidly growing as <u>evidenced</u> / <u>shown</u> by its market share.
（市場シェアが示すように，ABC 社は急速に成長している）

示す，証明する	demonstrate	show

These results <u>demonstrate</u> / <u>show</u> that the reforms have increased profitability.
（これらの結果は，改革が収益を増加させたことを示している）

住居	domicile	home

Many wealthy people move their <u>domiciles</u> / <u>homes</u> to states that have lower taxes.
（多くの富裕層が税率の低い国に住居を移す）

十分な	sufficient	enough

Be sure to inform the supplier if the amount of paper delivered is not <u>sufficient</u> / <u>enough</u>.
（納入された用紙の量が不十分である場合は必ず，供給業者に知らせること）

生ずる，起こす	generate	make, cause

Successful businesses <u>generate</u> / <u>make</u> enough surplus to carry over.
（成功した事業は来期に繰り越すのに十分な剰余金を生む）

The managing director's careless remarks <u>generated</u> / <u>caused</u> more protests.
（常務取締役の軽率な発言がさらなる抗議を生じさせた）

証明	verification	proof

Some sort of <u>verification</u> / <u>proof</u> of registration is required to access this private webpage.
（このプライベートのウェブページにアクセスするには何らかの登録証明が求められる）

省略する，短縮する	abbreviate	shorten

Enterprises with long names that are difficult to pronounce often <u>abbreviate</u> / <u>shorten</u> them.
（発音しづらく長い名称を持つ企業はよく社名を短縮する）

知らされる	be apprised of	be informed of

No sooner had he sat at his desk than he <u>was apprised of</u> / <u>was informed of</u> his dismissal.
（彼は机に着いた途端，解雇されたことを知らされた）

（詳しく）知らせる	acquaint A with B	tell A B

I will <u>acquaint</u> the new office manager <u>with</u> the details of his job. / I will <u>tell</u> the new office manager the details of his job. （新たな事務長に職務の詳細について知らせておきます）

精神病の	psychotic	insane

We were so busy last month that we thought we would go <u>psychotic</u> / <u>insane</u>.
（先月はものすごく忙しかったため，心を病んでしまうかと思ったほどだ）

説明する	elucidate	explain

Would you care to <u>elucidate</u> / <u>explain</u> what you meant by that statement?
（その発言の意図するところをご説明いただけませんか）

（実例・図などによって）説明する	illustrate	show

The diagram on the screen <u>illustrates</u> / <u>shows</u> the correct way to use the machine.
（画面の図解は機器の正しい使い方を説明している）

推測	conjecture	guess

Since we don't have enough to go by at this point, we can only <u>conjecture</u> / <u>guess</u> the outcome.
（現時点では十分な判断材料がないので，結果を推測することしかできない）

意味	堅い語	平易な語
進む	proceed	go

After the performance, please proceed / go to the anteroom where you will have a chance to speak to the artists. (演奏後は控室にお進みいただき，アーティストたちとお話しください)

意味	堅い語	平易な語
(…に) 属する	appertain to	belong to

All imperial lands and titles appertain to / belong to the emperor and his family.
(帝国のすべての土地所有権は皇帝とその一族に属している)

意味	堅い語	平易な語
総計	aggregate	total

The aggregate / total expenditure of countries with failing economies far outweighs revenue generated.
(経済が後退している国の総支出は歳入をはるかに上回る)

意味	堅い語	平易な語
対決 (議論)	confrontation	discussion

A heated confrontation / discussion followed the budget reading.
(予算案が読み上げられると激論が繰り広げられた)

意味	堅い語	平易な語
尋ねる	inquire into	ask

Call the electricity company and inquire into / ask when they can replace the faulty wiring.
(電力会社に電話をして，誤配線の接続替えをいつできるのか聞いてください)

意味	堅い語	平易な語
頼む	request	ask

Don't hesitate to request / ask for assistance in handling the assignment.
(この任務の遂行に当たっては，遠慮なく支援を要請してください)

意味	堅い語	平易な語
保つ	retain	keep

An effective way to retain / keep customers is to provide follow-up services.
(顧客をつなぎとめる効果的な方法はフォローアップサービスを提供することだ)

意味	堅い語	平易な語
段階，レベル	echelon	level

We are quite traditional; there are hardly any women in the higher echelons / levels of the company.
(我が社はかなり古風だ。上層部に女性がほとんどいない)

意味	堅い語	平易な語
蓄積する	accumulate	gather

The new CEO will have to accumulate / gather the votes of at least two thirds of the stockholders.
(新たな CEO は最低でも株主たちから 3 分の 2 の賛成票を集めなければならないだろう)

意味	堅い語	平易な語
突き止める	ascertain	find out

At the scene of the factory explosion, investigators tried to ascertain / find out whether there was foul play.
(工場爆発が起きた現場では，捜査官たちが犯罪があったかどうか突き止めようとした)

意味	堅い語	平易な語
次の	ensuing	following

After experiencing a long drought, the farmers were prepared for the low yields of the ensuing / following year.
(長きにわたった干ばつを経て，農場主たちは翌年の収穫量の落ち込みを覚悟した)

意味	堅い語	平易な語
償う，補償する	compensate	pay

The company promised to compensate / pay for polluting the water.
(会社は，水質汚染の補償をすることを約束した)

意味	堅い語	平易な語
作る	fabricate	make

Following the product recall, the company focused on fabricating / making a more efficient version. (製品リコールのあとで，その企業はより効率的なバージョンの作成に注力した)

意味	堅い語	平易な語
伝える	communicate	make known

We are using all means available to communicate / make known our message of commitment and accountability.
(私たちはあらゆる可能な手段を用いて，コミットメントと説明責任のメッセージを伝えています)

意味	堅い語	平易な語
(…に) 続いて，(…の) あとに	subsequent to	after, following

Subsequent to / After / Following the nuclear disaster, measures were taken to ensure that the radioactive elements were contained. (原発事故のあとに，放射性元素を封じ込めておくための措置が取られた)

| 手伝い | assistance | help |

The counsellors are here to provide assistance / help to employees who feel overwhelmed by work. (カウンセラーは仕事に押しつぶされている従業員を助けるためにここにいる)

| 手伝う | assist | help |

We have a friendly working environment, where people are willing to assist / help one another in any situations. (我が社は働きやすい職場環境で，あらゆる状況で互いに進んで助け合っています)

| (…) と同行する，(…に) 伴う | accompany | go with |

The policies are under review and will likely be adjusted to accompany / go with the regime change. (政策は見直されており，政権交代に伴い調整されるだろう)

| 停止，休止 | cessation | stop, pause |

There was a cessation / stop / pause in the hostilities between the two parties when they faced a common foe. (共通の敵に直面し，二党は休戦状態となった)

| 停止する，中止する | discontinue | stop |

The bank discontinued / stopped his credit card when he defaulted on payment yet again. (彼がさらにもう一度支払いを怠った時点で，銀行は彼のクレジットカードを差し止めた)

| 提出する | submit | send |

You'll be penalized if you do not submit / send your report in time. (時間通りに報告書を提出しない場合は罰せられます)

| 出会う | encounter | meet |

It's advisable to always have business cards with you in case you encounter / meet people who may become valuable contacts. (有益な人脈となる可能性のある人物との出会いに備えて，常に名刺を携帯するのが賢明だ)

| 出来事 | occurrence | event |

A series of unfortunate occurrences / events convinced him to relocate his business. (不運な出来事が続いたことで，彼は事業移転を思い至った)

| 転送する，送り届ける | forward | send |

Forward / Send all your correspondence with the client to my email address as well. (顧客との通信すべてを私のEメールアドレスにも送ってください)

| 同意する | accede | agree |

The docile director acceded / agreed to all the terms of the agreement without raising any objections. (従順な部長は何ひとつ異議を唱えずにすべての契約条件に同意した)

| どうぞ…してください | kindly | please |

Kindly / Please refrain from smoking on the premises. (構内での喫煙はご遠慮ください)

| 認識 | cognizance | knowledge |

They agreed to go ahead with the plot in full cognizance / knowledge of the risks involved. (彼らはリスクを完全に認識した上でその計画を進めることに合意した)

| 残り | remainder | rest |

The remainder / rest of the payment will be made when the goods are delivered. (残りの支払いは商品の納品時に行われる)

意味	堅い語	平易な語
飲み物	beverage	drink

Beverages / Drinks are available on the first floor. （飲み物は1階に用意してある）

配達する	supply	send

We supply / send provisions to schools, hospitals and other institutions.
（私たちは学校，病院，その他の機関に食糧を配達している）

はかどらせる，急いでやる	expedite	rush, speed up

I hope you will expedite / rush / speed up the renewal process to avoid any delays.
（何らの遅れも出ないように更新処理を急いでもらいたい）

始まり	inception	start

From its very inception / start, this business has been managed by an elite group of individuals.
（当初から，この事業はエリート集団によって運営されてきた）

初めの，最初の	initial	first

My initial / first impression of him was not very favorable. （彼に対する第一印象はあまりいいものではなかった）

始める	initiate	begin, start

It's up to you to initiate / begin / start negotiations with your rivals, or risk losing all your business to them.
（競合相手と交渉を始めるのか，事業のすべてを彼らに奪われるリスクを負うのかはあなたしだいだ）

場所	locality	place

It's probably best to stay away from localities / places without security measures.
（治安対策のない場所には近づかないのが一番だろう）

必要とする	require	need

The patient requires / needs an emergency operation. （その患者は緊急手術を必要としている）

等しい	equivalent	equal

Scientists have reportedly detected water on the Moon equivalent / equal to the amount found on the Earth.
（科学者によって月に地球と同等の量の水があることが発見されたと伝えられている）

表	tabulation	table

Refer to this tabulation / table for the latest statistical report on the number of visitors to this country.
（この国への来訪者数について示した最新統計報告書のこちらの表を参照してください）

不足	shortfall	shortage

There is a shortfall / shortage in funds available for retirees. （退職者向け資金が不足している）

部分	component	part

GPS systems have become an important component / part of the interior designs of cars.
（GPS システムは車の内装の重要な一部となっている）

変更	modification	change

Any modifications / changes made to the program after its release can be added as system updates.
（プログラムの発売後に行われた変更はすべてシステム更新時に追加されます）

返済する	reimburse	pay

According to company policy, I'm entitled to be reimbursed / paid for the expenses I incur during business negotiations. （社則によると，私には商談中に負担する費用の返済を受ける権利がある）

報酬を与える	remunerate	pay

As long as you perform the tasks you are assigned, we will remunerate / pay you fully and without delay.
（あなたが割り当てられた業務を遂行する限りは，私たちは遅滞なく十分な報酬を支払います）

意味	堅い語	平易な語
方法	methodology	method, way

Every person seems to have their own <u>methodology</u> / <u>method</u> when parking cars in limited spaces. /
Every person seems to have their own <u>way</u> of parking cars in limited spaces.
（限られた空間での駐車については，みな自分なりの方法があるようだ）

明白に	explicitly	plainly

I can't explain our predicament any more <u>explicitly</u> / <u>plainly</u> than I already have.
（私たちの苦境についてもうこれ以上明白に説明することはできない）

目的	objective	aim

The <u>objective</u> / <u>aim</u> of the whole exercise was to encourage employees to take responsibility for their own health.
（すべてのエクササイズの目的は従業員が自らの健康に責任を持って管理するよう奨励することだった）

用いる	employ	use

We have no choice but to <u>employ</u> / <u>use</u> expeditious means to get the work done.
（仕事を済ませるには能率的な方法を用いるしかない）

やってみる	endeavor	try

Motivated people <u>endeavor</u> / <u>try</u> to make themselves better at everything they do.
（やる気のある人たちは何においても向上しようとする）

優先順位を決める	prioritize	order

Learning how to <u>prioritize</u> / <u>order</u> tasks is essential. （仕事の優先順位の決め方を習得するのは必須である）

ゆえに	hence	so

Her parents owned the company; <u>hence</u> she had no trouble getting a job there. /
Her parents owned the company, <u>so</u> she had no trouble getting a job there.
（彼女の両親がその会社を所有していたので，彼女は難なく雇われた）

容易にする	facilitate	ease

Orientation classes are offered to new graduates to <u>facilitate</u> / <u>ease</u> the transition from school to work.
（新卒者の学校から職場への移行を容易にするために，オリエンテーションが行われる）

予測する，予想する	anticipate	expect, foresee

It's difficult to anticipate / foresee what will become of the stock market three months from now.
（3カ月後の株式市場がどうなっているのかを予測することは難しい）

よって	accordingly	so

Our competition has devised a new strategy. <u>Accordingly</u> / <u>So</u>, we must come up with one of our own.
（競合相手が新戦略を考案したので，我が社も独自の戦略を考え出さなければならない）

予防措置の	preventative	preventive

Even as we try to correct this problem, we should think about preventative / preventive actions as well.
（この問題の修正に取り組むとともに，予防措置をとることも考慮すべきです）

利用する	avail oneself of	use

Be sure to <u>avail yourself of</u> / <u>use</u> this rare opportunity to learn a new skill.
（新しいスキルを身につけるこのめったにない機会を必ず活かすべきだよ）

一般的に使われている略語

ここで紹介している略語は一般に認知されているものなので，文章中に用いても構わない。

略語	非省略形	意味
3D	3-dimensional	3次元
4WD	four-wheel drive vehicle	四輪駆動車
AC	alternating current	（電気の）交流
AC	ante Christum	紀元前
AD	anno Domini	西暦
AF	audio frequency	低周波
AI	artificial intelligence	人工知能
AIDS	acquired immunodeficiency syndrome	後天性免疫不全症候群
AM	ante meridiem	午前
AM	amplitude modulation	AM放送
Assoc.	association	組合，協会
AV	audio-visual	オーディオ・ビジュアル
BA	Bachelor of Arts	文学士
BC	before Christ	紀元前
bit	binary digit	ビット（情報の基本単位）
BS	Bachelor of Science	理学士
CAD	computer-aided design	コンピュータ援用設計
CAT	computer-aided tomography	コンピュータ断層写真，CATスキャナ
CBD	cash before delivery	代金前払い
CCTV	closed-circuit television	有線テレビ
CD	certificate of deposit	預金証書
CD	compact disc	コンパクトディスク
CEO	chief executive officer	最高経営責任者
Co.	company	会社

略語	非省略形	意味
CO2	carbon dioxide	二酸化炭素
Conf.	conference	会議，協議会
Cont.	continued	続く
Corp.	corporation	法人
COVID-19	coronavirus disease 2019	新型コロナウイルス感染症
CPA	certified public accountant	公認会計士
CPU	central processing unit	CPU（中央処理装置）
CST	Central standard time	中部標準時
DC	direct current	（電気の）直流
Dept.	department	部署，省
Div.	division	部門
DIY	do it yourself	日曜大工
dpi	dots per inch	1インチあたりのドット数（プリンタ解像度）
DRAM	dynamic random-access memory	ダイナミック・ラム
DV	domestic violence	ドメスティック・バイオレンス
DX	digital transformation	デジタル・トランスフォーメーション
EQ	educational quotient	教育指数
ER	emergency room	救急処置室
EST	Eastern standard time	東部標準時
ETC	electronic toll collection	自動料金収受システム
etc.	etcetera	…など
EV	electric vehicle	電気自動車
FAQ	frequently asked questions	よく聞かれる質問集
FAX	facsimile	ファックス
FIFO	first in, first out	先入れ先出し
FILO	first in, last out	先入れあと出し
FOB	free on board	本船渡し
FOC	free of charge	無償で
GB	gigabyte	ギガバイト

略語	非省略形	意味
GCT	Greenwich civil time	グリニッジ平均時
GDP	gross domestic product	国内総生産
GHz	gigahertz	ギガヘルツ
GI	government issue	（米）官給品，（俗語で）米兵
GMT	Greenwich mean time	グリニッジ標準時
GNP	gross national product	国民総生産
Govt.	government	政府
GPS	global positioning system	全地球測位システム
HDTV	high-definition television	ハイビジョン，高品位テレビ
HF	high frequency (3-30 MHz)	高周波
HQ	headquarters	本部，本社
HS	high school	高等学校
HST	Hawaiian standard time	ハワイ標準時
I/O	input and output	入出力
Inc.	Incorporated	株式（有限）会社
Inst.	institute, institution	協会，機関
IOU	I owe you	借用書
IQ	intelligence quotient	知能指数
JC	junior college	2年制大学
JIT	just in time	ジャストインタイム（方式），間に合った
JO	job order	作業指示書
JPEG	joint photographic experts group	画像圧縮技術の一種
KO	knock out	ノックアウト
LAN	local area network	企業内［地域］情報通信網
LCD	liquid crystal display	液晶ディスプレイ
LED	light-emitting diode	発光ダイオード
LGBTQ+ / LGBTQIA+	lesbian, gay, bisexual, transgender, question-ing/ queer, intersex, asexual	性的少数者
LH	left hand	左手

略語	非省略形	意味
LIFO	last in, first out	後入れ先出し
LNG	liquefied natural gas	液化天然ガス
LPG	liquefied petroleum gas	液化石油ガス
LPN	licensed practical nurse	有資格准看護師
Ltd.	Limited	有限会社
MBA	Master of Business Administration	経営学修士
MC	master of ceremonies	司会者
MD	medical doctor	医師
MP3	MPEG audio layer iii	MPEG オーディオレイヤー 3
MPG	miles per gallon	1 ガロン当たりの走行マイル
MPH	miles per hour	1 時間当たりの走行マイル
MRI	magnetic resonance imaging	磁気共鳴映像法
MST,	MT Mountain standard time	(米・カナダ) 山地標準時
MT	metric ton	メートルトン (= 1000 kg)
N/A	not applicable	適用不能, 該当なし
OA	office automation	オフィス・オートメーション
OEM	original equipment manufacturer	相手先商標製品の製造会社
OTC	over-the-counter market	店頭取引市場
PA	public address	場内アナウンス設備
PC	personal computer	パソコン
PD	police department	警察
PE	physical education	体育
Ph.D.	Philosophiae Doctor	(ラテン語) 学術博士, 博士 (号)
PM	post meridiem	午後
POD	pay on delivery	代金引換払い
PR	public relations	広報
PST	Pacific standard time	太平洋標準時
PWA	person (people) with AIDS	エイズ患者

略語	非省略形	意味
QC	quality control	品質管理
QOL	quality of life	クオリティ・オブ・ライフ，生活の質
R&D	research and development	研究開発
RAM	random-access memory	ランダム・アクセス・メモリー
RH	right hand	右手
RN	registered nurse	正看護師
rpm	revolution per minute	毎分の回転数
SDGs	sustainable development goals	持続可能な開発目標
SNS	social networking service	ソーシャルネットワーキングサービス
Symp.	symposium	シンポジウム
TA	teaching assistant	大学の助手，教育助手
T-bill	treasury bill	（米）財務省短期証券，（英）大蔵省証券
TD	touchdown	タッチダウン
TKO	technical knock out	テクニカル・ノックアウト
UFO	unidentified flying object	未確認飛行物体
UHF	ultrahigh frequency (300-3000 MHz)	極超短波
Univ.	university	大学
UV	ultraviolet	紫外線
VDT	video display terminal	ビデオディスプレイ端末
VHF	very high frequency (30-300 MHz)	超短波
WC	water closet	水洗便所
WWI	World War I	第一次世界大戦
WWII	World War II	第二次世界大戦
ZIP	Zone Improvement Plan	（米）郵便番号制度

論文など専門的なライティングでよく使う略語

専門的な論文を書く際に，慣習的に使われている略語である。カジュアルなライティングでは使わない方がいいだろう。

略語	非省略形	意味
abbr.	abbreviation	略語
abbr.	abbreviated	略された
Ann.	annual	年1回の
anon.	anonymous	匿名の，作者不明の
app.	appendix	付録，別表
b.	born	…生まれの
bk.	book	巻
Bull.	bulletin	公報，告示
c.[ca.]	circa	…頃
cf.	confer	…と比較せよ，…を参照せよ
ch.[chap]	chapter	章
comp.	compiled (by)	(…により) 編纂された
d.	died	死去
doc.	document	資料，文書
ed.	edition	版
ed.	edited (by)	(…により) 編集された
e.g.	exempli gratia	例えば
enl.	enlarged	増補された
esp.	especially	特に
et al.	et alia	その他
ex.	example	例
fig.	figure	図
ibid.	ibidem	直前の注で示したものと同じ参考文献
i.e.	id est	つまり
illus.	illustrated (by)	(…の) 挿絵，図解の入った

略語	非省略形	意味
illus.	illustration	挿絵, 図解
intro.	introduced (by)	(…の) 序文付きの
J.	journal	機関紙, 日記
l. (複数形 ll.)	line	行
ms. (複数形 mss.)	manuscript	原稿
n. (複数形 nn.)	note	注
n.d.	no date	発行年月日の記載なし
n.p.	no place	発行地の記載なし
n.p.	no publisher	発行者の記載なし
no.	number	番号
op.	opus	音楽の作品番号
P.	press	出版社
p. (複数形 pp.)	page	ページ
par.	paragraph	段落
Proc.	proceedings	会報
pseud.	pseudonym	筆名, 仮名
pub.	published (by)	(…により) 出版された
r.	reigned	在位
rept.	reported (by)	(…により) 報告された
rept.	report	報告
rev.	revised (by)	(…により) 改訂された
rev.	revision	改訂
rpt.	reprinted	復刻された
rpt.	reprint	再刊
sc.	scene	(劇の) 場面
sec.	section	節, 項
sic	＊ラテン語で略語ではない	原文のまま
supp.	supplement	補遺, 付録
trans.	translated (by)	(…により) 翻訳された
trans.	translation	翻訳
vol.	volume	巻

住所・宛名・通信でよく使う略語

利便性のため，住所の表記などで一般に用いられている略語である。

略語	非省略形	意味
Apt.	Apartment	集合住宅，アパート
Attn:	Attention:	…あて

＊会社官庁などへの手紙で注意を引くために，人名・肩書き・部署名などの前に付ける。

略語	非省略形	意味
Ave.	Avenue	大通り
Bldg.	Building	ビル
Blvd.	Boulevard	大通り
c/o	care of	…方，気付
cc:	carbon copy	…にコピー送付
Dept.	Department	部署，省
Dr.	Doctor	（医師・博士に）…様
Dr.	Drive	車道
Encl.	Enclosure	同封物
Esq.	Esquire	（主に英）…様

＊アメリカでは弁護士に対して用いる。

略語	非省略形	意味
Fl	Floor	階
P.S.	postscript	追伸
Prof.	Professor	（教授に）…様
RSVP	répondez s'il vous plaît	お返事ください
Rev.	Reverend	（牧師に）…師
Rm.	Room	室
Sq.	Square	広場
St.	Street	通り

ここで取り上げている略語はEメールやチャットで使われているもので，かなりカジュアルである。一般的な文書で使ってはならない。

略語	非省略形	意味
afk	away from keyboard	席を外します
aka	also known as	別名…
asap	as soon as possible	できるだけ早く
asl	age/sex/location?	年齢と性別と住んでるところは？
attn	attention	注目してください，聞いてください
b4	before	…の前に
bbs	be back soon	すぐ戻ります
brb	be right back	すぐ戻ります
brt	be right there	今そっちに行きます
btw	by the way	ところで
C	see	見る，分かる
CU	see	you またね
cya	see ya	またね
DIY	do it yourself	自分でやってください
F2F	face to face	実際に向かい合って
FYI	for your information	一応知らせておくけど，ちなみに
gbtw	get back to work	仕事に戻りなさい
g'night, gnight	good night	おやすみ
gr8	great	すごい
gtg	gotta go	行かなきゃ
H&K	hug and kiss	ハグとキスを（あいさつ）
hb	hurry back	早く戻ってきてね
hrs	hours	時間
IC	I see.	分かりました
imo	in my opinion	私の考えでは
irl	in real life	実生活では

略語	非省略形	意味
jk,	j/k just kidding	冗談だよ
K	OK	オーケー，いいよ
l8r	later	またね
lmao	laughing my ass off	大爆笑
lol	laugh out loud, lots of laugh	爆笑
M or F	Male or Female	男それとも女？
msg	message	メッセージ
newbie	newcomer	新人，新米
nite	good night	おやすみ
nm, nvm, nvmd	never mind	なんでもない，やっぱりいいや
np, no prob, n/p	no problem	オーケー，いいよ，どういたしまして
omg	oh my god	どうしよう，信じられない
pls, plz	please	お願い
ppl	people	人々
R	are	（be 動詞の are）
rdy	ready	準備ができた
rite	right	右，正しい
rofl	rolling on the floor laughing	転げ回って笑う
sup?	What's up?	調子はどう？
tho	though	…だけど
thx, tnx, tnks	thanks	どうも
ttyl	Talk to you later.	またね，あとで話そう
ty	thank you	どうも
U	you	あなた
w	with	…と一緒に，…を持って
w/o	without	…なしで
wb	welcome back	お帰りなさい
wtb	want to buy	買いたい

略語	非省略形	意味
wtf	what the fuck	なんてこった
wtg	way to go	やったね，がんばって，おめでとう
wts	want to sell	売ります
wtt	want to trade	トレード希望
Y?	Why?	なんで？（you を指すこともある）
yer	your	あなたの
your, UR, yr	you are	あなたは…だ

略語が一般的な名称

固有名詞として，一般に使われている略語である。これらの名称は略称で知られているので，特に略さない形を示す必要はない。

略語	非省略形	意味
ABC	American Broadcasting Company	（米）ABC 放送局
AFL-CIO	American Federation of Labor and Congress of Industrial Organizations	米国労働総同盟産業別労働組合会議
AMA	American Medical Association	米国医師会
AP	Associated Press	（米）AP 通信
ASCII	American Standard Code for Information Interchange	情報交換用米国標準コード
CBC	Canadian Broadcasting Corporation	カナダ放送協会
CBS	Columbia Broadcasting System	（米）CBS 放送局
CIA	Central Intelligence Agency	（米）中央情報局
CNN	Cable News Network	（米）CNN 放送局
DHS	Department of Homeland Security	（米）国土安全保障省
EPA	Environmental Protection Agency	（米）環境保護庁

略語	非省略形	意味
FAA	Federal Aviation Administration	（米）連邦航空局
FBI	Federal Bureau of Investigation	（米）連邦捜査局
FCC	Federal Communications Commission	（米）連邦通信委員会
FDA	Food and Drug Administration	（米）食品医薬品局
FDIC	Federal Deposit Insurance Corporation	（米）連邦預金保険公社
FDR	Franklin D. Roosevelt	フランクリン・D・ルーズベルト（元米大統領）
FRB	Federal Reserve Bank	（米）連邦準備銀行
Federal	Reserve Board	（米）連邦準備制度理事会

＊Federal Reserve Board は Federal Reserve Bank の監督機能を担う。

FRS	Federal Reserve System	（米）連邦準備制度
GE	General Electric Company	ゼネラル・エレクトリック社
GHQ	General Headquarters	連合国最高司令官総司令部
IMF	International Monetary Fund	国際通貨基金
IRS	Internal Revenue Service	（米）内国歳入庁
ISO	International Organization for Standardization	国際標準化機構
JFK	John F. Kennedy	ジョン・F・ケネディ（元米大統領）
JIS	Japanese Industrial Standards	日本工業規格
JISC	Japanese Industrial Standards Committee	日本工業標準調査会
LBJ	Lyndon B. Johnson	リンドン・B・ジョンソン（元米大統領）
MGM	Metro-Goldwyn-Mayer Studios Inc.	MGM 社
MIT	Massachusetts Institute of Technology	マサチューセッツ工科大学
MP	Military Police	憲兵隊
NAACP	National Association for the Advancement of Colored People	全米黒人地位向上協会

略語	非省略形	意味
NASA	National Aeronautics and Space Administration	（米）航空宇宙局
NATO	North Atlantic Treaty Organization	北大西洋条約機構
NBA	National Basketball Association	（米）ナショナルバスケットボール協会
NBC Na	tional Broadcasting Company	（米）NBC 放送局
NFL	National Football League	ナショナル・フットボール・リーグ
NIST	National Institute of Standards and Technology	（米）国家標準技術局
NPR	National Public Radio	（米）ナショナル・パブリック・ラジオ
NRC	Nuclear Regulatory Commission	（米）原子力規制委員会
NYSE	New York Stock Exchange	ニューヨーク証券取引所
OECD	Organization for Economic Cooperation and Development	経済協力開発機構
OED	Oxford English Dictionary	オックスフォード英語辞典
OPEC	Organization of Petroleum Exporting Countries	石油輸出国機構
PBS	Public Broadcasting Service	（米）PBS 放送局 （全国公共放送網）
RN	Royal Navy	英国海軍
UCLA	University of California, Los Angeles	カリフォルニア大学ロサンゼルス校
UK	United Kingdom of Great Britain and Northern Ireland	英国，グレートブリテンおよび北部アイルランド連合王国
UN	United Nations	国際連合（国連）
UNESCO	United Nations Educational, Scientific and Cultural Organization	国際連合教育科学文化機関
UNICEF	United Nations Children's Fund	国連児童基金，ユニセフ
UPI	United Press International	（米）UPI 通信社
UPS	United Parcel Service	UPS 社 （米国の宅配便会社）

略語	非省略形	意味
URL	uniform resource locator	統一資源位置指定子
US, USA	United States of America	アメリカ合衆国
USA	United States Army	米国陸軍
USAF	United States Air Force	米国空軍
USB	universal serial bus	ユニバーサルシリアルバス
USDA	United States Department of Agriculture	（米）農務省
VA	(Department of) Veterans Affairs	（米）復員軍人援護局
VR	virtual reality	仮想現実
WHO	World Health Organization	世界保健機関
Wi-Fi	wireless fidelity	無線 LAN

業界別用語

ここでは，業界別によく使われる専門用語を紹介している。金融・保険，不動産，広告・マーケティング，IT，製造，物流・貿易，小売り，医療，教育分野の基本用語をまとめたので，文章を書く際の参考にしよう。

Finance / Insurance	金融・保険
英語	日本語
balance / credit	残高
bank account	銀行口座
benefits	給付金
bill	手形
casualty insurance	災害保険
checking account / current account	当座預金（口座）
corporate pension plan	企業年金制度
credit / claim	債権
cryptcurrency / crypt asset	暗号資産、仮想通貨
debenture	債券

英語	日本語
decentralized finance (DeFi)	分散型金融
deposit	預金
digital currency	デジタル通貨
exchange	為替
exchange fluctuation	為替変動
FinTech	フィンテック
foreign currency	外貨
fund	資金
futures	先物
government bonds	国債
government-managed pension plan for corporate employees	厚生年金保険
health insurance	健康保険
insurance money	保険金
insurance policy	保険証書
interest	利子，金利
life insurance	生命保険
market price	市場価格
medical insurance	医療保険
mortgage	抵当，住宅ローン
national insurance	国民保険
non-fungible token (NFT)	非代替性トークン
non-refundable insurance / term insurance	掛け捨て保険
nonlife insurance	損害保険
pension / annuity	年金
policy	保険契約書
premium (生命保険，損害保険など) / contribution (社会保険)	保険料，掛け金
public pension plan	公的年金制度
share / stock	株式
speculation / venture	投機

英語	日本語
stock exchange	証券［株式］取引所
token	トークン、代替貨幣
unemployment	insurance 失業保険
401-k	（米）企業年金制度

Real-estate	不動産
英語	日本語
apartment（米）/ flat（英）	アパート，マンション
building coverage (ratio)	建ぺい率，容積率
condominium / condo	分譲マンション
deposit	敷金
earnest money deposit	手付金
exclusive area	専有面積
fixed asset tax / fixed property tax	固定資産税
furnished	家具付きの
high-rise apartment building	高層住宅，タワーマンション
house for [on] sale	売り家
house for rent / rent house / rental house	貸家
housing area	宅地
land evaluation	土地評価
land shark	地上げ屋
landlord / owner	地主，家主，大家
mortgage loan / housing [house] loan	住宅ローン
multi-tenant building	雑居ビル
one's own house / privately-owned house	持ち家
principal	元金
private view	内見
ready-built house	建売住宅

英語	日本語
real estate agency / realtor	不動産業者
real-estate appraiser	不動産鑑定士
registry	登記簿
rent / rental	家賃
resident / dweller / occupant	居住者
roadside land price / value of land facing a thoroughfare	路線価
security deposit (米) / key money (英)	礼金
squatter	不法入居者
story (米) / storey (英)	階，フロア
studio apartment (米) / studio flat (英) / bed-sitter (英)	ワンルームのアパート
tenant	テナント，賃借人
two-family house	二世帯住宅

Advertising / Marketing	広告・マーケティング
英語	日本語
A/B testing	AB テスト
ad banner	バナー広告
advertising agency	広告代理店
advertorials	PR 記事，記事体広告
AIDA	消費者の購買決定のプロセス（Attention「注目」，Interest「興味」，Desire「欲求」，Action「行動」の略）
billboard	広告板，ビルボード
bounce rate	直帰率
brand awareness	ブランドの知名度
Business to Business (BtoB)	企業間取引
Business to Consumer (BtoC)	企業から消費者への取引
buzz marketing	バズマーケティング
call to action (CTA)	行動喚起

英語	日本語
circulation	発行部数
classified ads	部門別案内広告，求人広告
click through rate (CTR)	クリック率
cost per acquisition (CPA)	顧客獲得単価
cost per click (CPC)	クリック単価
coverage	包装範囲，報道範囲
cross media	クロスメディア
double-page spread	見開き広告
eye-catche	人目を引くもの，目玉商品
flyer / leaflet	チラシ
Influencer Marketing	インフルエンサーマーケティング
informacial	インフォマーシャル
insert	折り込み広告
landing page	ランディングページ
listing ad	リスティング広告
market research	市場調査
native advertising	ネイティブ広告
paid search	ペイドサーチ，広告連動型検索
pop-up ad	ポップアップ広告
pricing strategy	価格戦略
programmatic advertising	運用型広告
search engine optimization (SEO)	検索エンジン最適化
social advertising / social media advertising	ソーシャルメディア広告
stealth marketing	ステルスマーケティング
tag line	キャッチフレーズ
target audience	（広告などの）対象視聴者［読者］
teaser campaign	ティーザー広告，覆面広告
tie-up / tie-in	タイアップ
user interface (UI)	ユーザーインターフェース
user experience (UX)	ユーザー体験

英語	日本語
viral	バイラル（＝口コミで広がる）
web advertisement	ウェブ広告

IT	IT
英語	日本語
augmented reality (AR)	拡張現実
cyberattack	サイバー攻撃
deepfake	ディープフェイク
domain name system (DNS)	ドメインネームシステム
file transfer protocol (FTP)	ファイル転送プロトコル
graphics interchange format (GIF)	グラフィック交換フォーマット
graphical user interface (GUI)	グラフィカルユーザーインターフェース
hypertext markup language (HTML)	ハイパーテキストマークアップ言語
hypertext transfer protocol (HTTP)	ハイパーテキスト転送プロトコル
hypertext transfer protocol secure (HTTPS)	ハイパーテキスト転送プロトコルセキュア
internet protocol (IP)	インターネットプロトコル
local area network (LAN)	ローカルエリアネットワーク
malware	マルウェア、悪意のあるソフトウェア
natural language processing (NLP)	自然言語処理
optical character recognition (OCR)	光学文字認識
packet internet groper (PING)	パケットインターネットグローバー
ransomware	ランサムウェア、身代金要求ウイルス
software as a service (SaaS)	ソフトウェアとしてのサービス
simple mail transfer protocol (SMTP)	シンプルメール転送プロトコル
Internet of Things (IoT)	モノのインターネット
virtual reality (VR)	仮想現実、バーチャル・リアリティ

英語	日本語
World Wide Web (WWW)	世界広域ウェブ、ワールド・ワイド・ウェブ

Manufacturing	製造
英語	日本語
(initial) cost	原価
(load) leveling / production smoothing / demand smoothing	平準化
aged deterioration	経年劣化
appearance inspection / exterior inspection	外観検査
bottleneck	ボトルネック
build to order (BTO)	受注生産
careless mistake	ケアレスミス、うっかりミス
defect [defective] rate	不良率
downtime	停止時間
enviromental pollution	環境汚染
equipment	設備
harmful substance	有害物質
inventory control	在庫管理
labor cost	人件費
lead time	リードタイム
Make-to-Stock Manufacturing (MTS)	見込み生産
manpower savings	省人化
mass production	大量生産
mixed production	混流生産
module-based architecture	モジュール型アーキテクチャ
process control / process management	工程管理
production efficiency	生産効率
rate of customer complaints	クレーム発生率
rate of operations	稼働率

英語	日本語
reduced inventory	在庫削減
shipping	出荷
short stops on the production line	チョコ停
small lot production	小ロット生産
taking inventory	棚卸し
variations	バラツキ
waste, inconsistency, irrationality	3M（ムダ・ムラ・ムリ）
work-in-progress	仕掛品
yield	歩留まり

Logistics / Trade	物流・貿易
英語	日本語
bill of lading	船荷証券
buffer (material)	緩衝材
c.&f.	運賃込み
c.i.f.	運賃保険料込み条件
cargo	貨物
certificate of origin	原産地証明書
conditions of carriage	運送約款
consolidated cargo	混載便
container	コンテナ
conveyer belt	ベルトコンベア
customs	税関
FAS	船側渡し
FOB	本船渡し（条件）
freight	貨物
irrevocable	取消不能の
letter of credit	信用状
merchandise	商品
one-stop service	ワンストップサービス

英語	日本語
packing list	包装内容明細書，パッキングリスト
pro forma invoice	見積送り状，プロフォーマ・インボイス
quay	埠頭，波止場，岸壁
shipping agent	運送業者
slinging	玉掛け
surcharge	サーチャージ
waybill	運送状

Retail	小売り
英語	日本語
accessibility	アクセシビリティ，近接性
assortment	品揃え
automatic replenishment	自動発注
belt-to-eye-level merchandising	アイレベル陳列
best selling items	売れ筋
break-even point	損益分岐点
buyer	バイヤー
customer satisfaction	顧客満足度
distribution center	物流センター
first in, first out (FIFO)	先入れ先出し
first in, last out (FILO)	先入れあと出し
flagship store	旗艦店
frequent shoppers program	フリークエント・ショッパーズ・プログラム
inventory adjustment	在庫調整
inventory control	在庫管理
inventory counting	棚卸し
labor productivity	労働生産性
main aisle	主通路
merchandiser	商品担当者，マーチャンダイザー
mission statement	ミッションステートメント，企業ミッション
outlet store	アウトレットストア

英語	日本語
POS advertising	店頭広告
price zone	価格ゾーン
rack jobber	置き売り仲継商，ラックジョバー
sales per square foot	売場販売効率
slow moving item	死に筋
specialty st	re 専門店
staple item	定番商品
stock turn times	商品回転率
store layout	店舗レイアウト
supply chain management (SCM)	サプライチェーン管理
unit control	単品管理，ユニットコントロール
wholesaler	問屋

Medicine	医療
英語	日本語
airway management	気道確保
anesthesia / anesthetize	麻酔／麻酔する
antibiotics	抗生物質
brain death	脳死
cerebral surgery	脳外科
coma	昏睡状態
dehydration	脱水症状
dentistry	歯科
dermatology	皮膚科
diagnosis / medical examination	診断
gynecology	婦人科
health insurance treatment	保険診療
intensive care unit	集中治療室
internal medicine	内科
intravenous drip / IV drips	点滴

英語	日本語
medical treatment at one's own expense / private practice (英)	自由診療
mixed treatment	混合医療
ointment	軟膏
ophthalmology	眼科
organ transplant	臓器移植
orthopedics	整形外科
otolaryngology / E.N.T. (Ear, Nose and Throat)	耳鼻咽喉科
paramedic	救急隊員
pediatrics	小児科
pharmacist (米) / chemist (英)	薬剤師
plastic surgery	形成外科
practitioner / town doctor	開業医
prescription	処方箋
preventive inoculation	予防接種
psychiatry	精神科
quality of life	クオリティ・オブ・ライフ，生活の質
terminal care	末期医療
trauma	外傷
urology / urinology	泌尿器科
X-ray / X-ray film	レントゲン写真

Education	教育
英語	日本語
assessment criteria	評価尺度
assessment of academic achievement	成績評価基準
coaching	コーチング
compulsory education	義務教育
computer-based testing (CBT)	コンピュータベース・テスト

英語	日本語
correspondence education	通信教育
cross-curricular study	教科横断的学習
digital literacy	デジタルリテラシー
digital textbook	デジタル教科書
e-learning / electronic learning	E ラーニング
EdTech	エドテック （ICT を活用して教育を提供するサービス）
education of children living overseas	海外子女教育
educational counseling	教育相談
educational system	教育制度
emotional care	心のケア
evaluation for achievement	到達度評価
flip teaching	反転授業
foreign language education	外国語教育
human resource development	人材開発
inclusive education	インクルーシブ教育
individual learning	個別学習
information processing education	情報処理教育
intercultural communication	異文化コミュニケーション
lifelong education	生涯教育
on-the-job training (OJT)	職場内教育，実地研修
pre-school education / nursery education	幼児教育
preparatory school	予備校
project-based learning	課題解決型学習
recurrent education	リカレント教育
reskilling	リスキリング、学び直し
special education for the gifted	英才教育
special support education	特別支援教育
syllabus	シラバス

英語	日本語
STEAM education	ステム教育（科学・技術・工学・数学に力を注ぎ、国際競争力のある人材を育てる教育システム）
system of grading	成績評定法
teaching materials	教材

社内業務別用語

ここでは，会社組織の用語や，業種の別なく業務上必要な用語をまとめている。文書に限らず，プレゼンや出張などでよく使う用語も含めているので，日々の業務で役立ててほしい。

Company structure	会社組織
英語	日本語
accounts department	経理部
board of directors	取締役会
director	取締役
executive officer	執行役員
headquarters	本部
manager	経営者，部長，管理者
managing director (英)	社長，業務執行取締役
marketing department	マーケティング部
organization chart	組織図
personnel department	人事部
president	社長
production department	生産部
purchasing department	購買部
R&D department	研究開発部門
reception	受付
sales department	営業部門
shareholder / stockholder	株主

英語	日本語
vice president	副社長

Meetings	会議
英語	日本語
absent	欠席して
agenda	議題
apologies	欠席の通知
annual general meeting (AGM)	年次総会
any other business (AOB)	その他の案件
ballot	投票
brainstorming	ブレインストーミング
casting vote	決定投票
chairperson	議長
conference	会議，協議会
conference call	電話会議
consensus	コンセンサス，総意
decision	決定
devil's advocate	わざと反対意見を述べる人
facilitator	司会者，進行役
item	項目
majority vote	投票の過半数
matters arising	生じた事項
minutes	議事録
note-taker	速記者
plenary meeting	全体会議
proxy vote	代理投票
show of hands	挙手による意思表示
teleconference	テレカンファレンス，テレビ会議
unanimous	全会一致
video conference	ビデオ会議

Presentations	プレゼンテーション
英語	日本語
audience rapport	聴衆との関係
body language	ボディーランゲージ，身振り手振り
finally	最後に
flip chart	フリップチャート
for example	例えば
handout	配布資料
in conclusion	要するに，結論として
ladies and gentlemen	みなさん
marker	マーカー
microphone	マイク
overhead projector (OHP)	オーバーヘッドプロジェクター
pointer	ポインタ
Q&A session	質疑応答時間
screen	画面，スクリーン
slide	スライド
To start with ...	第一に…
Turning now to ...	次に…を見てみましょう
visual aids	視覚資料
whiteboard	ホワイトボード

Computers	コンピュータ
英語	日本語
application	アプリ
bit	ビット（情報の基本単位）
buffer	バッファー
byte	バイト
central processing unit (CPU)	中央処理装置
cloud storage	クラウドストレージ
email / e-mail	E メール
graphics processing unit (GPU)	グラフィックス処理装置

英語	日本語
hard disk	ハードディスク
hardware	ハードウェア
input	入力
keyboard	キーボード
memory	メモリ
OS / operating system	オペレーティングシステム
output	出力
peripheral	周辺機器
program（米）/ programme（英）	プログラム
random access memory (RAM)	ランダム・アクセス・メモリ
screen	画面
software	ソフトウェア
universal serial bus (USB)	ユニバーサル・シリアル・バス

Contracts	契約
英語	日本語
agreement	契約，取り決め，合意
appendix	付録，付属書，別表
arbitration	仲裁
article	条項
clause	条項，箇条
condition	条件
force majeure	不可抗力
herein	ここに，この中に
hereinafter	下文に
hereto	ここに，この文書に
heretofore	今までは
in behalf of	…に代わって
null and void	無効の
on the one hand	一方では
party	当事者

英語	日本語
stipulate	規定する
terms	条項，条件
warrant	支払命令書
whereas	…という事実から見れば

Employment	雇用
英語	日本語
bereavement leave	忌引
bonus	ボーナス
child-rearing leave	育児休暇
compensation package	報酬パッケージ，給与体系
dismiss / fire	解雇する
employer	雇用者
full-time worker	フルタイム労働者，正社員
incentive	報奨金
informal job offer	内定
interview	面接
maternity leave	出産休暇
paid holiday	有給休暇
part-time worker	パート従業員，パートタイム労働者
perk (perquisite)	手当
personnel	人事部
personnel officer	人事担当者
probationary period	仮採用期間
promotion	昇進
prospects	見込み，可能性
recruit	募集する，採用する
resign	辞任する
resume / curriculum vitae (英)	履歴書
retire	引退する，退職する
salary	給料

英語	日本語
social security	社会保障
staff	スタッフ，従業員
training for new employees	新人社員研修
vote	投票する

Recruiting	採用
英語	日本語
background	バックグラウンド，経歴
bilingual	バイリンガル
career	キャリア，職歴
cover letter	カバーレター
date of birth	生年月日
education	学歴
experience	経歴，職歴
interest	趣味，関心事
job objective	仕事の目的
miscellaneous	多岐にわたる
nationality	国籍
native language	母語
qualifications	資格
reference	照会先，身元保証人，推薦状
skill	スキル，技能
training	トレーニング，訓練
work history	職歴

Correspondence	手紙のやり取り
英語	日本語
address	住所
Best regards	【結語】敬具，よろしくお願いします
Dear	【頭語】親愛な，拝啓
Dear Madam	【頭語】親愛な，拝啓（相手が女性の場合）

英語	日本語
Dear Sir	【頭語】親愛な，拝啓（相手が男性の場合）
Encl. (Enclsoure)	同封物
letterhead	レターヘッド
P.S. (postscript)	追伸
per pro. (per procurationem)	代理人を通して
registered mail	書留郵便
salutation	あいさつ
shorthand	速記
signature	署名，サイン
To whom it may concern	【頭語】関係各位，ご担当者様へ
Yours faithfully	【結語】敬具，よろしくお願いします
Yours sincerely	【結語】敬具，よろしくお願いします
Yours truly	【結語】敬具，よろしくお願いします

Travel	出張
英語	日本語
aisle seat	通路側の席
alternate route	別ルート
available room / vacancy	空き室
B&B (bed and breakfast)	朝食付きのホテル
base fare	基本料金
bill / billing statement / invoice	請求明細書，請求書
bulkhead seating	バルクヘッドシート
bus terminal	バスターミナル
cancellation fee	キャンセル料
check-in	チェックイン
check-out	チェックアウト
circle trip	（目的地が2カ所以上ある）周回旅行
code sharing	コードシェア便
confirmation number / reservation number	予約番号

英語	日本語
deposit	前金
destination	目的地
detour (米) / deversion (英)	迂回路
direct flight / non-stop flight	直行便
discounted fare	割引運賃
double room	ダブルルーム
early check-in	定刻より早いチェックイン
emergency exit	非常出口
emergency stairs	非常階段
escape ladder	避難はしご
excess baggage	超過手荷物
express fare	特急料金
express train	急行電車
fire alarm	火災報知機
fire door	防火扉
fire extinguisher	消火器
in-flight	機内の，フライト中の
insurance	保険
itinerary	旅程
laundry service	洗濯サービス
leg	ひとつの行程
local train	各駅停車の電車
long-distance bus	長距離バス
lost baggage	荷物紛失
low season	オフシーズン，閑散期
minimum connection time	最小乗り継ぎ時間
open jaw	オープンジョー
outbound	アウトバウンド，外国行きの
overbook	オーバーブッキングを行う
overnight bus	夜行バス
parlor car / salon car	特等客車

英語	日本語
passenger	乗客
porter	ポーター
rapid train	快速電車
reception	フロント，受付
red-eye flight	夜行便
reserved	seat 指定席
round trip	往復券，往復旅行
single room	シングルルーム
standby	キャンセル待ちの［で］
stopover	待ち合わせ時間，途中下車
ticket gate	改札口，改札機
ticket machine	券売機
transfer ticket	乗り継ぎ切符
transit	通過，通行
twin room	ツインルーム
unrestricted fare	無制限運賃
wake-up call	モーニングコール
window seat	窓側の席
with tax / before tax / plus tax / tax included	税込みの
without tax / after tax / tax excluded	税抜きの

Money	お金
英語	日本語
ATM (automated teller machine) / cash dispenser	ATM，現金自動預払機
bill (米) / note (英)	紙幣
blockchain	ブロックチェーン
bureau de change / foreign money exchange	外貨両替所
cash	現金

英語	日本語
cashier	レジ係
check（米）/ cheque（英）	小切手
coin	硬貨
consumption tax	消費税
credit card	クレジットカード
currency	通貨
debt	債務
digital asset	デジタル資産
e-commerce	電子商取引
exchange rate	為替相場
foreign exchange	外国為替
government bond	国債
hard currency	交換可能通貨
legal tender	法定通貨
online banking	オンラインバンキング
petty cash	小口現金
revenue	収益
soft currency	軟貨
transaction	取引，商取引

数字・単位・句読点リスト

英語の文書で一般的に使われている数字や単位，句読点についても確認しておこう。

Numbers and Units	数字と単位
英語	日本語
billion	十億
divide	割る
equal	等しい

英語	日本語
feet (ft)	フィート
giga	ギガ
gram (g)	グラム
hundred	百
inch (in)	インチ
kilometer (km)	キロメートル
mega	メガ
mile (mi)	マイル
million	百万
minus	マイナスの
multiply	掛ける
ounce (oz)	オンス
plus	プラスの
pound (lb)	ポンド
round off	四捨五入する
square meter	平方メートル
thousand	千
times	…倍
ton (t)	トン
trillion	1兆
yard (yd)	ヤード

Punctuation		句読点
記号	英語	日本語
-	hyphen	ハイフン
—	dash	ダッシュ
!	exclamation mark	感嘆符
#	sharp	シャープ
&	ampersand	アンパサンド
・	bullet	中黒

記号	英語	日本語
( )	(round) brackets / (round) parenthesis	丸括弧
*	asterisk	アスタリスク
,	comma	カンマ
.	① period / full stop ② point	① ピリオド ② ポイント
'	apostrophe	アポストロフィ
...	ellipsis points / ellipsis dots	省略符号
/	oblique / slash	スラッシュ
:	colon	コロン
;	semi-colon	セミコロン
?	question mark	疑問符
[ ]	(square) brackets / (square) parenthesis	角括弧
__	underline	下線
" "	(double) quotation marks	引用符，ダブル・クォーテーションマーク
' '	(single) quotation marks	引用符，シングル・クォーテーションマーク

日本語索引

英語索引

著者 デイビッド・セイン David Thayne

米国出身。証券会社勤務後に来日。日本での 30 年近い英語教育経験を活かし，これまでに累計 400 万部以上の著作を刊行，多くがベストセラーとなっている。英語書籍や教材，Web コンテンツの制作を手掛ける (株) AtoZ English 代表 (www.atozenglish.jp)。テレビ・ラジオ出演に加え，日経新聞，朝日新聞，毎日新聞にも人気記事を連載。さらに，学校・企業などでの講演やセミナーなどを精力的にこなしながら，日本人に合った英語マスター術を多数開発。「日本文化を紹介するのは最高のおもてなし！」をテーマにした英語学習サイト「和カルチャー English」(www.waculture.com) を運営している。著書に『会話力がぐんぐん伸びる新メソッド 話すための英語スーパーリスニング』，『もしもネイティブが中学英語を教えたら』(アスコム)，『TOEIC® テスト 完全教本 新形式問題対応』(研究社)，『ネイティブはこう使う！ マンガでわかる前置詞』(西東社) 他多数。

英語ライティングルールブック 改訂新版
正しく伝えるための文法・語法・句読法

[PRODUCTION STAFF]
装丁　　Pesco Paint（清水裕久）
DTP　　Pesco Paint
編集協力　AtoZ English

学研グループの書籍・雑誌についての新刊情報・詳細情報は、下記をご覧ください。
学研出版サイト　https://hon.gakken.jp/